AUTEURS ET DIRECTEURS DES COLLECTIONS
Dominique AUZIAS & Jean-Paul LABOURDETTE

DIRECTEUR DES EDITIONS VOYAGE
Stéphan SZEREMETA

RESPONSABLES EDITORIAUX VOYAGE
Patrick MARINGE et Morgane VESLIN

EDITION ✆ 01 53 69 70 18
Caroline HEMERY, Pauline WALCKENAER,
Maïssa BENMILOUD, Agathe PONTHUS
et Hélène DEBART

ENQUETE ET REDACTION
Gaëlle HENRY, Jean-François VEZIES
et Séverine BARDON

MAQUETTE & MONTAGE
Laurent MULLOT, Sophie LECHERTIER
Marie AZIDROU, Delphine PAGANO,
Gilles BESSARD DU PARC

CARTOGRAPHIE
Philippe PARAIRE, Thomas TISSIER

PHOTOTHEQUE ✆ 01 53 69 65 26
Thibaud SAINT-MARTIN

REGIE INTERNATIONALE ✆ 01 53 69 65 34
Karine VIROT, Axelle ALOISIO et Audrey LEVRIER

PUBLICITE ✆ 01 53 69 70 61
Luc REGNARD, Serge TOUKA,
Caroline de YRIGOYEN, Caroline GENTELET,
Perrine de CARNE-MARCEIN et Virginie WUITHIER

RELATIONS PRESSE ✆ 01 53 69 70 19
Jean-Mary MARCHAL

DIFFUSION ✆ 01 53 69 70 06
Eric MARTIN, Bénédicte MOULET,
Jean-Pierre GHEZ, Antoine REYDELLET
et Sandrine CHASSEIGNAUX

DIRECTEUR ADMINISTRATIF ET FINANCIER
Gérard BRODIN

RESPONSABLE COMPTABILITE
Isabelle BAFOURD assistée de Bérénice BAUMONT
et Angélique HELMLINGER

DIRECTRICE DES RESSOURCES HUMAINES
Dina BOURDEAU assistée de Sandrine DELEE

© ICONOTEC

LE PETIT FUTE MONGOLIE 2008-2009
■ 3e édition ■

NOUVELLES ÉDITIONS DE L'UNIVERSITÉ©
Dominique AUZIAS & Associés©
14, rue des Volontaires - 75015 Paris
Tél. : 33 1 53 69 70 00 - Fax : 33 1 53 69 70 62
Petit Futé, Petit Malin, Globe Trotter, Country Guides
et City Guides sont des marques déposées ™®©
© Photo de couverture : Iconotec
Légende : Karakorum, monastère d'Erdene Zuu
ISBN - 2746916150
Imprimé en France par Oberthur Graphique

Pour nous contacter par email,
indiquez le nom de famille en minuscule
suivi de @petitfute.com
Pour le courrier des lecteurs : country@petitfute.com

Ta n
tai r

Longtemps fermée au monde extérieur et soumise à l'étau soviétique, la Mongolie est aujourd'hui résolument tournée vers l'étranger. Le tourisme y est régulièrement mis à l'honneur, les infrastructures d'accueil se développent, sans pour autant nuire aux spécificités culturelles de cet étonnant pays où les nomades règnent en maîtres des steppes.

Un voyage en Mongolie est une occasion unique de découvrir un mode de vie pratiquement éradiqué du monde contemporain, un quotidien organisé au rythme de la nature et des troupeaux, loin de la frénésie de nos sociétés occidentales. Cette plongée dans la vie nomade ressemble un peu à une remontée dans le temps, où les aléas du climat, la santé des troupeaux ou la préparation des réserves alimentaires sont les principales préoccupations quotidiennes. Dans ces rudes conditions de vie, toute rencontre est une fête et les veillées sont l'occasion de récits contés par les anciens, de chants et parfois de danses, dans une convivialité que vient renforcer le cocon douillet de la *ger* contrastant avec l'immensité parfois hostile de la nature environnante. La rencontre des nomades est sans aucun doute l'expérience la plus marquante d'un séjour en Mongolie : leur hospitalité et la simplicité de leur accueil, malgré la barrière de la langue, sont autant de souvenirs inoubliables.

Inoubliables seront également les paysages traversés dans le pays. Steppes, montagnes escarpées, vallées luxuriantes ou déserts écrasés de soleil alternent presque sans transition, pour la plus grande joie du voyageur devenu explorateur de terres vierges. En voiture ou, mieux encore, à cheval, on guette le passage d'animaux sauvages, on suit les vols d'oiseaux migrateurs ou l'on contemple les plantes rares qui viennent égayer l'immensité des plaines. La nature s'offre ici dans toute sa splendeur, mais parfois aussi toute sa dureté : brusques écarts de températures, cols infranchissables, pertes de repères dans l'océan de verdure et crevaisons au milieu du désert viennent ponctuer tout voyage dans l'empire des steppes.

Pour tous ces instants de découverte solitaire ou de partage du quotidien nomade, bienvenue en Mongolie !

L'équipe de la rédaction

REMERCIEMENTS. *Bayarlaa à Emeline, Sylvain et Amuka, Oyungerel, Ulzii, Eric, Erwan, David, Oko, Daca, Bernard, Bekbolat, Marie, Bilegee, Tsendee, Berdiguli, aux nomades pour leur accueil, à mes guides de Khovd et aux Kazakhs.*

Sommaire

Altaï, fêtes du Naadam, jeune danseuse

© ICONOTEC

LE DÉSERT DE GOBI

Oulan-Bator, monastère de Gandan, statue d'Avalokitesvara

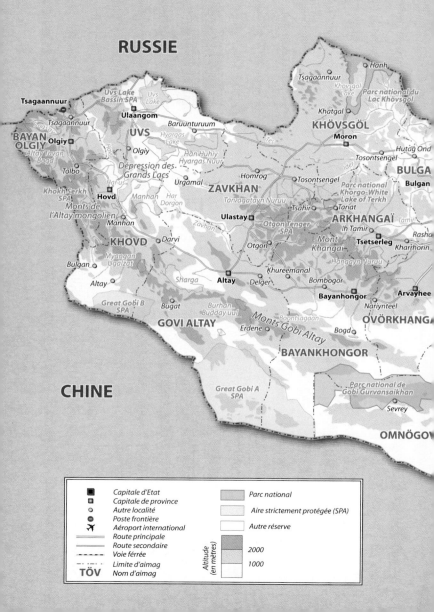

La Mongolie

RUSSIE

CHINE

Tsagaannuur
Uvs Lake Bassin SPA
Uvs Lake
Ulaangom
Baruunturuum
Hanh
Tsagaannuur
Khovsgol Lake
Parc national du Lac Khövsgöl
Khatgal
KHÖVSGÖL
Moron
Hutag Ond
Tosontsengel
BULGA
Bulgan

Tsagaannuur
BAYAN OLGIY
Olgiy
UVS
Hyargas Lake
Hyargas Nuur
Olgiy
Hän Huhiy Hyargas Nuur
Homrog
Tosontsengel
Parc national Khorgo-White Lake of Terkh
Tariat
ARKHANGAÏ
Tamir
Altay Tavan Bogd
Tolbo
Dépression des Grands Lacs
Urgamal
ZAVKHAN
Tarvagatayn Nuruu
Tsahir
Ih Tamir
Rasha
Khokh Serkh SPA
Har-us
Manhan
Har Dorgon
Ulastay
Otgon Tenger SPA
Mont Khangai
Tsetserleg
Kharhorin
Monts de l'Altay mongolien
Manhan
Zavkhan
Otgon
Hangayn Nuruu
KHOVD
Darvi
Hovd
Khureemanal
Myangan Ugalzat
Sharga
Altay
Delger
Bombogor
Bulgan
Bayanhongor
Arvayhee
Great Gobi B SPA
Bugat
Burhan Budday uul
Boontsagaan
Nariynteel
ÖVÖRKHANGA
Altay
GOVI ALTAY
Erdene
Monts Gobi Altay
Bogd
BAYANKHONGOR
Parc national de Gobi Gurvansaikhan
Great Gobi A SPA
Sevrey
OMNÖGOV

Légende:

- ■ Capitale d'Etat
- ▣ Capitale de province
- ○ Autre localité
- ⊖ Poste frontière
- ✈ Aéroport international
- Route principale
- Route secondaire
- Voie férrée
- Limite d'aimag
- **TÖV** Nom d'aimag

- Parc national
- Aire strictement protégée (SPA)
- Autre réserve

Altitude (en mètres)
2000
1000

Mongolie, province d'Övörkhangai, Karakorum, monastère d'Erdene Zuu, mur extérieur avec 108 stupas

Fête du Naadam, tournoi de lutte

Les plus de la Mongolie

Une nature très nature

La première image qu'évoque ce pays est celle d'une nature presque vierge et dont l'immensité semble nous priver de tout repère : des vastes steppes de la Mongolie orientale à l'infinie platitude du désert de Gobi, des sommets enneigés de l'Altaï à la dépression des lacs au nord du pays, la Mongolie offre une richesse de paysages incomparable. De plus, cette nature restée largement sauvage est un véritable paradis pour les observateurs de la faune et de la flore, ou tout simplement pour ceux que séduit la vue d'une gazelle bondissant dans le désert ou la perspective de pêches miraculeuses dans des rivières limpides. Avec 45 espèces d'oiseaux, 12 500 sortes d'insectes dont plus de 2 000 n'ont été observées qu'en Mongolie, avec 138 espèces de mammifères dont une trentaine sont extrêmement rares (le chameau sauvage, l'ours de Gobi, le cheval sauvage de Przewalski...) et plus de 2 800 plantes, le pays est un véritable concentré de nature qui ne demande qu'à être exploré. La Mongolie est donc l'endroit idéal pour les trekkings et randonnées équestres, qui laissent le temps de contempler la richesse végétale et animale et présentent, en outre, l'avantage de ne pas nuire à un environnement que l'on se doit de protéger.

Une histoire encore vivante

La deuxième image véhiculée par la Mongolie est celle de hordes de cavaliers lancés à la conquête du monde. La fabuleuse épopée de Chinggis Khaan, au XIIIe siècle, avait fait découvrir à l'Europe ces curieux centaures que rien ne semblait pouvoir arrêter. Difficile aujourd'hui, en observant le rythme de vie des paisibles nomades mongols, d'imaginer qu'ils sont les descendants de ces guerriers dominateurs d'une grande partie du monde ! Pourtant, les steppes du pays portent encore la marque de cette page d'histoire, remise à l'honneur depuis quelques années. Si l'emplacement de la tombe du plus célèbre Mongol de l'histoire reste à l'heure actuelle un mystère, la région d'origine de Chinggis Khaan,

le Khenti, recommence à s'intéresser à son enfant terrible. A l'échelle du pays, le fondateur de l'Empire mongol est à nouveau célébré, tant sur le plan culturel que commercial : vodka Chinggis, bars Chinggis, timbres, statues, monnaie... Le grand Khaan est partout, tardive revanche sur ses détracteurs du XIIIe siècle. Revanche surtout sur la période d'occupation soviétique, 70 années durant lesquelles la Mongolie a été coupée du monde non communiste et soumise aux régimes politique et économique imposés par les Russes.

Ceux-ci avaient en effet effacé les images de Chinggis Khaan, qui auraient pu réveiller un patriotisme assoupi depuis plusieurs siècles, et contrôlé les populations nomades, dont l'éparpillement mouvant était incompatible avec la bureaucratie soviétique. La Mongolie commence tout juste à cicatriser les plaies de cette période de soumission. Après des siècles d'enfermement, le pays offre donc aujourd'hui au monde ces pages d'histoire inscrites dans sa nature, dans ses villes et dans ses populations.

© ICONOTEC

Parc national de Khustain, stèle en forme d'homme

Une culture en plein renouveau

Chinggis Khaan n'est pas le seul à se venger des brimades imposées par les Soviétiques : toute la population renoue à l'heure actuelle avec des traditions et une culture réprimées pendant 70 ans. La Mongolie est ainsi redevenue la terre d'accueil du bouddhisme tibétain, les temples prospèrent de nouveau ou renaissent de leurs cendres après les destructions des années 1930. Dans les campagnes, les pratiques animistes ou chamanistes sont réapparues, d'abord timidement, et désormais au grand jour. A l'ouest du pays, les *ger* servent parfois de mosquée pour les cérémonies des Kazakhs musulmans. Partout, les Mongols célèbrent ce retour à la spiritualité et sont prêts à le faire partager à tous ceux qui ont l'esprit suffisamment ouvert pour enchaîner une cérémonie bouddhiste et un rite chamaniste, une offrande aux esprits de la montagne ou du désert et une prière dirigée vers La Mecque !

Un mode de vie unique

Enfin, et surtout, la Mongolie offre une chance unique de découvrir le mode de vie de ses populations nomades. Pour apprécier ses richesses, il faut avoir dormi dans le cocon douillet d'une *ger*, goûté l'*airag* à peine fermenté au début de l'été, savouré les *buuz*

en famille, rassemblé les troupeaux juché sur un cheval et écouté les chants diphoniques au coucher du soleil… Il faut enfin avoir participé aux fêtes locales en partageant la joie de vivre et la générosité de populations très attachées aux traditions d'accueil et d'hospitalité. En juillet, le Naadam, littéralement « jeu » en mongol, et jour de fête nationale, est l'occasion d'admirer l'adresse d'archers venus de tout le pays pour se mesurer devant les arbitres de la capitale. Dans le stade d'Oulan-Bator, ou sur les pelouses plus modestes des capitales d'aimag (ou province), des lutteurs en caraco et chapeau pointu s'élancent, entre deux combats, pour une danse autour des bannières beiges. Plus loin, les steppes tremblent sous les sabots des chevaux lancés à pleine vitesse par des cavaliers hauts comme trois pommes. Le Naadam est une fête populaire, une joute de force, d'adresse et de rapidité qui plonge d'emblée dans les traditions les plus anciennes du pays. En hiver, c'est Tsaagan Sar qui marque le Nouvel An mongol, une semaine de banquets ponctuée de courses de chevaux ou de chameaux, de compétitions de polo et de concours organisés dans le froid cinglant du mois de février. Autant de moments à ne pas manquer, afin qu'un séjour dans ce rude pays s'imprègne de toute la joie de vivre de ses habitants.

Karakorum, monastère d'Erdene Zuu

Fiche technique

Le drapeau de la Mongolie

Symbole officiel du pays depuis 1945, le drapeau de la Mongolie est composé de trois bandes horizontales : deux bandes rouges faisant référence à l'idéologie communiste, et une bleue, la couleur nationale, celle du ciel. Sur la gauche, en jaune, couleur de la fraternité pour les Mongols, apparaît un étrange symbole : il s'agit du *Soyonbo*. A travers cet idéogramme, on peut retrouver les différents éléments source de vie : le feu, la terre, l'eau, le soleil, la lune et le yin yang.

▌ **Avertissement.** La langue mongole s'écrit avec un alphabet cyrillique dont la retranscription en lettres latines a changé au cours du temps. Ainsi Gengis Khaan est aujourd'hui plus couramment écrit Chinggis Khaan en Mongolie, et c'est la retranscription que nous avons adoptée dans ce guide, pour ce nom comme pour tous ceux directement tirés du mongol. La seule exception est le nom de la capitale, que nous avons maintenu sous la forme d'Oulan-Bator, usuelle en Europe, alors que les Mongols le retranscriraient sous la forme d'Ulaan Baatar.

Argent

Monnaie

La monnaie officielle du pays est le *tögrög* (ou le *tougrik*), mais les dollars et les euros sont acceptés dans la plupart des zones touristiques (bien que ce soit illégal et que l'on y perde souvent au change). En abrégé, le *tögrög* s'écrit en général « T », plus rarement « Tg ».

Taux de change

1 150-2 000 *tögrog* = 1 $.

Idées de budget

▌ **Petit budget : 30 €/jour.** Ce budget est serré et suppose de quitter au plus vite la capitale et les autres villes principales, d'utiliser les quelques moyens de locomotions locaux, de ne pas passer par une agence, de manger dans les guanz et de camper le plus souvent. Il s'agit aussi de choisir une région et de ne pas trop circuler. A ce prix-là, le voyage est haut en couleur, peu simple, mais si riche en rencontres.

▌ **Budget moyen : 80 €/jour.** Ce budget permet de voyager en Mongolie, en groupe, via une agence de voyage qui fournit chauffeur, guide, logement et nourriture. Mais ce budget permet également d'alterner débrouillardise avec logement en hôtel, en *ger camp*, quelques déplacements en avion et la location de services ponctuels d'un chauffeur ou d'un guide.

▌ **Gros budget : 120 €/jour.** Avec cela, il est possible de dormir dans de très beaux hôtels ou *ger camps*, de prendre l'avion pour aller d'un bout à l'autre de la Mongolie ou de louer les services d'un guide et d'un chauffeur privés et de manger dans les meilleurs restaurants de la capitale.

La Mongolie en bref

Le pays

▌ **Situation :** la Mongolie est située en Asie centrale entre 52° 06' et 41° 35' de latitude N et 87° 47' et 119° 57' de longitude E.

▌ **Nom officiel :** république de Mongolie.

▌ **Superficie :** 1 566 500 km², soit trois fois la France, le 6e plus grand pays d'Asie et le 18e mondial.

▌ **Distance :** Paris – Oulan-Bator 7 047 km.

▌ **Longueur maximale :** 2 000 km est-ouest.

▌ **Largeur maximale :** 800 km nord-sud.

▌ **Frontières :** 8 158 km de frontières dont 3 485 km avec la Russie et 4 673 km avec la Chine.

▌ **Altitude moyenne :** 1 580 m.

▌ **Point le plus bas :** 552 m, à l'est, dans le Dornod.

Vue générale de la capitale de la Mongolie, Oulan-Bator

▶ **Point culminant :** 4 374 m (le mont Nairamdal, dans l'Altaï).

▶ **Capitale :** Oulan-Bator (Ulaan Baatar selon la retranscription cyrillique).

La population

▶ **Population totale :** 2 800 000 hab.

▶ **Population urbaine :** 57 % de la population, dont 1 million de personnes à Oulan-Bator.

▶ **Composition ethnique :** environ 80 % sont des Mongols Khalkha, le reste de la population est composé d'une vingtaine de groupes ethniques, dont les plus importants sont les Kazakhs (6 % de la population), les Tungu (4,6 %) et les Tuvan.

▶ **Diaspora :** près de 5 millions de Mongols vivent hors des frontières du pays, notamment en Chine, dans la province de Mongolie-Intérieure et en Russie.

▶ **Densité :** 1,8 habitant au km², la plus faible du monde. Dans certaines zones du désert de Gobi, la densité atteint à peine 0,3 habitant au km².

▶ **Espérance de vie :** 65 ans.

▶ **Taux de natalité :** 21,59 ‰.

▶ **Indice de fécondité :** 2,25 enfants par femme.

▶ **Taux de mortalité :** 6,95 ‰.

▶ **Taux de mortalité infantile :** 52,12 ‰.

▶ **Age médian :** 25 ans.

▶ **Structure par âge :** 2/3 de la population a moins de 30 ans, 2/5 a moins de 14 ans.

▶ **Croissance démographique :** 1,46 %.

▶ **Religions principales :** 94 % de bouddhistes lamaïstes, musulmans et chrétiens.

▶ **Langue officielle :** le mongol.

▶ **Langues parlées :** une grande partie de la population parle encore le russe, les populations de l'ouest du pays parlent également le turc ou des langues dérivées du turc. Les jeunes parlent de plus en plus l'anglais ou le français.

▶ **Taux d'alphabétisation :** 98 %.

La politique

▶ **Nature du régime :** république parlementaire.

▶ **Fêtes nationales :** Naadam, 11 et 12 juillet.

▶ **Constitution :** 13 janvier 1992.

▶ **Chef de l'Etat :** Nambaryn Enkhbayar, élu le 22 mai 2005.

▶ **Premier ministre :** Miyeegombo Enkhbold, depuis le 24 janvier 2006.

▶ **Division administrative :** le pays est divisé en 21 provinces (aimag), elles-mêmes divisées en 315 districts (sum).

L'économie

▶ **Produit intérieur brut :** 1 921 millions de dollars.

▶ **PIB par habitant :** 739 dollars.

▶ **Taux de croissance :** 7,5 %.

▶ **Répartition du PIB (par secteur) :** 21,3 % agriculture, 25,6 % industrie, 13,2 % services, 9,7 % transports, 3 % communications, 2,6 % construction.

▶ **Taux de chômage :** 6,7 %.

▶ **Taux d'inflation :** 8 %.

▶ **Population sous le seuil de pauvreté :** 36 %.

▶ **Principales ressources économiques :** cuivre, molybdène, fluorine, tungstène, or, charbon, pétrole, viande, cachemire (1er producteur mondial).

Téléphone

▶ **Indicatifs téléphoniques.** Ajouter le 0 devant ces codes pour des appels depuis la Mongolie.
Arkhangaï :133. Baganuur : 12. Bayankhongor : 144. Bayan-Olgiy : 142. Bulgan : 134. Choir : 1542. Darkhan : 137. Dornod : 158. Dornogov : 152. Dundgov : 159. Erdenet : 1352. Gov-Altaï : 148. Khentii : 156. Khovd : 143. Khövsgöl : 138. Nalaikh : 123. Ömnögov : 153. Övörkhangai : 132. Selenge : 136. Sükhbaatar : 151. Töv : 127. Ulaan Baatar : 11. Uvs : 145. Zavkhan : 146.

▶ **Pour téléphoner de France en Mongolie :** 00 + 976 + code ville + numéro local (ex : téléphoner à Oulan-Bator : 00 976 11 32 05 92).

▶ **Pour téléphoner de Mongolie en France :** 00 + 33 + numéro local sans le 0 initial (ex : téléphoner à Paris : 00 33 1 48 70 50 23).

▶ **Pour téléphoner d'une ville à l'autre en Mongolie :** code ville avec le 0 initial + numéro local (ex : téléphoner d'Oulan-Bator à Erdenet : 035 28 523).

▶ **Pour téléphoner en local dans une ville :** numéro local seul (ex : d'Oulan-Bator à Oulan-Bator : 32 05 92).

Coût du téléphone

▶ **Les communications locales** sont bon marché : 100 T la minute depuis la poste ou les téléphones des rues. Les communications internationales vers l'Europe sont facturées 2 000 T la minute. Elles peuvent être obtenues en direct depuis les téléphones IDD, en passant par un opérateur international (anglophone ✆ 106) ou depuis les bureaux de poste.

La téléphonie mobile

Elle se développe rapidement en Mongolie, même si le réseau reste pour l'instant limité aux villes principales. Quatre compagnies se partagent le marché. L'achat d'une carte à puce locale, incluant une heure de communications, revient à 16 000 T environ. Les numéros des téléphones portables commencent tous par un 9. Il est inutile de composer les codes régionaux.

▶ **Pour appeler un portable depuis la Mongolie :** composer les 8 chiffres du numéro (ex : 99 11 22 33).

▶ **Pour appeler un portable depuis la France :** 00 + 976 + numéro du portable à 8 chiffres (ex : 00 + 976 + 99 11 22 33).

Envoyer un mail

L'accès à Internet s'est popularisé dans la capitale mongole qui compte désormais un grand nombre de cybercafés. La vitesse des connexions est inégale, mais les tarifs sont homogènes, entre 400 T et 700 T de l'heure. La plupart des bureaux de poste des capitales d'*aimag* sont équipés d'ordinateurs permettant une connexion Internet.

Décalage horaire

La Mongolie se partage en deux fuseaux horaires. Il y a donc une heure de décalage horaire entre les trois *aimag* de l'Ouest et l'ensemble du pays.
Les trois *aimag* les plus à l'ouest (Bayan-Olgiy, Khovd et Uvs) ont un décalage avec la France (GMT + 1) de 6 heures en hiver et 5 heures en été (GMT + 7). Le reste du pays a 7 heures de décalage avec Paris en hiver et 6 heures en été (GMT + 8). Quand il est 13h à Paris, il est 18h à Khovd et 19h à Oulan-Bator, en été, alors que, en hiver, il est 19h à Khovd et 20h à Oulan-Bator.

Climat

Le climat de la Mongolie est continental, avec des étés courts, chauds et pluvieux, et de longs hivers très rigoureux (températures moyennes de - 24 °C). Du fait de l'altitude moyenne du pays, les variations de température peuvent être très importantes d'un jour à l'autre. Le pays compte en moyenne 256 jours d'ensoleillement par an. Oulan-Bator est la capitale la plus froide du monde.

Saisonnalité

Les meilleures conditions de voyage sont réunies en été, de juin à septembre. La plupart des séjours touristiques se font entre la mi-juin et la mi-août.

Oulan-Bator											
Janvier	Février	Mars	Avril	Mai	Juin	Juillet	Août	Sept.	Octobre	Nov.	Déc.
-32°/-18°	-28°/-11°	-17°/-1°	-7°/ 8°	-1°/ 16°	7°/ 21°	10°/ 22°	8°/ 21°	0°/ 16°	-8°/ 7°	-21°/-7°	-29°/-14°

Prévisions météo à 15 jours
Statistiques mensuelles
Par téléphone 1,35 € l'appel, puis 0,34 €/mn.

Idées de séjour

La Mongolie est un grand pays aux paysages très variés. A moins de passer plusieurs semaines sur place en avalant des kilomètres de piste tous les jours, il est inutile de prétendre sillonner l'intégralité du pays durant un séjour touristique. Le charme de la Mongolie vient également de son mode de vie nomade, de ses traditions et de sa culture, que l'on ne peut découvrir qu'en passant du temps dans les familles locales. Le séjour idéal combinera donc des temps de voyage à la découverte des zones naturelles choisies, et des périodes sédentaires pour s'imprégner du mode de vie mongol.

Séjour express : une semaine en Mongolie

▌ **Jour 1.** Arrivée à Oulan-Bator, où la journée peut être consacrée à la visite du monastère Gandan, et d'un ou deux musées de la capitale (celui des Religions, d'Histoire ou d'Histoire naturelle par exemple).

▌ **Jour 2.** Départ vers le parc national de Hustaï, qui abrite les chevaux takhi, récemment rendus à la vie sauvage. Des camps de ger permettent de passer la nuit à proximité du parc, et des cabanes en bois ont même été construites à l'intérieur de la zone protégée.

▌ **Jour 3.** La route menant à Karakorum passe par les dunes de sable de Mongol Els, qui donneront un aperçu du désert de Gobi à ceux qui n'auront pas le temps de pousser plus au sud. A Karakorum, l'ancienne capitale de Chinggis Khaan, le monastère d'Erdene Züü est l'édifice culturel incontournable du pays et fera l'objet d'une demi-journée de visite.

▌ **Jours 4 et 5.** Départ en direction des chutes de l'Orkhon. Le trajet permet de découvrir de vastes steppes hébergeant de nombreux nomades et leurs troupeaux. On peut également passer par des zones plus montagneuses et riches en sources d'eau chaude, pour une petite pause dans la rigueur des pistes. Répartir le trajet en deux jours permet de découvrir la vie nomade et de faire éventuellement des étapes à cheval, avant d'atteindre la vallée de l'Orkhon et les chutes du même nom.

▌ **Jour 6.** Une boucle vers le nord de l'*aimag* permet d'atteindre le lac Ogii Nuur, réputé pour ses eaux poissonneuses.

▌ **Jour 7.** Retour à Oulan-Bator, après une semaine sur les chapeaux de roues !

Monastère de Ongiyn Khiid

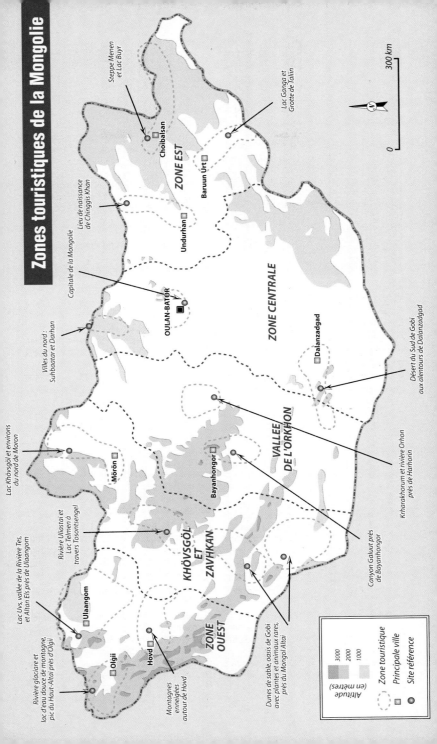

Zones touristiques de la Mongolie

Steppe Menen et Lac Buyr

Lac Ganga et Grotte de Taliin

ZONE EST

Choibalsan

Baruun Ürt

Lieu de naissance de Chinggis Khan

Undurhan

Capitale de la Mongolie

OULAN-BATOR

ZONE CENTRALE

Villes du nord : Suhbaatar et Darhan

Dalanzadgad

Désert du Sud de Gobi aux alentours de Dalanzadgad

Lac Khövsgöl et environs du nord de Moron

Möron

VALLÉE DE L'ORKHON

Bayanhongor

Kharakhorum et rivière Orhon près de Harhorin

Rivière Uliastai et Lac Telmen à travers Tosontsengel

KHÖVSGÖL ET ZAVHKAN

Canyon Galuut près de Bayanhongor

Lac Uvs, vallée de la Rivière Tes, et Altan Els près de Ulaangom

Ulaangom

Rivière glaciaire et lac d'eau douce de montagne, pic du Haut-Altaï près d'Olgii

Olgii

Hovd

ZONE OUEST

Montagnes enneigées autour de Hovd

Dunes de sable, oasis de Gobi avec plantes et animaux rares, près du Mongol Altaï

300 km

0

Altitude (en mètres)

3000
2000
1000

Zone touristique

Principale ville

Site référence

Séjours longs

Le classique
de la Mongolie centrale
(deux à trois semaines)

▶ **Jour 1.** Arrivée à Oulan-Bator, où la journée peut être consacrée à la visite du monastère Gandan et d'un ou deux musées de la capitale.

▶ **Jour 2.** Départ pour Karakorum (7h de route). La route permet de découvrir les dunes de sable de Mongol Els et d'avoir un premier aperçu des steppes mongoles.

▶ **Jour 3.** Visite du monastère d'Erdene Züü, le plus important et le mieux conservé du pays. Arrivée le soir aux chutes de l'Orkhon.

▶ **Jour 4.** Promenades dans les gorges de l'Orkhon et départ pour Tsetserleg, la capitale de l'*aimag* d'Arkhangaï où l'on peut passer la nuit après avoir visité le musée et les quelques temples de la ville.

▶ **Jour 5.** Une longue étape en Jeep permet d'atteindre le lac de Terkhiin Tsagaan Nuur, un lac volcanique réputé pour ses eaux claires et les paysages environnants.

▶ **Jour 6.** Une journée de repos au bord du lac, qui peut être consacrée à la pêche, la baignade ou des promenades à travers les paysages volcaniques de ce très beau site.

▶ **Jours 7 et 8.** Deux journées de Jeep vers le nord, pour rejoindre Mörön, la capitale de l'*aimag* de Khövsgöl. La route est longue et difficile, mais les paysages sont variés et l'on peut, si l'on est en voiture individuelle, multiplier à loisir les haltes dans les familles nomades.

▶ **Jour 9.** Passage à Khatgal, la ville située sur la rive sud du lac Khövsgöl, et qui peut constituer une étape intéressante pour ceux qui souhaitent organiser des activités particulières le long du lac.

▶ **Jours 10-11-12.** Les possibilités offertes par le lac, baptisé Perle Bleue de Mongolie, sont innombrables. Randonnées à cheval, trekking, découverte des minorités ethniques locales, et notamment des Tsaatan, qui vivent de l'élevage des rennes, V. T. T., canoë… La durée du séjour sur les rives du lac est fonction des envies et peut largement se prolonger pour ceux qui ont du temps et souhaitent sortir un peu des sentiers battus.

▶ **Jour 13.** Après ce bol d'air frais et de nature sauvage, on peut reprendre la route vers le sud-est, en direction du monastère d'Amarbayasgalant, le deuxième plus important du pays.

▶ **Jour 14.** Visite du monastère puis départ vers la capitale.

▶ **Jour 15.** Journée à Oulan-Bator, pour les dernières emplettes, la visite d'un dernier musée ou du palais du Bogd Khaan.

Pour ceux qui ne sont pas fascinés par les monastères, le retour depuis le lac Khövsgöl peut se faire en avion (départ de Khatgal ou Mörön), ce qui permet de consacrer davantage de temps à l'exploration de la région du lac.

Le classique vers le Sud (deux à trois semaines)

▶ **Jour 1.** Arrivée à Oulan-Bator, où la journée peut être consacrée à la visite du monastère Gandan, et d'un ou deux musées de la capitale.

▶ **Jour 2.** Départ pour Baga Gazaryn Chuluu, une étonnante formation de granit au milieu des steppes. L'endroit est propice aux promenades, qui permettront de découvrir, entre autres, un petit temple en ruine lové dans une gorge arborée (les derniers arbres avant le désert !).

▶ **Jour 3.** La route se poursuit vers le sud, et l'on entre désormais dans les zones désertiques. Plusieurs sites méritent un arrêt dans la journée, dont le petit lac Sangiyn Dalay Nuur et les ruines du monastère Khukh Burd.

▶ **Jour 4.** Une autre journée de route vers le sud conduit au monastère d'Ongiin. Situé à l'entrée de superbes gorges, cet immense monastère a été rasé par les Soviétiques dans les années 1930. Les ruines situées de part et d'autre de la rivière dégagent une atmosphère très particulière, et l'on peut s'y perdre pendant des heures dans la lumière ocre de la fin de journée.

▶ **Jour 5.** Le paysage montagneux se change en désert plat, jusqu'aux falaises de Bayanzag, dont le rouge vif tranche sur le pastel du décor. C'est sur ce site qu'ont été mis au jour bon nombre de fossiles de dinosaures.

▶ **Jours 6-7-8.** Découverte du parc national de Gobi Gurvan Saikhan. L'un des plus grands parcs du pays, il offre des paysages d'une grande variété. La gorge de Yolyn Am permet de belles promenades le long du cours d'eau ou sur les crêtes montagneuses des alentours.

Plus à l'ouest se trouvent les plus grandes dunes de sable du pays, les Khongoryn Els, derrière lesquelles se découpe une imposante chaîne de montagnes.

▶ **Jours 9 et 10.** Il est temps d'amorcer le retour vers le nord, en direction d'Arvaykheer puis Khujirt. Les paysages alternent montagnes escarpées et désert le plus plat. Peu de sites culturels sur cette portion très sauvage, mais des escales sont néanmoins possibles chez les quelques nomades du désert.

▶ **Jour 11.** Arrivée aux chutes de l'Orkhon, après avoir suivi l'impressionnante vallée découpée par la rivière dans ce paysage encore semi désertique.

▶ **Jour 12.** Départ pour Karakorum et visite du monastère d'Erdene Züü.

▶ **Jour 13.** Journée de route pour regagner Oulan-Bator, avec éventuellement un arrêt dans le parc national de Hustaï, qui abrite les chevaux takhi.

▶ **Jour 14.** Journée à Oulan-Bator, pour les dernières emplettes, la visite d'un dernier musée ou du palais du Bogd Khaan.

La répartition des journées est ici donnée à titre indicatif. Ceux qui ont trois semaines à leur disposition pourront s'attarder davantage dans le parc de Gobi Gurvan Saikhan, qui offre de nombreuses possibilités de randonnées à pied, à cheval ou à dos de chameau. De même, les amoureux du désert pourront prolonger leur séjour dans Gobi en faisant de plus courtes étapes et en s'attardant davantage dans les familles ou les sites touristiques du parcours.

Il est d'autre part possible, pour ceux qui ont un mois devant eux, d'enchaîner les deux parcours classiques (Sud et Centre) qui se rejoignent à Karakorum.

INVITATION AU VOYAGE

Vallée de l'Orkhon, ger d'un campement nomade

Séjours thématiques

La Mongolie à cheval

Difficile d'évoquer la Mongolie sans avoir à l'esprit l'image de ces cavaliers lancés à pleine vitesse dans les steppes… L'état des routes et la rareté des transports en commun font effectivement du cheval l'un des moyens de locomotion les plus pratiques, à condition d'avoir le temps de se laisser porter au rythme de sa monture. Découvrir la Mongolie à cheval est en tout cas la façon idéale pour vivre au rythme local, pour faire connaissance avec le mode de vie nomade et pour pénétrer dans des zones reculées où même les Jeep n'ont pas accès. La seule région déconseillée pour les cavaliers est celle du désert de Gobi, où les chevaux cèdent la place aux chameaux. Partout ailleurs, les chevaux sont rois. Les *aimag* de l'Arkhangaï, de Khövsgöl et du Khentiy sont particulièrement recommandés aux cavaliers : parsemés de nombreux lacs et rivières, alternant steppes et zones montagneuses, ils permettent de profiter au mieux des possibilités offertes par les séjours équestres.

Les chevaux mongols sont un peu nerveux, mais ils sont petits, ce qui permet même aux cavaliers débutants de s'initier rapidement aux joies de l'équitation sans risque de chutes trop douloureuses. En revanche, les selles locales sont sommaires (souvent en bois !), avec des pommeaux en général réduits à un seul anneau de fer (ce qui peut se révéler gênant lorsqu'il s'agit de se rattraper in extremis à la selle). Certains voyagistes avertis sont équipés de selles à l'occidentale pour les longues randonnées : ce détail peut mériter d'être vérifié avant le départ.

Rien n'est plus simple que d'organiser des randonnées à cheval en Mongolie. La plupart des voyagistes proposent cette option soit sur de longues durées, soit pour une ou deux journées au cours d'un séjour. Et la plupart des camps de *ger* organisent des balades à cheval plus ou moins longues aux environs de leur base. Il existe également des agences spécialisées dans les séjours équestres (ou plus généralement le tourisme sportif).

La pêche en Mongolie

Avec près de 400 rivières et de nombreux lacs d'altitude dans lesquels s'ébattent 74 espèces de poissons, la Mongolie est le pays idéal pour les accros de l'hameçon. Les techniques de pêche les plus utilisées en Mongolie sont la pêche à la mouche, au lancer ou à la cuiller. L'activité la plus prisée par les pêcheurs étrangers est la pêche au *taïmen*, un énorme poisson de la famille des saumons d'eau douce, qui peut atteindre 1,3 m de longueur et peser plus de 50 kg ! Amateur d'ombres et de petits mammifères, le *taïmen* se pêche à la mouche et au biceps (il faut pouvoir le remonter !).

Truites Lenock, ombres (arctiques ou de l'Altaï) et esturgeons sont les prises les plus fréquentes en Mongolie. Comme les poissons sont rarement dérangés par les Mongols, qui préfèrent la chasse, ils prennent parfois des dimensions impressionnantes : même les Lenock peuvent atteindre 6 kg !

Khenti, fête du Naadam

© ICONOTEC

Randonnée à cheval lors de la fête du Naadam

Presque tous les lacs et cours d'eau du pays offrent du poisson en abondance. De nombreux touristes au budget limité ou désireux de vacances très nature choisissent donc de pêcher pour se nourrir durant une partie de leur séjour. Pour les pêcheurs plus professionnels, le lac Khövsgöl est un formidable réservoir poissonneux, ainsi que les rivières Shishkhed (qui se jettent dans le lac Tsagaan Nuur), Orkhon et Chuluut.
Plusieurs agences organisent des voyages thématiques autour de la pêche. La saison de pêche va de la mi-juillet à la mi-septembre. En outre, la Mongolie vient de créer un festival de la pêche, la troisième semaine de septembre.

Randonnées pédestres

Les parcs nationaux du pays offrent de nombreuses opportunités de trekking, et les *aimag* de l'ouest seront le terrain de prédilection des amateurs de haute montagne et de sommets enneigés. L'activité doit néanmoins être pratiquée avec la plus grande prudence, et avec un solide encadrement local. Les zones qui offrent les plus beaux trekkings (Altaï, parc national de Gurvan Saykhan, réserve naturelle de Khaan Khenteyn, Arkhangaï) sont sauvages et peu peuplées, ce qui suppose une logistique efficace en terme

d'eau et de nourriture. Les contraintes de l'altitude se font sentir dans tout le pays et pas seulement dans l'Altaï : brusques changements de température, pluies et orages impromptus. Il convient donc d'être bien équipé et entouré de guides locaux expérimentés.
Alpinisme et trekking sont en outre des activités relativement récentes en Mongolie, les prestataires de ce genre de service sont en plein développement.

La Mongolie en hiver

La haute saison touristique est en été, et pour cause : les températures hivernales flirtent régulièrement avec les - 30 °C. Néanmoins le tourisme hivernal commence à se développer pour ceux qui ne craignent pas de ressembler à des Bibendum et se laissent séduire par la neige et le ciel bleu marine de l'hiver mongol. Un séjour au mois de janvier permet de participer à la fête de Tsagaan Sar, le Nouvel An mongol, accompagnée du festival des chameaux dans le sud du pays (courses de chameaux, compétitions de polo à dos de chameau). Quelques agences commencent à proposer des séjours sur mesure : trekking en raquettes, chiens de traîneau, voire ski de fond, mais ces activités n'en sont qu'à leurs balbutiements. Et elles sont réservées aux adultes en bonne condition physique.

La Mongolie sur Internet

Les sites institutionnels

■ **www.ambassademongolie.fr**
Permet de télécharger le formulaire de demande de visa et de trouver quelques informations sur le pays.

■ **www.ambafrance-mn.org**
Actualité des relations entre la France et la Mongolie, conseils aux voyageurs, aux candidats aux études ou à l'implantation professionnelle : le site propose également des liens intéressants, en français et en anglais.

■ **www.mongoliatourism.gov.mn**
Il n'existe pour l'instant que dans sa version anglaise. Planning des festivals et activités culturelles, informations sur l'économie, la politique et l'histoire du pays, contacts utiles et conseils de voyage. Une bonne adresse pour se faire une idée des possibilités touristiques du pays.

Les sites spécialisés

Les yourtes

■ **www.yourte.com**
Il s'agit d'un site commercial, mais qui propose de nombreuses informations sur l'origine, la structure, la symbolique des yourtes. On trouve également sur ce site des récits de voyages accompagnés de photos.

■ **www.mongolyurt.com**

■ **www.yourtes-mongoles.com**

■ **http://yourtesmongoles.com**

L'art

■ **www.asianart.com/mongolia/**
Le catalogue d'une exposition sur l'héritage de Chinggis Khaan, organisée à San Francisco en 1995. Les commentaires sont en anglais (on peut également lire un article très intéressant sur les origines de l'art mongol et ses différentes écoles et influences), mais les photos à elles seules donnent une idée du patrimoine artistique mongol.

La musique traditionnelle

■ **www.asie-centrale.com/imprimer.php3?id_article=92**
Un article pour se familiariser avec le morin khuur, la vièle à deux cordes ornée d'une tête de cheval, l'instrument le plus typique de Mongolie.

■ **http://membres.lycos.fr/tranquanghai/tuva_ChantDipho.html**
Un site personnel très bien documenté sur les chants diphoniques.

■ **http://users.info.unicaen.fr/~marc/annick/ethnomus/ecoute/diphonique/hai1.html**
On y écoute des extraits de chants diphoniques tout en comprenant la technique de ces performances vocales.

Les chevaux de Przewalski

■ **www.takh.org**
Pour tout savoir sur les chevaux de Przewalski et le programme de réinsertion en Mongolie dont ils font l'objet.

Les sites perso

■ **www.vanhulsenbeek.com/mongolia**
Le site d'un photographe hollandais qui a arpenté la Mongolie et en propose une présentation thématique.

■ **www.diapo.ch/pays/asie/mongolie/index.html**
Un autre très beau site de photographies, œuvres de Régis Colombo.

■ **www.bourlingueurs.com/asie-centrale/page_08.htm**
Site d'un couple qui a passé 6 mois en 2006 en Asie centrale dont un mois et demi en Mongolie.

Agences francophones réceptives

■ **www.terre-nomade.fr**
Spécialisée dans le cheval et la rando à pied partout en Mongolie, Terre Nomade organise aussi des séjours 4X4, V. T. T., et pêche.

■ **www.cielmongol.com**
Agence proposant la découverte de la Mongolie, guesthouse à Oulan-Bator et informations pratiques sur le site.

■ **www.horseback-mongolia.com**
Agence franco-mongole proposant la découverte du pays à cheval.

■ **www.windofmongolia.mn**
Agence proposant des séjours découverte, et notamment en chien de traîneau.

■ **www.happycamel.com**
Agence belge proposant du parapente, du quad, de la moto…

*Khenti, statue
de Chinggis Khaan*
© ICONOTEC

La Mongolie en 40 mots-clés

Aigle

L'aigle est un animal important en Mongolie. On le trouve notamment implanté dans les chaînes de montagnes de l'Altaï, chez les Kazakhs, qui l'utilisent pour la chasse. Le dressage des aigles royaux est long et difficile, mais l'activité est lucrative : les serres des oiseaux n'abîment pas les fourrures des renards qu'ils capturent, ce qui permet de les revendre à bon prix.

Une autre tradition mongole fait référence à ce rapace : la danse de l'aigle des lutteurs, où ce dernier, entre chaque combat, imite le battement des ailes de l'aigle. Cette danse est destinée à la fois à purifier le lutteur et à mettre en valeur sa puissante musculature.

Aimag et sum

La Mongolie est divisée en unités administratives, dont la plus grande est l'*aimag* (l'équivalent d'une province). Le pays est ainsi réparti en 21 *aimag* et 1 municipalité autonome (Oulan-Bator) ; les *aimag* sont à leur tour divisés en *sum* (l'équivalent d'un département). On en compte 315. Les capitales d'*aimag* sont en général équipées d'un aéroport, ainsi que d'un théâtre et d'un musée, héritages de la période soviétique.

LES AIMAG EN MONGOLIE			
Aimag	Superficie en km²	Population	Capitale
Arkhangaï	55 300	98 300	Tsetserleg
Bayankhongor	116 000	85 700	Bayankhongor
Bayan-Olgiy	45 700	96 900	Olgiy
Bulgan	48 700	63 300	Bulgan
Dornod	123 600	74 500	Choibalsan
Dornogov'	109 500	51 500	Saynshand
Dundgov'	74 700	51 300	Mandalgov'
Gov'-Altaï	141 400	64 200	Altaï
Khentiy	80 300	71 000	Ondörkhaan
Khovd	76 100	90 000	Khovd
Khövsgöl	100 600	120 900	Mörön
Ömnögov'	165 400	47 300	Dalanzadgad
Övörkhangaï	62 900	114 000	Arvaikheer
Selenge	41 200	103 000	Sükhbaatar
Sükhbaatar	82 300	56 000	Baruun Urt
Tuv	74 000	100 000	Zunmod
Uvs	69 600	85 800	Ulaangom
Zavkhan	82 500	86 800	Uliastaï

Airag

C'est la boisson traditionnelle des nomades mongols, que l'on retrouve ailleurs en Asie centrale sous le nom de *koumiss*. Il s'agit de lait de jument fermenté, généralement produit en été, durant la période du Naadam. Légèrement alcoolisé, l'*airag* est consommé sans modération par les Mongols, qui affirment que 3 ou 4 litres d'*airag* par jour dispensent de nourriture solide. Le goût et la consistance sont surprenants au premier abord, mais on s'y habitue très vite. En revanche, il est déconseillé d'en boire juste après les repas, car le processus de fermentation se poursuit alors dans l'estomac...

Alcool

L'alcoolisme est le fléau de la Mongolie moderne. Selon une étude récente, 51,2 % de la population adulte du pays abuse quotidiennement de boissons alcoolisées ! La tendance s'est amorcée au début des années 1990, lorsque les Russes ont subitement coupé leur aide financière à la Mongolie. L'alcoolisme touche désormais les plus pauvres, abreuvés de vodka chinoise frelatée pour quelques centimes d'euros le verre, mais aussi les plus aisés, qui n'ont que l'embarras du choix devant les étalages bien fournis en vodkas russe ou mongole de la moindre échoppe du pays. Les conséquences sociales de l'alcoolisme sont dévastatrices : 60 % des actes de violence sont commis en état d'ébriété. Et plus d'un homme sur 1 000 dans le pays connaît d'importants problèmes de santé liés à l'alcool. La mortalité liée à l'alcool est estimée à 27,5 %. L'alcoolisme conduit également à l'éclatement des cellules familiales : 5 % des enfants de familles touchées par l'alcool se réfugient dans la rue pour échapper aux violences domestiques.

Alphabet

Lorsqu'il a unifié l'Empire mongol au XIIIe siècle, Chinggis Khaan a imposé une langue commune, le mongol, ainsi qu'une écriture. L'alphabet choisi à l'époque était celui des Ouïgours (une puissante ethnie essentiellement implantée à l'ouest de la Chine), qui s'écrivait de haut en bas et de gauche à droite. Il s'agit d'un alphabet phonétique, dont l'écriture est relativement complexe, puisque les lettres changent de forme selon leur place dans le mot. Jusqu'au XVe siècle, plusieurs autres alphabets ont simultanément été utilisés pour retranscrire le mongol : alphabet arabe, une forme d'écriture tibétaine, et même des caractères chinois. Au début du XXe siècle, plusieurs réformes de l'écriture ont été envisagées. L'une d'elles prévoyait l'utilisation de l'alphabet latin. Mais les Soviétiques, qui ont contrôlé la Mongolie à partir de 1921, ont fini par imposer l'alphabet cyrillique à partir de 1946. Ce dernier est encore l'alphabet officiel de la Mongolie, bien que l'on assiste à un renouveau de l'alphabet traditionnel, enseigné à l'école depuis le milieu des années 1990.

Animisme

Vivant en harmonie avec la nature, les Mongols sont actuellement encore plus de 50 % à adopter des pratiques animistes. Convaincus que tous les êtres vivants, mais également tous les objets inanimés et les éléments naturels ont une âme, les Mongols sont particulièrement attentifs à ne pas contrarier les esprits. Le dieu du feu, par exemple, est très respecté en Mongolie : aucun déchet ne sera jeté dans le foyer. Les écharpes bleues accrochées aux arbres ou autour de certains rochers témoignent du respect des Mongols envers l'esprit bénéfique du lieu. Et les *övöö*, que l'on peut voir notamment en haut des cols de montagne, sont également des offrandes aux esprits qui ont généreusement permis un voyage sain et sauf aux nomades.

Argali

C'est le plus gros mouton sauvage au monde. Malgré sa stature impressionnante, 1,3 m au garrot et près de 140 kg de muscles, l'argali est en voie de disparition. Chassé pour le trophée que représentent ses immenses cornes, repoussé toujours plus haut dans les montagnes par les troupeaux domestiques de plus en plus nombreux, l'argali peut néanmoins, avec un peu de chance, être aperçu dans certains parcs nationaux de Mongolie.

Arkhi

C'est la vodka mongole ! Issu de la distillation du lait (et souvent produit avec des alambics domestiques), ce breuvage très local atteint les 40°. Sa consommation est pour les Mongols synonyme de fête et de convivialité, et est souvent ponctuée de rites traditionnels : quelques gouttes sont offertes au vent, au ciel et à la terre, et l'invité se doit d'ingurgiter au moins trois bols d'arkhi pour faire honneur à ses hôtes.

Blanc

Les « aliments blancs » sont la base de la nourriture mongole. Le lait des cinq animaux qui constituent les troupeaux (chameaux, chevaux, moutons, chèvres et vaches) est consommé sous les formes très variées. Bouilli, il est mélangé au thé salé pour former la boisson de base des nomades. La crème formée par les laits très riches est consommée telle quelle ou sur de larges tranches de pain et constitue un mets de choix. Le yaourt (*tarag*) est gardé en général dans de larges bassines, dissimulées sous le lit de la maîtresse de maison, alors que le fromage (*aaruul*) sèche sur le toit de la yourte, jusqu'à devenir parfois aussi dur qu'un caillou. Fermenté, le lait de jument se transforme en *airag*, alors que le lait des quatre autres « museaux » peut être distillé pour donner de l'*arkhi*. Le blanc est également symbole de pureté.

Cachemire

Premier producteur mondial, la Mongolie voit son cheptel de chèvres s'accroître sans cesse. Une chèvre produit en moyenne 300 g de laine par an, ce qui rapporte environ 10 000 T. Les très bonnes chèvres peuvent fournir 1 kg par an.

Chamanisme

Le terme même de *chaman* est issu de la langue des Toungouses de Sibérie, et signifie « celui (ou celle) qui sait ». Les pratiques chamanistes sont dérivées des croyances animistes : le chaman est celui qui possède la capacité d'entrer en transe, de nouer contact avec le monde des esprits pour leur apporter des offrandes, obtenir des guérisons, ou guider une âme égarée dans l'au-delà. Réprimé durant la période soviétique, le chamanisme a refait son apparition en Mongolie et se développe aussi bien dans les campagnes que dans les villes.

Clan

Les clans ont joué une grande importance dans l'histoire de la Mongolie de Chinggis Khaan. L'appartenance à un clan ou un autre était alors une composante essentielle de l'identité mongole. Lorsqu'ils se sont rendus maîtres du pays en 1921, les communistes ont imposé l'abandon des noms de clans, qui véhiculaient un trop fort symbolisme identitaire et rappelaient le prestigieux passé mongol. Pendant 70 ans, les Mongols ont été coupés de leur clan, et donc d'une partie de leurs origines, à tel point qu'en 1990 près de 60 % de la population avait oublié son origine clanique. Depuis une décennie, la population a été encouragée à renouer avec cette partie de son histoire et à rechercher sa lignée. Un guide des 1 260 clans et de leur origine géographique a même été publié en 1998. Dans cette quête historique, certains ont choisi la facilité : de nombreux Mongols se revendiquent aujourd'hui du clan Borjigin, le clan du Loup bleu, qui n'était autre que celui de Chinggis Khaan !

Communisme

Le communisme est indissociable de l'histoire de la Mongolie contemporaine. Mis sous tutelle soviétique en 1921, le pays a subi le joug de l'URSS pendant près de 70 ans, ce qui en fait le deuxième pays communiste au monde par la durée de vie de son régime. Après l'effondrement du bloc soviétique, les troupes russes se sont retirées de Mongolie au début des années 1990, mais elles ont également coupé les apports financiers qui avaient jusque-là porté l'économie locale à bout de bras. Le pays s'est alors engagé dans une réforme économique et politique progressive, menée... par le parti communiste local, reconduit au pouvoir lors des premières élections libres.

Crachat

Comme dans tout bon pays d'Asie, le crachat est, en Mongolie, un vrai savoir-faire. Il est impossible de dénombrer le nombre exact de crachats effectués en une journée par un seul individu. Mais ce qui est sûr, c'est que tout bon Mongol qui soit sait cracher, racler, gargariser, expectorer dans toutes les situations possibles. Un conseil : on ne peut pas y échapper !

Deel

De plus en plus rare dans la capitale, mais toujours de rigueur à la campagne ou les jours de fête, le *deel* est le vêtement traditionnel des Mongols. Ce long manteau de laine, serré à la taille par une large ceinture de tissu, est revêtu par les hommes comme par les femmes. En général uni, il peut se parer de couleurs éclatantes et de broderies lorsqu'il s'agit du *deel* des jours de fête. Les Mongols sont capables, en fonction de la coupe et des couleurs du deel, de déterminer l'origine ethnique des individus, mais ces subtilités échappent en général à l'œil du néophyte. Il est possible de s'en faire fabriquer sur mesure, au marché noir d'Oulan-Bator, auprès des couturières dans le quartier des tissus.

Dinosaures

Le sol mongol réserve bien des surprises, dont certaines peuvent être de taille respectable : un très grand nombre de fossiles de dinosaures a en effet été dégagé du sable de Gobi. Dans les années 1920, une expédition menée par l'Américain Roy Chapman Andrews a permis la découverte d'une centaine de fossiles de dinosaures en seulement deux ans ! Ces fouilles ont également permis d'élucider le mystère de la reproduction de ces animaux préhistoriques puisqu'elles ont offert aux scientifiques américains les premiers œufs de dinosaures. Le musée d'Histoire naturelle d'Oulan-Bator ainsi que quelques musées d'aimag proposent de belles collections de fossiles. Mais la plus impressionnante est probablement celle du musée d'Histoire naturelle de New York, qui avait sponsorisé les premières fouilles et a également organisé de nouvelles expéditions à la fin des années 1990.

Distances

Dans un pays trois fois grand comme la France, où les voies de communications sont limitées à 2 000 km d'asphalte et où l'on emprunte les pistes la plupart du temps, il est impossible de parcourir plus de 50 km par heure. Le rapport temps de trajet et distance est donc complètement aléatoire et il est prudent de ne pas croire un chauffeur qui affirme pouvoir parcourir 200 km en 3 heures ! L'état des pistes, les pannes fréquentes, les crevaisons et autres surprises font et feront encore partie de l'aventure mongole. Choisir un véhicule est donc un facteur important pour tout déplacement en 4 roues à l'intérieur du pays. Quoi qu'il en soit, les trajets sont longs et difficiles, mais heureusement les paysages sont époustouflants. Alors bonne route !

Ger

L'appellation de « yourte » étant d'origine russe, les Mongols préfèrent utiliser le mot « ger » pour désigner l'habitation typique des nomades d'Asie centrale. La *ger* mongole est un véritable univers en miniature, avec ses règles et coutumes que le voyageur se doit de respecter pour ne pas froisser ses hôtes. Les codes régissent jusqu'à l'entrée dans la *ger* : elle doit se faire du pied droit, et surtout sans poser le pied sur le seuil. Ce serait une grave offense envers le maître de maison : le compagnon de Guillaume de Rubrouck a d'ailleurs failli en faire les frais, puisque ce crime était puni de la peine capitale sous Chinggis Khaan ! Une tenue correcte est de rigueur : manches baissées, et chapeau sur la tête jusqu'à ce que l'on soit assis. Les invités occupent le côté gauche de la *ger*, en face du maître des lieux et de sa famille. Le fond de la *ger*, orienté au nord, est réservé aux ancêtres : c'est là que s'élève l'autel familial. Les deux piliers au centre de l'habitation symbolisent le lien entre la Terre et le ciel, il faut donc éviter de passer, ou de faire passer des objets, entre ces deux poteaux. Le gros poêle placé au centre de la *ger* sert de fourneau et de radiateur, mais il est aussi l'habitat de l'esprit du feu : il faut donc se garder d'y jeter des déchets.

Vallée de l'Orkhon, ger d'un campement nomade

Guanz

Le *guanz* est une sorte de cantine que l'on trouve partout aux alentours des marchés sur l'ensemble de la Mongolie. La nourriture est exclusivement locale et souvent le choix est extrêmement limité : *buuz* ou *huushuur*, ravioli vapeur de mouton ou beignet de mouton. C'est l'occasion de boire du thé au lait et de faire un vrai repas mongol pour presque rien (environ 900 T).

Guillaume de Rubrouck

C'est à ce moine franciscain du XIIIe siècle que la France doit les premiers récits détaillés du mode de vie des Mongols. Envoyé sur ordre de saint Louis auprès du Grand Khaan de Mongolie (qui était à l'époque Möngke, quatrième empereur des Mongols après Chinggis Khaan), Guillaume de Rubrouck avait deux missions : obtenir des Mongols qu'ils viennent en aide aux chrétiens dans leur combat contre les musulmans et convertir les Mongols au christianisme. Parti de Constantinople en 1253, le moine arrivera aux portes de Karakorum près d'un an plus tard. Il y séjourne plusieurs mois avant de prendre le chemin du retour, ses deux missions s'étant soldées par des échecs. Guillaume de Rubrouck aura néanmoins rapporté dans ses bagages le premier témoignage des us et coutumes à la cour du Grand Khaan, un texte truculent et très détaillé dont la lecture reste délectable près de huit siècles plus tard.

Karaoké

Voici l'une des activités préférées des Mongols lors de toute bonne sortie du week-end. Il y en a partout à Oulan-Bator et dans chaque ville du pays. Dans la grande salle publique ou dans un salon privé, il faut chanter, savoir chanter et s'amuser. Les étrangers trouveront des chansons anglaises pour concourir. Les Mongols, quant à eux, connaissent tous les tubes locaux sur le bout des doigts, mais savent également chanter en russe, et parfois en chinois ou en coréen.

Khoomi

Littéralement, *khoomi* signifie « chant de gorge ». Cette performance vocale typiquement mongole consiste à produire deux sons simultanés, l'un grave qui constitue un accompagnement de basse, l'autre très aigu, comme un sifflet un peu nasillard, qui déroule la mélodie. Originaire de l'ouest de la Mongolie, et notamment de la région de Khovd et des populations tuva, le *khoomi* suppose la maîtrise de techniques très exigeantes ainsi qu'une bonne condition physique. Sa pratique est réservée aux hommes.

Lamaïsme

Issu du bouddhisme Mahâyâna, ou « Véhicule du Diamant », le lamaïsme a connu son apogée en Mongolie au début du premier millénaire avec la conversion des Khaan. Pendant la domination soviétique, et notamment à la fin des années 1930, les moines ont été massacrés, et la plupart des temples détruits. A l'heure actuelle, le lamaïsme est en pleine renaissance en Mongolie, sous la forme du « lamaïsme jaune », qui considère le dalaï-lama comme le chef de sa communauté religieuse.

Millenium Road

Ce projet lancé par le gouvernement communiste prévoit de relier la frontière chinoise orientale à la frontière occidentale, par une route de près de 5 000 km. Commencés en 2000, les travaux n'ont pour l'instant permis de couvrir qu'une courte distance, et les interruptions sont fréquentes faute de moyens financiers et d'hivers longs et rigoureux . Les Mongols ont pris le parti d'en rire et expliquent que le nom donné à cette future route vient du fait qu'il faudra au moins mille ans pour la construire !

Morin khuur

Cette vièle à deux cordes ornée d'une tête de cheval est l'un des instruments les plus anciens de Mongolie. Des textes du XIIIe siècle y font explicitement référence, ce qui prouve que le *morin khuur* avait droit de cité dans les campements de Chinggis Khaan. Si les cordes et l'archet sont toujours en crin de cheval, l'ouverture dans la caisse de résonance, en peau de jeune chameau, de chèvre ou de mouton, a troqué sa forme ronde pour un « f » similaire à celui des violons occidentaux.

La légende du *morin khuur* attribue sa création à un cavalier éploré. Sa fiancée ayant coupé les ailes de son mythique destrier, pour l'empêcher de trop s'éloigner d'elle, le cavalier inconsolable aurait alors sculpté la tête de son cheval dans un long morceau de bois, prélevé du crin de son cheval bien-aimé pour les cordes et l'archet, afin de chanter les mérites de sa monture disparue.

Traditionnellement, les airs de *morin khuur* accompagnent une danse originaire de l'ouest de la Mongolie, le bylegee.

© ICONOTEC

Khenti, fêtes du Naadam

Naadam

Le nom exact de la fête qui se déroule tous les ans en juillet est Eriin Gurvan Naadam, soit « les trois jeux virils ». Cette grande fête populaire consiste en des combats de lutte, des courses de chevaux et des compétitions d'archers.

Le plus grand Naadam a lieu à Oulan-Bator les 11 et 12 juillet, les dates ayant été choisies pour coïncider avec l'anniversaire de l'indépendance de la Mongolie. Mais des Naadam locaux ont lieu dans les capitales d'*aimag* ou de *sum* tout au long du mois de juillet. Le Naadam d'Oulan-Bator attire des centaines de touristes étrangers tous les ans, et leur nombre dépasse quelquefois celui des spectateurs mongols dans le stade réservé à la lutte. Plus confidentiels, les Naadam de provinces sont parfois aussi plus authentiques.

Ninja

Aussi surprenant que cela puisse paraître, la Mongolie compte un grand nombre de Ninja dans ses steppes ! Les Mongols appellent ainsi les chercheurs d'or qui, attirés par la perspective d'un enrichissement rapide, ou plus souvent poussés par la pauvreté, se rassemblent dans les zones aurifères et creusent le sol à mains nues pour récolter quelques grammes du précieux métal. Deux explications à ce curieux surnom : les chercheurs d'or sont tous munis d'une bassine verte qui leur sert à laver le sable et qu'ils portent sur leur dos comme une carapace de tortue, et leur activité en plein air, sous un soleil de plomb, leur a tellement tanné la peau du visage et des bras qu'ils donnent l'impression d'être revêtus de la tunique noire des combattants ninja.

Ovöo

Les *övöo* sont ces empilements de cailloux, morceaux de bois et objets divers situés généralement aux cols des montagnes ou à proximité des endroits sacrés. Offrandes aux esprits, les *övöo* témoignent des croyances animistes des Mongols. Pour marquer leur respect envers les esprits, les Mongols font trois fois le tour de l'*övöo* dans le sens des aiguilles d'une montre, et déposent leurs offrandes, qui peuvent être aussi modestes qu'une poignée de cailloux mais consistent plus souvent en alcool ou lait. Les *övöo* sont en général décorés de multitudes d'écharpes bleues, les *khadag*.

Certains *övöo* ont des fonctions particulières. Ainsi les frontières sont marquées par des groupes de trois *övöo* gardiens, orientés vers l'extérieur du pays. Hauts de 6 à 7 m et d'une circonférence de 5 à 6 m, ils sont censés protéger le pays des invasions extérieures. Certaines sources aux vertus curatives sont également bordées d'*övöo*. Une fois guéris, les Mongols ajoutent à l'*övöo* un symbole de leur maladie disparue : une canne pour un mal de dos, des vêtements pour des maladies de peau…

Pattes et museaux

Le bétail est au cœur du mode de vie nomade. Chevaux, chameaux, chèvres, moutons et vaches-yaks sont les cinq animaux domestiques dont dépend la survie alimentaire des campagnes. Les Mongols ont pris l'habitude de désigner ces animaux en fonction de leurs caractéristiques morphologiques : les « cinq museaux » sont ainsi répartis en museaux chauds (chevaux et moutons) et museaux froids, ainsi qu'en pattes courtes ou pattes longues (chevaux et chameaux, qui s'éloignent des yourtes pour trouver des pâturages).

Pasteur nomade

Les pasteurs nomades mongols vivent exclusivement de l'élevage et nomadisent à chaque changement de saison, soit quatre fois par an sur un territoire délimité et connu. Ils vivent en famille qui se partagent le cheptel, s'entraident dans les tâches quotidiennes dans un partage des rôles très structuré et sexué. Les hommes, tournés vers l'extérieur s'occupent du bétail (regroupement, tonte, abattage…). Les femmes, plutôt, à l'intérieur des *ger*, s'occupent du foyer, de la nourriture et des réserves alimentaires. Elles ont également en charge la traite des vaches (deux fois par jour), des brebis (une fois par jour) et des juments (4 fois par jour). Les pasteurs nomades vivent exclusivement de leur cheptel. Un mouton ou une chèvre coûte en moyenne 50 000 T, un cheval entre 200 000 T et 500 000 T (selon sa qualité). La peau de mouton se vend 10 000 T en hiver et la peau de chèvre 15 000 T. En été, les prix chutent. Une famille disposant d'un gros cheptel (soit environ 500 moutons et chèvres confondus) mange en une année : 7 chèvres, 8 moutons, 1 vache et 1 cheval.

Przewalski

Nikolaï Mikhaïlovitch Przewalski est un explorateur et géographe russe du XIXe siècle. Il a sillonné l'Asie au cours de cinq expéditions, une en Russie orientale, quatre entre la Mongolie, le Xinjiang (le Grand Ouest chinois) et le Tibet. Le géographe est notamment crédité de la localisation du Lop Nur et du relevé de la chaîne de l'Altaï. Mais Przewalski reste surtout connu à l'heure actuelle pour les observations minutieuses des chevaux sauvages de Mongolie qu'il avait ramenées de ses voyages dans la région. Réintroduits depuis quelques années dans leur milieu naturel, les chevaux de Takhi sont plus communément appelés chevaux de Przewalski en hommage à l'explorateur à qui l'on doit leurs premières descriptions.

Soyombo

Créé au XVIIe siècle par Zanabazar, l'un des premiers chefs religieux du pays et artiste de renom, le Soyombo a été officiellement incorporé au drapeau national mongol en 1924. L'emblème de la Mongolie est investi d'une forte valeur symbolique, mais l'interprétation de chacun de ses éléments n'est pas toujours bien déterminée. Il est généralement admis que la flamme à trois mèches au sommet du Soyombo représente la prospérité passée, présente et future du pays. Le soleil et la lune symbolisent le Grand Ciel, et par conséquent l'indestructibilité de la Mongolie. Les deux triangles pointés vers le bas figurent des pointes de flèches ayant vaincu l'ennemi. Les deux rectangles horizontaux ont pour rôle de stabiliser la forme ronde du centre du Soyombo, et incarnent donc la force et la droiture des Mongols. Les deux formes

Les övöo du père Evariste Huc

« *Bientôt nous nous trouvâmes en présence du grand obo, au pied duquel les Tartares viennent adorer l'esprit de la montagne. Ce monument n'est autre chose qu'un énorme tas de pierres amoncelées sans ordre. A la base est une grande urne de granit dans laquelle on brûle de l'encens. Le sommet est couronné d'un grand nombre de branches desséchées, fixées au hasard parmi les pierres. Au-dessus de ces branches sont suspendus des ossements et des banderoles, chamarrés de sentences thibétaines ou mongoles. Les dévots qui passent devant l'obo ne se contentent pas de faire des prostrations et de brûler des parfums, ils jettent encore de l'argent en assez grande quantité sur ce tas de pierres. Les Chinois qui passent par cette route ne manquent pas non plus de s'arrêter devant l'obo, mais après avoir fait quelques génuflexions, ils ont soin de recueillir les offrandes que les Mongols ont eu la bonhomie d'y déposer.* »

(*Souvenirs d'un voyage dans la Tartarie et le Thibet*, Père Huc, Editions Omnibus, p. 31-32.)

entrelacées au centre ressemblent aux représentations chinoises du yin et du yang ; en Mongolie, elles sont plus fréquemment interprétées comme deux poissons, un mâle et une femelle, symboles de fertilité. De plus, les poissons ne fermant jamais les yeux, ils signifient que le peuple mongol se trouve toujours en état de veille, d'alerte. Enfin, les deux rectangles verticaux de part et d'autre du Soyombo figurent les murs qui protègent la nation et témoignent de sa force et de sa stabilité.

Tengri

Le Grand Ciel, « Tengri », est l'esprit le plus vénéré de la tradition animiste mongole. Il est aussi garant du pouvoir et de sa légitimité : Chinggis Khaan était ainsi parfois surnommé « fils du ciel ». Selon la représentation chamanique du monde, il existe 99 cieux, dont 55 occidentaux, et 44 orientaux, que seuls les chamans peuvent explorer au cours de leurs transes.

Le Grand Ciel est aujourd'hui encore au cœur de nombreuses pratiques quotidiennes des Mongols. Ainsi tout banquet sera inauguré par l'aspersion d'alcool vers le ciel et la Terre. De même, à l'aube du premier jour de Tsaagan Sar, les familles lancent des jets de lait vers le ciel, afin que Tengri leur accorde une année heureuse et prospère.

Transmongolien

Le train mythique qui relie Moscou à Pékin propose en fait trois voies différentes : le Transsibérien, proprement dit, entre Moscou et Vladivostok ; le Transmanchourien, qui relie Moscou à Pékin en passant par le nord-est de la Chine ; le Transmongolien, qui permet de rejoindre ces deux mêmes villes, en passant par la Mongolie. Moins long et plus diversifié en terme de paysages que les deux autres voies, le Transmongolien est le moyen de transport favori des commerçants russes, mongols et chinois, des aventuriers de toutes nationalités, ou tout simplement de ceux qui souhaitent savourer la transition de l'Europe à l'Asie. Le Transmongolien a inspiré de nombreux auteurs et artistes, charmés par les microsociétés qui se forment dans chaque compartiment.

Tsaagan Sar

La fête de la lune blanche célèbre le nouvel an mongol, en janvier ou début février selon le calendrier. Ce festival implique de nombreux rituels ancestraux mais également des réunions de famille, des banquets et des jeux qui donnent au nouvel an un caractère festif. Quelle que soit leur date de naissance, tous les Mongols se rajoutent un an au moment de Tsaagan Sar et font de même pour leurs têtes de bétail.

Tsaatan

Etonnante ethnie peuplant les abords du lac Khövsgöl, au nord-ouest de la Mongolie, les Tsaatan vivent de l'élevage des rennes. Ils ont troqué la ger mongole pour des tipis qui évoquent irrésistiblement ceux des Indiens d'Amérique. Il ne reste à l'heure actuelle qu'une quarantaine de familles tsaatan, soit environ 300 personnes.

Tsam

Les cérémonies *tsam*, dont l'âge d'or se situe en Mongolie au XVIIIe siècle, refont leur apparition après des décennies d'interdiction sous l'occupation soviétique. Importées du Tibet, elles se sont teintées en Mongolie de références au chamanisme local, qui influencent à la fois leur chorégraphie et les personnages mis en scène. Au XVIIIe siècle, il existait presque autant de danses *tsam* que de monastères, soit près de 500 variantes de cette cérémonie bouddhiste destinée à exorciser les mauvais esprits. Deux formes de cette danse des masques très ritualisée se sont néanmoins imposées dans le pays : le Jahar Tsam et le Khuree Tsam. Ce dernier, célébré tous les ans le neuvième jour du dernier mois d'été, mettait en scène 108 personnages aux costumes les plus variés. Le personnage le plus connu de ces cérémonies tsam mongoles est probablement le « Vieil homme blanc », une figure chamaniste symbolisant la fertilité des Mongols et de leurs troupeaux.

Urga

C'était le nom de la capitale du pays avant qu'elle ne devienne Oulan-Bator en 1924. Urga signifie simplement « camp » en mongol, les nomades n'éprouvant pas le besoin de nommer plus précisément la plus grande « ville » du pays. L'*urga*, c'est également cette grande perche surmontée d'un lasso, que les nomades utilisent pour capturer le bétail, et notamment les chevaux. Le nom d'*urga* est familier aux Occidentaux qui se souviennent du superbe film de Nikita Mikhalkov, qui avait remporté le Lion d'or au Festival du cinéma de Venise en 1991.

Faire / Ne pas faire

Faire

▶ **Garder son chapeau sur la tête** en entrant dans une *ger*.

▶ **Recevoir les objets et la nourriture à deux mains,** ou bien de la main droite soutenue par la main gauche au niveau du poignet ou du coude.

▶ **Garder ses manches baissées jusqu'aux poignets** dans une *ger*.

▶ **Goûter à tout** ce qui vous est offert.

▶ **Si vous marchez sur le pied de quelqu'un,** il faut lui serrer immédiatement la main.

▶ **Laisser des petits cadeaux** (en évitant l'argent et la vodka) aux familles qui vous ont accueilli !

▶ **Quand on se cure les dents,** il faut se mettre la main devant la bouche afin de cacher ses dents. C'est un signe de savoir-vivre.

▶ **Chanter** des chansons françaises à vos hôtes qui adorent ça. Il est donc prudent de réviser quelques textes avant le départ.

▶ **Entrer dans une** *ger*, sans marcher sur le pas de la porte, le pied droit en premier.

▶ **Toujours entrer dans une** *ger* vers la gauche et y circuler, sur invitation, dans le sens des aiguilles d'une montre.

▶ **Lorsque l'on dort dans une** *ger*, veillez à toujours pointer les pieds vers l'entrée.

Ne pas faire

▶ **Pointer vos pieds en direction du foyer** ou d'une autre personne dans une *ger*.

▶ **Rester debout à l'entrée de la** *ger*.

▶ **Entrer dans une** *ger* avec un bâton ou une cravache à la main. Entrer dans l'intérieur de la tente la main armée d'un fouet ou d'un bâton, c'est l'injure la plus sanglante qu'on puisse faire à la famille ; c'est leur XIXe siècle.

▶ **Enjamber des objets** ou laisser quelqu'un passer par-dessus vos jambes étendues à l'intérieur de la ger.

▶ **Jeter des déchets** dans le feu du poêle de la ger.

▶ **Prendre ou donner la nourriture** et les objets de la main gauche.

▶ **Passer ou faire passer des objets** entre les deux poteaux centraux de la ger.

▶ **Frapper avant d'entrer** dans une ger.

Xiongnu

Ce sont les fondateurs du premier empire nomade d'Asie. Entre 300 et 100 avant J.-C., les Xiongnu ont sillonné la steppe, contrôlé les tribus rivales et même menacé la Chine des empereurs Qing et Han. Finalement vaincus par les Chinois, les Xiongnu ont laissé un riche héritage à la Mongolie. Depuis l'année 2000, une équipe d'archéologues français et mongols travaille sur les fouilles d'un gigantesque site funéraire xiongnu, dans les plaines de l'Arkhangaï, qui rassemble une tombe impériale et pas moins de 145 tombes annexes. Les Xiongnu ont également laissé de nombreux bijoux en bronze représentant des animaux réels ou mythiques ; certains musées d'aimag en exposent de beaux spécimens.

Züd

En Mongolie, le *züd* peut être blanc, noir ou de fer, mais il est, dans tous les cas, meurtrier. Ce terme général désigne en effet les catastrophes naturelles qui frappent régulièrement le pays, été comme hiver. Le *züd* blanc, ce sont les tempêtes de neige, qui privent le bétail de nourriture et les hommes de combustible. Le *züd* de fer désigne le gel du sol, lorsque la température chute brusquement après une période de pluies. Enfin, le *züd* noir fait référence aux périodes de sècheresse qui privent bêtes et hommes de tout approvisionnement en eau. La Mongolie a été particulièrement touchée par les intempéries hivernales en ce début de XXIe siècle : les hivers 1999-2000 et 2000-2001 ont en effet coûté la vie à plusieurs millions de têtes de bétail. Les bergers ruinés ont alors tenté de reconstituer des troupeaux grâce aux diverses aides nationales et internationales, mais la plupart ont quitté leur vie nomade, et sont venus grossir les rangs des habitants désœuvrés des camps de ger qui poussent dans les banlieues de la capitale.

Survol du pays

GÉOGRAPHIE

La Mongolie est le sixième plus grand pays d'Asie, avec une superficie totale de 1 566 500 km², soit trois fois la France, ce qui représente l'équivalent de la France, l'Italie, l'Espagne, le Portugal, la Belgique et les Pays-Bas réunis. Malgré ses dimensions respectables, la Mongolie contemporaine ne représente qu'une toute petite portion de l'empire créé par Chinggis Khaan au XIIIe siècle : celui-ci s'étendait à l'ouest jusqu'aux portes de l'Europe et englobait une large partie du Moyen-Orient, de l'Asie centrale, de la Chine et de la Corée.

Aujourd'hui coincée entre les deux géants que sont la Chine et la Russie, la Mongolie compte 4 673 km de frontières avec la première, et 3 485 km avec la seconde. Une situation qui aura une grande influence sur son histoire, notamment au XXe siècle. D'une altitude moyenne de 1 580 m au-dessus du niveau de la mer, le pays peut être divisé en quatre zones géographiques distinctes : les lacs et montagnes de l'Ouest, les zones moins élevées mais très vertes du Nord et du Centre, les déserts du Sud, et les vastes steppes de l'Est.

Lacs et montagnes de l'Ouest mongol

La chaîne de montagne la plus imposante du pays se trouve à l'ouest et délimite la frontière entre la Mongolie, la Chine et la Russie. L'Altaï se déroule sur près de 1 000 km de longueur, de l'extrême ouest jusqu'au sud-ouest du pays, où les montagnes se fondent dans le désert de Gobi. La chaîne de l'Altaï est la plus élevée du pays, avec une quarantaine de sommets à plus de 4 000 m, enneigés tout au long de l'année. Le point culminant de l'Altaï, qui est également celui de la Mongolie, est le mont Tavanbogd, à 4 374 m d'altitude. Les vallées se trouvent à une altitude moyenne de 3 000 m et sont fréquemment secouées par des séismes d'ampleurs variées (comme d'ailleurs le nord du pays et la région de Khövsgöl).

Cette région est parsemée de grands lacs, d'eau douce ou d'eau salée, nichés dans les dépressions montagneuses. La plupart des lacs du pays sont remplis d'eau salée, comme le lac Uvs, le plus grand de Mongolie avec une superficie de 3 350 km², ainsi que ceux de la dépression des grands lacs, entre l'Altaï et la chaîne du Khangaï. Le pays dispose également d'importantes réserves d'eau douce, grâce au lac Khövsgöl, qui représente à lui seul 65 % des stocks nationaux, et près de 2 % des réserves mondiales.

Ces régions de montagnes et de lacs sont en général boisées, surtout dans leurs parties les moins élevées. Forêt de conifères essentiellement composée de pins et de mélèzes, la taïga mongole recouvre principalement les alentours du lac Khövsgöl, les régions montagneuses du Khentiy et du Khangaï. Contrairement à l'impression laissée par les interminables steppes du pays, la Mongolie dispose d'importantes réserves de bois, puisque les forêts couvrent 5 % du territoire. Et 25 % du pays est constitué de zones mixtes, où la steppe rencontre la forêt, dans les régions de transition entre plaines et montagnes. Mais ces ressources en bois ne sont à l'heure actuelle pratiquement pas exploitées par les Mongols, ce qui laisse à la taïga son caractère sauvage. Les zones mixtes sont en revanche densément peuplées, puisqu'elles offrent aux éleveurs un cadre de vie idéal : de nombreux cours d'eau, du bois et des pâturages pour leurs troupeaux.

Désert de Gobi, dune de Khongoryn Els

Montagnes, rivières et verdure dans le Centre et le Nord

Deux autres chaînes de montagne, de moindre importance, barrent le centre et le nord du pays. Les sommets de la chaîne du Khangaï se dressent aux alentours de 3 000 m d'altitude, le plus haut atteignant 3 905 m (mont Otgon Tenger). La chaîne du Khangaï est plus ancienne que celle de l'Altaï, ses pentes sont moins abruptes, et le sol y est essentiellement d'origine volcanique : on y trouve encore de nombreuses sources d'eau chaude, ainsi qu'une abondance de lacs et cours d'eau. Les vallons du Khangaï sont également porteurs de nombreuses forêts et pâturages alpins.

La troisième chaîne montagneuse, moins élevée que les deux précédentes, se trouve au nord-est d'Oulan-Bator, le long de la frontière russe. Il s'agit du Khentiy, dont le sommet le plus élevé, l'Asralt Khairkhan, atteint péniblement les 2 800 m d'altitude.

Ces deux zones sont caractérisées par la présence de nombreux cours d'eau, qui irriguent les plaines et favorisent l'implantation humaine, parfois même l'agriculture. Sur les 4 000 cours d'eau qui sillonnent la Mongolie, seul le fleuve Selenge est navigable. Il est rejoint à quelques kilomètres de la frontière russe par l'Orkhon, le fleuve le plus long du pays, puisqu'il court sur 1 124 km. Tous deux se jettent ensuite dans le lac Baïkal, en Russie. Ils constituent le principal réseau hydraulique du pays. La région du Khentiy est également très irriguée. Deux fleuves s'imposent parmi une multitude de cours d'eau secondaires : l'Onon, qui remonte vers la Russie, et le Kherlen, qui traverse la frontière chinoise avant de se jeter dans le lac Hulun, en Mandchourie. Les rivières de l'ouest du pays et celles du centre, orientées vers le sud, ne dépassent pas les frontières nationales : les torrents de la dépression des grands lacs alimentent les lacs d'eau salée, alors que les filets d'eau dirigés vers le sud finissent par se perdre dans les sables du désert de Gobi.

Les déserts du Sud

Le désert de Gobi recouvre un tiers de la Mongolie et s'étire au nord de la Chine : la zone désertique s'étend sur 2 000 km d'est en ouest, et jusqu'à 1 000 km du nord au sud, partagée entre la Mongolie et la Chine. En mongol, *gobi* signifie modestement « grand bassin plat ».

3 % seulement de cette zone désertique est constituée de sable : les magnifiques dunes de Khongoryn, qui s'étendent sur 900 km², font donc figure d'exception dans le désert de Gobi. Les régions les plus arides sont situées à proximité de la frontière chinoise et sont caractérisées par un sol caillouteux, presque totalement exempt de végétation. La grande majorité du désert de Gobi est en fait constituée de steppes très peu arrosées, à la végétation rase, sur lesquelles parviennent à vivre quelques familles nomades et leurs troupeaux, en général de chameaux. Mais contrairement à ce que l'on peut imaginer d'un désert, Gobi présente des paysages très variés : les Mongols y recensent une trentaine de sols différents, et la platitude n'est pas toujours au rendez-vous, comme en témoignent les gorges de Yolyn Am, les falaises de feu ou les dunes de sable.

Un point commun néanmoins à cette vaste zone désertique : des conditions climatiques

Désert de Gobi, parc national du Gobi, dune de Khongoryn-Els, caravane de chameaux

extrêmement rigoureuses. La température peut atteindre des amplitudes de 80 °C (+ 40 °C l'été, - 40 °C l'hiver), et des vents violents balaient la zone au printemps et en automne. Soufflant à près de 140 km/heure, ils charrient la terre ocre du désert de Gobi jusqu'aux portes de la capitale chinoise, à plusieurs centaines de kilomètres de là.

La steppe

Ces immenses plaines qui sont l'image de marque de la Mongolie couvrent 20 % du territoire. Elles se trouvent essentiellement à l'est du pays, ainsi que dans une large bande qui s'étend au sud du massif du Khangaï, jusqu'à la dépression des grands lacs et les contreforts de l'Altaï. En descendant vers la frontière chinoise au sud de la Mongolie, les steppes deviennent de plus en plus arides, jusqu'à ce qu'elles se confondent avec le désert de Gobi.

Les steppes sont l'habitat privilégié d'une multitude d'oiseaux et d'animaux sauvages. Mais leur équilibre naturel est de plus en plus menacé par le « surpâturage » : l'augmentation trop rapide de la taille des troupeaux (et notamment des chèvres très prisées pour le cachemire) ne permet plus à la steppe de se renouveler dans certaines zones plus densément peuplées. L'une des conséquences du surpâturage est la désertification de régions jusqu'alors réservées aux steppes.

CLIMAT

Loin de la mer et située sur un plateau en altitude, la Mongolie a un climat continental, avec des étés chauds et pluvieux (températures moyennes de 20 °C) et des hivers extrêmement rigoureux (- 24 °C en moyenne). Ainsi Oulan-Bator est la capitale la plus froide au monde, avec une température moyenne de - 29 °C en hiver, et une période de gel qui s'étend de la fin septembre à la mi-juin ! Les pluies sont relativement faibles, même dans le nord du pays, qui est la zone la plus arrosée avec 20 à 35 cm de précipitations par an. Dans le sud, la moyenne est de 10 à 20 cm, mais certaines régions, comme la partie la plus méridionale du désert de Gobi, peuvent passer plusieurs années sans recevoir la moindre goutte d'eau.

L'hiver

Si la Mongolie mérite son surnom de « Pays du ciel bleu », c'est assurément grâce à ses longs mois d'hiver, durant lesquels le ciel se teinte de bleu marine. De novembre à mars, les températures sont en chute libre et flirtent régulièrement avec les - 40 °C. Les neiges peuvent être abondantes et causent parfois d'importants dégâts dans les troupeaux mais parfois aussi chez les hommes. Ainsi les zũd blancs des hivers 1999-2000 et 2000-2001, ces tempêtes de neige qui privent le bétail de nourriture et les hommes de combustible ont coûté la vie à plusieurs millions de têtes de bétail et ruiné des milliers d'éleveurs. Visiter la Mongolie en hiver suppose une bonne condition physique, un guide expérimenté et surtout un équipement très adapté aux conditions climatiques extrêmes.

L'été

De juin à septembre, l'été est la saison la plus clémente et la mieux adaptée au tourisme. S'il est vrai que 70 % des précipitations annuelles tombent en été, les pluies sont en général de courte durée et ne sont pas vraiment gênantes pour les touristes (attention toutefois aux régions du Nord, et notamment aux alentours du lac Khövsgöl, qui peuvent être noyées par des trombes d'eau plusieurs jours d'affilée durant l'été !). Cette saison présente également l'avantage d'offrir de très longues journées : le soleil se lève vers 4h30 du matin et ne se couche que vers 22h30. Les nuits, aussi courtes soient-elles, peuvent néanmoins être fraîches, du fait de l'altitude générale du pays.

Le printemps et l'automne

Ce sont des saisons extrêmement courtes en Mongolie, où les transitions entre l'été et l'hiver s'effectuent en l'espace de quelques semaines à peine. Toutes deux sont marquées par de brusques variations climatiques, qui voient les températures chuter ou remonter d'une dizaine de degrés en quelques heures. Des vents violents balaient la steppe et le désert, notamment au printemps, où ils peuvent causer de nombreux dégâts et entraîner l'arrêt temporaire des lignes aériennes. Le printemps correspond également au début de la fonte des neiges et peut donc se révéler un véritable casse-tête pour les chauffeurs : routes embourbées et gués impraticables sont le lot commun des touristes printaniers.

DÉCOUVERTE

ENVIRONNEMENT

Grands espaces et nature sauvage sont l'image de marque de la Mongolie. Pourtant le pays est aujourd'hui confronté à des enjeux écologiques de plus en plus pressants, auxquels le ministère de la Protection de l'Environnement, créé en 1987, peine à faire face.

L'eau et la gestion des ressources hydrauliques deviennent problématiques en Mongolie. De nombreux lacs et rivières ont vu leur niveau baisser au cours des dernières décennies, et certains cours d'eau et oasis sont même menacés d'assèchement pur et simple. Selon des scientifiques cités par l'organisation WWF, 90 % du territoire est menacé de désertification à plus ou moins long terme !

Plusieurs facteurs contribuent à la diminution des réserves d'eau du pays. Le premier est probablement le surpâturage, qui concerne une large proportion du territoire. Après le départ des Soviétiques au début des années 1990, de nombreuses familles sont retournées à la campagne, ce qui a entraîné une hausse rapide du nombre de troupeaux. En cause également, la concurrence chinoise concernant la production de cachemire : pour faire face à la baisse des prix de la laine, de nombreux éleveurs ont choisi d'augmenter encore leur production. La conséquence de ce surpâturage, particulièrement sensible dans la zone de Gobi qui abrite une grande quantité de chèvres, est que le sol peine à se renouveler. La végétation n'a plus le temps de pousser entre le passage des troupeaux, et la désertification pointe alors ses grains de sable.

Mais les troupeaux ne sont pas les seuls responsables de la détérioration des réserves d'eau. La mauvaise gestion de ces ressources par manque de concertation au niveau national, des projets de barrages et canaux d'irrigation inadaptés aux conditions locales, ainsi que la pollution causée par les nombreuses mines du pays sont également pointés du doigt par les organisations locales de protection de l'environnement.

L'état des forêts devient également préoccupant dans le pays. Entre 1974 et 2000, la Mongolie a perdu 1,6 million d'hectares de zones boisées ! Principaux responsables : les feux de forêts, qui ravagent régulièrement le pays en été. Ainsi, entre avril et mai 1996, des centaines d'incendies s'étaient déclarés dans les steppes et les forêts du pays. Malgré la mobilisation de 24 000 personnes, militaires et civiles, souvent armées de simples battes à feu de fabrication artisanale, les flammes ont englouti près d'un quart des forêts et 4 % des pâturages mongols. Elles ont fait une vingtaine de victimes, privé 700 personnes de leur domicile, et tué 6 000 têtes de bétail. Les incendies se sont même propagés jusqu'en Chine, où ils ont fait 8 victimes. La Mongolie avait dû faire appel à l'aide internationale pour venir à bout des plus grands incendies de son histoire contemporaine.

De façon moins spectaculaire mais tout aussi efficace, la déforestation anarchique menée par les bergers mongols contribue à diminuer la couverture boisée du pays. Pour construire les ger ou les maisons en bois caractéristiques du Khentiy et surtout pour se chauffer, les Mongols coupent les arbres, sans aucune notion de développement durable pour ces précieuses ressources. L'érosion, qui est la conséquence la plus fréquente du déboisement, contribue également à la désertification du pays.

La pollution est un phénomène relativement nouveau en Mongolie mais qui commence à prendre de l'ampleur. La pollution de l'eau est essentiellement due aux nombreuses mines du pays, et tout particulièrement aux mines d'or qui sont implantées le long des rivières et qui y rejettent massivement leurs déchets. Les pollutions urbaines n'épargnent plus les grandes villes, et surtout pas Oulan-Bator. Ses industries et surtout le chauffage au charbon qui est de rigueur l'hiver recouvrent la ville d'un brouillard marron la plus grande partie de l'année. De plus, les infrastructures souvent obsolètes de la capitale ne permettent pas (ou ne permettent que partiellement) le recyclage des eaux usées et des déchets urbains.

Enfin la protection de la biodiversité du pays fait désormais partie des préoccupations des autorités locales. La modification de l'habitat naturel de certaines espèces rares et surtout le braconnage ont mis à mal certains oiseaux migrateurs, plantes et mammifères, recherchés pour leurs vertus médicinales ou leur fourrure.

Ce panorama des enjeux environnementaux de la Mongolie ne doit pas pour autant donner au pays l'image d'un désastre écologique. La nature locale reste magnifique, vierge dans bien des endroits, et abrite une faune et une

CULTURA DIJON
CC la Toison d'or
Av de Langres
21078 DIJON
TEL : 03 80 78 90 90
du lundi au samedi de 9h à 20h

TICKET / FACTURE

5050466965653 (4) GAMME / LEMAY LIND / LES
   9.99 * 1   9.99
9782745916159 (3) AUZIAS/LABOURDETTE / MON
  18.00 * 1   18.00
9782716313957 (3) PEYRET INES / DICTIONNAI
  18.00 * 1   18.00

TOTAL (EUR)   45.99

CAB CARTE BANCAIRE   45.99 EUR

TVA(3) 5.50%   1.88 EUR
TVA(4) 19.60%   1.64 EUR
TOTAL H.T.   42.47 EUR

Servi par LOUISA   Nbre Articles : 3
Réf.028-2-142793 VPM 6 21/05/2010 14:42:32

A028-0-1403136

Merci de votre visite et à bientôt
Echanges sous 15 jours
muni du ticket de caisse

flore uniques au monde. Il est néanmoins préoccupant de constater le manque de conscience écologique de la plupart des Mongols, qui sont pourtant les premiers à faire l'éloge de leur nature : il suffit de voir le nombre de bouteilles en plastique ou canettes bordant les pistes du pays pour constater que la protection de l'environnement n'est pas encore entrée dans les mœurs locales.

Zones protégées et parcs nationaux

La création de parcs nationaux et zones protégées s'est accélérée depuis le début des années 1990. A l'heure actuelle, 20,5 millions d'hectares de terres sont protégées, ce qui représente 13,2 % de l'ensemble du pays. Et les autorités locales espèrent faire grimper le nombre de zones protégées jusqu'à ce qu'elles représentent 30 % du territoire mongol.

Il existe quatre degrés de protection : 18 zones strictement protégées, 26 parcs nationaux, 19 réserves naturelles et 6 monuments historiques.

Les zones strictement protégées

Les zones strictement protégées sont des régions à l'équilibre naturel extrêmement fragile, où toute implantation humaine a été interdite, ainsi que la chasse et la pêche.

▣ BOGD KHAAN UUL

Au sud-ouest de la chaîne de montagne du Khentiy. 416 km². Protégé depuis 1778 pour des raisons religieuses, il s'agit d'une des premières zones protégées au monde. Le Tsetsee Gun, qui culmine à 2 257 m d'altitude,

est l'un des quatre monts sacrés qui encadrent la capitale. On y trouve 220 sortes de plantes ainsi que quelques animaux rares comme le musc ou l'ibex.

▣ KHUKH SERKHIIN NUUR

Zone protégée depuis 1977. Aimag de Bayan-Olgiy et de Khovd. 659 km². Zone montagneuse culminant à 4 019 m, le parc abrite une population d'argali, d'ibex et de lynx.

▣ GRAND GOBI

1975. Divisé en deux parties, à la frontière sud-ouest. 53 117 km². Des espèces végétales et animales propres au désert de Gobi y trouvent refuge, comme le chameau sauvage et l'ours de Gobi.

▣ KHAAN KHENTIY

1992. Au nord-est d'Oulan-Bator, le long de la frontière russe. 12 271 km². Le parc vise à protéger la taïga et sa faune, mais également des sites culturels, telles les 800 tombes anciennes qui font espérer aux archéologues la découverte, un jour, de celle de Chinggis Khaan.

▣ MONGOL DAGUUR

1992. Aimag de Dornod, à l'extrême nord-est du pays. 1 030 km². Cette zone de steppes abrite de nombreuses espèces rares, et notamment la grue à crête blanche en voie de disparition.

▣ NUMRUG

1992. Aimag de Dornod, à la pointe est du pays. 3 112 km². A la frontière de la Chine, ce parc présente une faune et une flore proches de celles que l'on trouve en Mandchourie.

DÉCOUVERTE

Lac Üüreg Nuur, rassemblement de troupeaux

DORNOD TAL

1992. Au sud de la précédente, aimag de Dornod. 5 704 km². Steppe sèche exempte de toute occupation humaine, elle abrite des milliers de gazelles mongoles.

OTGON TENGER UUL

1992. Au centre-ouest du pays, aimag de Zavkhan. 955 km². Un sommet à 4 021 m et une faune et flore d'altitude sont les caractéristiques de cette zone.

BASSIN DE L'UVS NUUR

1994. Divisé en quatre parties autour du lac Uvs Nuur, au nord-ouest. 7 125 km². Cette vaste zone abrite des paysages très diversifiés : sommets recouverts de glacier, lac d'eau salée, dunes de sable. Elle est le lieu de rassemblement de plus de 220 espèces d'oiseaux.

KHASAGT KHAIRKHAN UUL

1965. Aimag de Gobi-Altaï. 274 km². Cette chaîne de montagne est protégée pour permettre aux argali, ibex et léopards des neiges de s'ébattre en toute liberté.

KHORIDOL SARIDAG UUL

1997. A l'ouest de l'aimag de Khövsgöl. 1 886 km². La verticalité de cette chaîne lui permet de rassembler en un espace réduit steppes, forêts et toundra.

PETIT GOBI

1996. Sud-est du désert. 18 391 km². Toutes les caractéristiques du désert, avec quelques ânes sauvages et gazelles à queue noire.

Les parcs nationaux

Les parcs nationaux ont été créés dans un but éducatif : ce sont donc des zones moins fragiles que les précédentes, dans lesquelles les implantations nomades sont autorisées bien que contrôlées, et où le tourisme est mis à l'honneur. Les entrées dans les parcs nationaux sont payantes, et le tarif semble avoir été unifié récemment : 3 000 T par personne.

KHÖVSGÖL

1992. Nord-ouest, dans l'aimag du même nom. 8 381 km². C'est le plus touristique des parcs nationaux, grâce à l'attrait du plus grand lac d'eau douce du pays. Les abords du lac sont très boisés et abritent les populations tsaatan.

GORKHI TERELJ

1993. A une heure de route à l'est de la capitale. 2 864 km². Paysages de roches granitiques dans de vastes steppes.

GOBI GURVAN SAIKHAN

1994. Au cœur du désert de Gobi. 4 100 km². La gorge de Yolyn Am et les dunes de sable de Khongoryn sont les sites les plus visités de ce parc.

Vallée de l'Orkhon

■ **KHORGO TERKHIIN TSAGAAN NUUR**
1965. Aimag de l'Arkhangaï. 773 km². Zone volcanique et montagnes de basalte.

■ **ALTAÏ TAVAN BOGD**
1996. Frontière ouest, aimag de Bayan-Olgiy. 6 362 km². Il inclut les plus hauts sommets du pays.

■ **KHANGAÏ NURUU**
1996. Aimag d'Arkhangaï et d'Uvurkhangaï. 8 885 km². Sources de l'Orkhon, zone de montagnes comportant de nombreux lacs et rivières. L'un des berceaux de la culture mongole.

■ **KHAR US NUUR**
1997. Aimag de Khovd. 8 503 km². Refuge de nombreuses espèces d'oiseaux, dans des paysages comprenant des parties désertiques, des steppes et des montagnes enneigées tout au long de l'année.

■ **NOYONKHANGAÏ**
1998. Aimag d'Arkhangaï. 591 km². Montagne sacrée pour les Mongols, elle possède de nombreuses sources.

■ **KHUSTAIN NURUU**
1993. A 90 km au sud-ouest de la capitale. 900 km². C'est dans ce parc qu'ont été réintroduits les chevaux de Przewalski.

■ **TARVAGATAIN**
2000. Aimag d'Arkhangaï et de Zavkhan. 5 245 km². Le parc abrite la source du fleuve Selenge ainsi que de nombreux sites historiques et culturels.

■ **SIILKHEM**
2000. Aimag de Bayan-Olgiy. 1 400 km². Le parc a été créé pour protéger l'argali et son habitat naturel.

■ **KHAAN KHUKHII KHYARGAS**
2000. Aimag d'Uvs. 5 534 km². De nombreux oiseaux trouvent refuge dans cette zone, qui a été protégée afin de limiter l'érosion des sols et la désertification qui la menaçaient.

■ **TSAMBAGARAV**
2000. Aimag de Khovd et Bayan-Olgiy. 1 109 km². De nombreux glaciers ponctuent ce parc où vivent quelques léopards des neiges.

■ **ONON BALJIIN SAV**
2000. Aimag du Khentiy et de Dornod. 4 157 km². Cette longue bande de territoire sur un axe nord-sud permet de découvrir des zones désertiques, des steppes et des montagnes boisées.

■ **TUJIIN NARS**
2002. Aimag de Selenge. 800 km². Tout proche de la frontière russe, ce parc permet d'approcher la confluence du Selenge et de l'Orkhon.

■ **MYANGAN UGALZAT**
2002. Aimag de Khovd. 600 km². Quelques hauts sommets de la chaîne de l'Altaï.

Réserves naturelles et monuments

Les réserves naturelles sont en général de taille plus modeste et destinées à protéger une faune ou une flore bien précises. Les implantations humaines y sont extrêmement limitées.

La Mongolie compte à l'heure actuelle 19 réserves naturelles, dont les plus intéressantes sont celles d'Ugtam Uul (dans l'aimag de Dornod, elle comprend deux montagnes sacrées et les ruines d'un imposant monastère bouddhiste) et de Sharga Mankhanii Tal (dans le désert de Gobi, elle a été créée pour protéger l'antilope saïga).

Enfin, les monuments historiques et naturels sont également protégés par les autorités mongoles.

La région des huit lacs, dans l'aimag d'Ovörkhangaï, magnifique région volcanique très irriguée, les chutes d'Eej Khairhan dans l'aimag de Gobi-Altaï et la forêt pétrifiée de Suikhent sont les plus intéressants de ces sites naturels.

(marge verticale) DÉCOUVERTE

▬ FAUNE ET FLORE ▬

La diversité climatique et géographique de la Mongolie contribue à rassembler dans le pays une faune et une flore extrêmement variées.

Certaines espèces en voie de disparition à l'échelle mondiale ont trouvé leur dernier refuge dans les zones protégées du pays, qui offrent une occasion unique d'apercevoir des gazelles saïga au coin d'une dune, un mouton argali perché sur une saillie montagneuse ou un léopard des neiges tapi dans la poudreuse.

La faune

Les oiseaux

La Mongolie accueille 457 espèces d'oiseaux, dont seulement 81 sont sédentaires. Leurs lieux de prédilection sont les terres humides de la dépression des grands lacs ou de l'Arkhangaï. Une trentaine d'espèces sont rares ou très rares à l'échelle mondiale, comme le grèbe huppé, la cigogne noire, l'oie cygnoïde, la grande outarde, le pélican dalmatien, le souchet blanc ou le coq des neiges. De très nombreuses grues peuvent être aperçues un peu partout dans le pays : les grues cendrées sont les plus communes, mais on trouve également des grues à cou blanc, des grues blanches de Sibérie, ou des grues demoiselle. Les rapaces sont les maîtres du ciel bleu de Mongolie : aigles, faucons, vautours, chouettes, busards ou gypaètes peuvent y être facilement observés.

Les poissons

74 espèces de poissons s'ébattent dans les cours d'eau ou dans les lacs salés ou d'eau douce de Mongolie. Une trentaine d'entre elles sont propices à la pêche. Le taïmen est un poisson géant dont la taille peut atteindre 2 m de longueur et qui fera la joie des pêcheurs sportifs. On le trouve dans les cours d'eau profonds ou dans des trous d'eau à proximité des remous de cascades ou rapides. Il se pêche en général à la mouche.

Les mammifères

138 espèces coexistent en Mongolie, dont une trentaine sont rares, très rares ou spécifiques au pays. Plusieurs espèces sont chassées pour leur fourrure : marmotte de Sibérie, loup gris, écureuil et renard. Mais encore plus nombreuses sont les espèces qui sont aujourd'hui protégées (une trentaine en tout) : cheval de Przewalski, âne et chameau sauvages, léopard des neiges, antilope saïga, ours de Gobi…

▌ **Le léopard des neiges** vit essentiellement dans les zones montagneuses des chaînes de l'Altaï et du Khangaï. La protection dont ils ont fait l'objet a permis aux léopards de renforcer leurs rangs ces dernières années : on en compte environ 1 500 à l'heure actuelle. Mais le léopard est toujours menacé par les braconniers, qui peuvent espérer revendre à bon prix son épaisse fourrure.

▌ **L'ibex** est une chèvre sauvage qui vit en altitude, entre 1 000 et 4 000 m. Si elle ne peut pas être domestiquée, l'ibex a néanmoins servi aux bergers mongols, qui ont fait des croisements avec des chèvres domestiques pour améliorer la qualité de la laine cachemire.

▌ **L'argali** est le plus gros mouton sauvage du monde. Il se déplace généralement en petits groupes de 5 à 15 têtes, et réside dans les zones montagneuses du désert de Gobi. Ses cornes peuvent mesurer jusqu'à 1,50 m d'envergure, et peser 40 kg, ce qui fait de l'argali l'une des victimes de choix des chasseurs. Bien qu'il soit un animal protégé, les autorités mongoles délivrent tous les ans des permis de chasse, qui se monnayent aux alentours de 30 000 $ par argali tué.

▌ **Le chameau sauvage** est de plus en plus rare et est classé parmi les espèces en voie de disparition. Plus robuste que le chameau domestique, il possède une vue perçante et une ouïe très sensible qui l'aident à s'éloigner de tout danger potentiel, ce qu'il peut faire en parcourant à toute vitesse près de 60 km sans arrêt. Quelques rares troupeaux de chameaux sauvages vivent encore dans le sable du désert de Gobi.

▌ **L'antilope saïga** ne brille pas par sa beauté… Le mâle est doté d'un drôle de renflement sur le museau, qui ressemble un peu à une trompe escamotée. Appartenant à la famille des gazelles, la saïga peut atteindre des pointes de vitesse de 80 km/h. Mais cela ne lui a visiblement pas suffi pour échapper à ses prédateurs : alors que la Mongolie en comptait près d'un million en 1993, il n'en reste plus aujourd'hui que 30 000 ! Le coupable de cette extinction annoncée est évidemment l'homme, qui chasse les saïga mâles pour leurs cornes aux vertus médicinales.

La flore

2 823 plantes sont recensées dans le pays. 975 sont utilisées dans la médecine traditionnelle locale, alors que près de 200 entrent encore dans la composition de médicaments issus de la médecine moderne.

▌ **Le saxaoul** est une plante que l'on ne trouve que dans le désert de Gobi. Ce buisson pouvant mesurer jusqu'à 4 m de hauteur est particulièrement abondant dans certaines régions désertiques, où il finit par constituer de véritables forêts. Il n'a que très peu de feuilles, mais produit au printemps des petites fleurs jaunes dont se délectent les chameaux.

▌ **Le karagana** est également une plante du désert. Pourvue de très longues racines, elle trouve l'eau à 1,50 m du sol, ce qui lui permet de résister même dans les zones très arides.

Histoire

Jusqu'au XIIIe siècle, la Mongolie est partagée entre de nombreuses tribus d'ethnies proto-turques ou proto-mongoles, qui ne cessent de s'affronter pour la conquête des terres, synonymes de pâturages, et d'un pouvoir facteur de richesse et d'influence. Luttes intestines, raids contre la Chine, les frontières ethniques et territoriales ne cessent de varier au gré des alliances, des batailles et des conquêtes. C'est dans ce contexte qu'émergera la puissance du clan des Borjigin, puis celle de Chinggis Khaan, qui unifiera les différentes tribus avant de lancer ses cavaliers à l'assaut de l'Asie, d'une partie de la Russie et jusqu'aux portes de l'Europe. L'empire fondé par le chef mongol sera le plus vaste de l'histoire mondiale. Maintenu pendant quelques générations après la disparition de son créateur, il se délite progressivement et, à partir du XVIIe siècle, la Mongolie est réduite au rôle de pion dans le jeu d'influences de la Chine et de la Russie. Un rôle particulièrement sensible au XXe siècle et jusqu'au départ des occupants russes au début des années 1990. Depuis, c'est à un véritable processus de transition politique et économique qu'est confrontée la Mongolie : une transition parfois douloureuse mais qui permet au pays de retrouver une indépendance réelle et une ouverture au monde, dont il avait été privé depuis plusieurs siècles.

Le creuset mongol : de l'âge de pierre au début du XIIIe siècle

Les découvertes archéologiques attestent d'une présence humaine en Mongolie dès l'âge de pierre (il y a 100 000 à 200 000 ans), et notamment dans le sud du désert de Gobi. L'âge de fer voit les populations se répandre un peu partout sur le territoire, et commencer à se structurer en tribus nomades et déjà belliqueuses. Mais l'histoire mongole proprement dite ne commence qu'à la fin du IIIe siècle avant J.-C. : c'est en effet de cette époque que datent les premiers écrits mentionnant des tribus venues de Mongolie. Il s'agit des Xiongnu, décrits par leurs victimes préférées, les Chinois.

Nous sommes très peu renseignés sur cette ethnie qui marquera l'histoire de la Mongolie pendant plusieurs siècles. Leur langue n'est pas connue, et ce peuple de nomades n'aura laissé que des tombeaux, qui gardent encore bien de leurs mystères. On sait en revanche qu'ils ont conquis, à la fin du IIIe siècle av. J.-C., une bonne partie de l'Empire chinois, puisque leurs troupes sont arrivées jusqu'au fleuve Jaune. Finalement repoussés par les Chinois, qui avaient en partie copié leur tactique militaire appuyée sur des cavaliers très mobiles, les Xiongnu se sont alors rabattus sur les Yuezhi, une ethnie de langue indo-européenne qui vivait aux abords de l'Altaï. Près d'un siècle de guerres et de batailles éparses ont conduit les Yuezhi à quitter la Mongolie pour se réfugier plus au sud, vers l'Iran et jusqu'en Inde.

En 200 av. J.-C., les Xiongnu décident donc de retourner voir du côté des Chinois. Franchissant sans trop d'encombre une Grande Muraille dont les vertus militaires n'ont jamais vraiment fait leurs preuves, ils harcèlent de nouveau les troupes chinoises, alternant périodes de conquêtes et retraites précipitées. Ce n'est qu'à l'arrivée au pouvoir en Chine de la dynastie des Han (25 av. J.-C. à 220) que les Xiongnu seront définitivement défaits et repoussés au nord du désert de Gobi.

Les Chinois ne sont pas pour autant tirés d'affaire, car d'autres ethnies originaires des vastes steppes de Mongolie ont profité de la diversion provoquée par les Xiongnu pour monter en puissance. Ainsi les Donghu malmènent un temps les troupes chinoises, puis surtout les Toba, qui s'emparent du territoire du Xinjiang actuel, et fondent la dynastie des Wei du Nord (386-533), qui sera progressivement sinisée. Dans les steppes du nord de l'Altaï, les Ruruan, des Proto-mongols, deviennent une puissante ethnie nomade, et établissent le début d'un empire mongol au Ve siècle. Ils seront les premiers à utiliser le titre de Khaan pour leurs chefs.

Mais, en 553, les Ruruan sont victimes de leurs anciens vassaux, les Tujue, une ethnie turque qu'ils avaient exploitée pendant des décennies. Les Tujue deviennent rapidement l'une des plus puissantes ethnies du nord de l'Asie, et sont surtout les premières populations ayant laissé une trace écrite de leur existence. Des inscriptions en caractères runiques, retrouvées dans la vallée de l'Orkhon, ont en effet permis de décrypter leur langue.

Une fois leur puissance assurée dans les steppes, les Tujue se lancent à la conquête de la Chine. Mal leur en prend. Après avoir assiégé la capitale chinoise, alors située à Chang'an (l'actuelle Xi'an), les Tujue sont massacrés par la dynastie chinoise des Tang, en 744, et surtout par les alliés de celle-ci, les Ouïgours, une ethnie turque qui finit par occuper la Mongolie de l'ouest et du nord jusqu'au lac Baïkal.

Au milieu du VIIIe siècle, les Chinois sont attaqués sur plusieurs fronts : les invasions arabes menacent l'ouest du pays, alors que les Kirghiz s'attaquent à l'Empire ouïgour. Les Kitan, ethnie proto-mongole, en profitent pour attaquer la Chine, et pour nouer les premiers liens avec le bouddhisme tibétain. En 925, ils ont reconquis la Mongolie, mais aussi pris pied en Mandchourie, et dans le nord de la Chine, jusqu'au fleuve Jaune. La consolidation du pré-Empire mongol commence au XIe siècle : les Kitan tendent à se sédentariser et fondent la dynastie des Liao (907-1168) qui règne sur une bonne partie de la Chine ; les Tangut, qui sont plus proches des Tibétains que des Mongols, s'installent dans les provinces chinoises du Gansu et du Xinjiang où ils créent la dynastie des Xia de l'ouest (1038-1227) ; et les Toungouses, arrivés du nord des steppes, instaurent la dynastie des Jin (1115-1234), dans le nord de la Chine.

Chinggis Khaan et la fondation de l'empire, 1206-1227

Pendant que les cavaliers sont lancés à l'assaut de la Chine, le clan des Borjigin, d'origine mongole, assoit son autorité sur les vastes plaines du pays. Mené par son chef, Kabul Khaan, le clan entreprend alors à son tour des raids contre la dynastie des Jin, à partir de 1135.

Temujin, le petit-fils de Kabul Khaan, naît dans les terres du Khentiy en 1162 (ou 1167 selon les sources). Son père, Yesugi, est tué par les Tatars alors que l'enfant n'a que 12 ans, et le clan rejette l'enfant avec sa mère, pour choisir un chef plus apte à diriger la puissante tribu. Après une enfance difficile et de nombreuses péripéties, Temujin parvient, à 20 ans, à s'imposer comme chef du sous-clan des Kiyat, puis comme chef des Borjigin en 1196. Une alliance avec le clan des Kereit, et le soutien de la dynastie Jin qu'il débarrasse des Tatars lui permettent de consolider son pouvoir au nord du désert de Gobi. Il installe alors son campement à Karakorum, une cité de ger qu'il vient de prendre aux Naiman, son ennemi le plus résistant du moment.

En 1206, c'est la consécration : le khuriltaï (réunion des chefs de clans) réuni à Karakorum le choisit comme chef et lui accorde le titre de Chinggis Khaan, empereur universel, titre sous lequel Temujin entrera dans les livres d'histoire. Son autorité reconnue sur les clans mongols, Chinggis Khaan est désormais prêt à se lancer à la conquête du monde.

Sa première victime est l'empereur des Xia de l'Ouest, qui se déclare vassal des Mongols dès 1209. Deux ans plus tard, Chinggis déclare la guerre à la dynastie des Jin : il franchit la Grande Muraille (toujours aussi inefficace) en 1213, et arrive aux portes de Pékin (alors nommée Yanjing) en 1215, après avoir au passage conquis la Mandchourie et une partie de la Corée. L'empereur Jin transfère alors sa capitale plus au sud, à Kaifeng, d'où il continue à résister aux cavaliers mongols jusqu'en 1234.

Entre-temps, Chinggis Khaan s'est lancé à la conquête de l'Ouest. En 1220, il s'empare de la province de Khwarizm (située entre la mer d'Aral et la Caspienne, avec Khiva pour capitale). De là, 25 000 cavaliers traversent le Caucase, arrivent à la mer Caspienne puis aux portes de l'Europe et s'installent en Crimée et à la frontière de la Bulgarie.

L'action se recentre ensuite sur la Chine : en 1226, Chinggis décide de donner une leçon à l'empereur Xia qui vient de renier son allégeance aux Mongols. L'armée de 300 000 Tangut mobilisée par l'empereur est exterminée, et l'empereur lui-même succombe aux attaques mongoles. Son fils se réfugie dans la province du Ningxia et tente de forger une alliance avec les empereurs Jin et Song, au cours d'une rencontre dans la province du Sichuan. Chinggis fait échouer la réunion, accepte la reddition du nouvel empereur Xia, mais refuse la paix proposée par la dynastie Jin. Il reprend alors le chemin de la Mongolie confiant la suite des opérations locales à ses troupes, mais il meurt en route, en 1227. Conformément à ses directives, son fils Ogödeï hérite de l'empire et du commandement des troupes.

Les chroniques de cette période de l'histoire mongole ont souvent été écrites par leurs victimes. A l'exception des textes de Marco Polo (*lire l'encadré*), les textes de l'époque ou légèrement postérieurs décrivent les cavaliers de Chinggis Khaan et le grand Khaan lui-même comme des brutes sanguinaires, analphabètes et incultes. La vérité semble tout autre, si l'on

La mort de Chinggis Khaan

« *La nouvelle du décès de Chinggis Khaan fut tenue quelque temps secrète : il était important qu'elle ne s'ébruitât point parmi les populations ennemies ou trop récemment soumises tant que n'auraient pas été prises toutes les précautions convenables. Les gens de l'escorte massacrèrent donc en cours de route tous les étrangers plus ou moins suspects qui eurent le malheur de croiser le char funèbre. Il s'agissait d'ailleurs d'une vieille coutume altaïque destinée à procurer au mort des serviteurs pour l'au-delà. Aussi égorgeait-on en même temps que les voyageurs rencontrés leurs chevaux et leurs bœufs : "Allez servir le Khaan notre maître dans l'au-delà ! "*

Le décès de Chinggis Khaan ne fut publiquement annoncé que lorsque le cortège funèbre atteignit le grand campement impérial, près des sources du Kèrulèn. La dépouille mortelle du Conquérant fut successivement déposée dans les ordos – c'est-à-dire dans les palais de feutre – de ses principales épouses où, sur invitation de Toloui, les princes, les princesses du sang et les chefs militaires accoururent de toutes les parties de l'immense empire pour lui rendre leurs derniers hommages par de longues lamentations. Ceux qui venaient des contrées les plus éloignées ne purent arriver qu'au bout de trois mois. »

(René Grousset,
Gengis Khaan, conquérant du monde,
Editions de Crémille, pp. 369-370.)

se fie aux sources mongoles, et notamment à *l'Histoire secrète des Mongols*, rédigée sous le règne d'Ogödeï. Des sources à prendre avec précaution, puisque ces chroniques historiques ont été rédigées sur ordre du fils de Chinggis Khaan, en partie pour rendre hommage à son glorieux père. Mais elles révèlent néanmoins une partie du génie, qui n'était pas que militaire, du conquérant mongol.

Pour assurer son emprise sur les clans mongols, Chinggis a tout d'abord mis en place un système d'interdépendance alimentaire et administrative très efficace. Il a développé les transports, en créant notamment un astucieux réseau de relais qui permettait à ses soldats et surtout ses messagers de se déplacer en un temps record à travers son vaste empire. Chinggis est également à l'origine du premier recueil de lois du pays, le Yassa, établi en 1225. Celui-ci avait une valeur civile et pénale, mais posait également les grandes lignes de conduite que tout Mongol digne de ce nom se devait de respecter. L'écriture mongole a été créée par décision du grand Khaan, qui a chargé des intellectuels ouïgours (on en comptait beaucoup parmi ses conseillers, à la fois militaires et politiques) d'établir un alphabet qui permettrait la retranscription d'une langue jusqu'alors orale. Enfin, le grand conquérant faisait preuve d'une grande tolérance religieuse : bouddhisme chinois, christianisme des Kereit et des Naïman, et islam des Persans et des Turcs faisaient très bon ménage à la cour de Chinggis Khaan, et plus tard à celle de ses héritiers, comme a pu en témoigner le moine franciscain Guillaume de Rubrouck.

Les héritiers de Chinggis Khaan, 1228-1259

Conformément aux directives de Chinggis Khaan, le khuriltaï de 1228 attribue le titre de grand Khaan à son fils Ogödeï. Celui-ci décide de poursuivre les conquêtes de son père, et inscrit les Bulgares, les Turcs de la Volga et les Xia chinois en tête de la liste de ses futures victimes. Pour garantir une plus grande efficacité, et toujours selon les consignes laissées par Chinggis Khaan, l'empire est réparti entre les descendants directs de son fondateur. Batu, le petit-fils de Chinggis, se voit attribuer la région la plus occidentale de l'empire, à l'ouest du lac Balkash. Djagataï, le deuxième fils de Chinggis, prend le contrôle d'une zone correspondant à peu près à l'Afghanistan, le Turkestan et la Sibérie centrale. Ogödeï et ses fils s'attribuent la Chine et l'Asie de l'est, tandis que Tului, le plus jeune fils de Chinggis, se voit confier la protection du foyer, c'est-à-dire de la Mongolie centrale, conformément à la coutume locale. Tous sont soumis à l'autorité du grand Khaan, c'est-à-dire d'Ogödeï, dont la capitale reste à Karakorum.

Une fois les tâches assignées, le clan des Borjigin enfourche à nouveau ses montures et part à la conquête de nouveaux territoires. Batu atteint les avant-postes bulgares dès 1229, Ogödeï occupe la péninsule coréenne en 1231 puis se lance à l'assaut de la dynastie Jin, avec l'aide des Song. Kaifeng, la capitale jin, tombe en 1234, mais Ogödeï rompt alors son alliance avec les Song et entame contre eux une guerre qui durera près de 45 ans. En 1235, le khuriltaï autorise deux nouvelles campagnes, contre le Tibet et en Europe de l'Est. La première sera rapidement menée à bien par Godan, l'un des fils d'Ogödeï, qui s'empare de Lhasa en 1239. La campagne de l'Est est confiée à Batu, qui s'appuie sur Subetei, le fidèle et valeureux chef de guerre de Chinggis.

Les Bulgares sont vaincus en 1236, ce qui permet à 600 000 hommes de franchir la Volga, et de mettre Moscou à sac avant l'été 1238. Après une année de pause, destinée à raviver les forces des cavaliers et à récolter des renseignements sur les populations occidentales, la cavalerie reprend sa ruée vers l'ouest en novembre 1240 : Kiev, Cracovie, Legnica et la Hongrie sont prises en l'espace d'un an. En décembre 1241, les troupes de Batu franchissent le Danube, et arrivent aux portes de l'Italie et de l'Autriche. L'Europe tremble devant ces cavaliers que rien ne semble pouvoir arrêter et qui, pour les catholiques occidentaux, ressemblent étrangement aux cavaliers de l'Apocalypse annoncés par les Ecritures saintes.

Rien en effet ne semble pouvoir arrêter les Mongols, si ce n'est les Mongols eux-mêmes. Et c'est effectivement ce qui sauvera l'Europe : le 11 décembre 1241, Ogödeï meurt, ce qui provoque un nouveau khuriltaï. Conformément à la coutume, tous les descendants de Chinggis se doivent de rentrer à Karakorum, où qu'ils se trouvent dans l'empire. Les cavaliers mongols font donc demi-tour aux portes de l'Europe de l'Ouest : ils n'y reviendront jamais.

La transition politique se passe d'ailleurs plutôt mal, les différentes branches familiales du clan des Borjigin s'affrontant pendant plusieurs années pour la conquête du pouvoir. C'est finalement le fils d'Ogödeï qui s'impose après quatre années de régence assurées par sa mère. Mais Güyüg n'assurera qu'un règne de deux ans, sans éclat, avant de mourir en laissant la régence à sa veuve. Une fois

Les conquêtes de Chinggis Khaan vues par Marco Polo

« Alors il advint qu'en l'an 1187 de l'incarnation du Christ, les Tartares firent un nouveau seigneur et roi de leur cru, qui avait nom Cinghis Can en leur langue. C'était un homme de grande valeur, de grand sens et de grande prouesse ; et je vous dis que, quand il fut élu roi, il gouverna avec tant de modération et justice qu'il fut aimé et révéré par tous, non comme un seigneur, mais presque ainsi qu'un dieu : pour quoi, sa bonne renommée se répandant par tant de pays, tous les Tartares du monde, répandus à travers ces étranges contrées, s'en vinrent à lui et le tinrent pour leur seigneur.

[...] Ils allèrent conquêtant toutes ces régions, et vous dis que tel était le renom de sa justice et bonté que partout où il allait, chacun venait se soumettre à lui, et bien heureux était qui parvenait à obtenir sa faveur. Ainsi, en peu de temps, conquêta bien huit provinces, ce qui put raisonnablement arriver, car en ce temps, les pays et provinces de ces régions étaient, soit gouvernés en communauté, soit chacun par son propre roi et seigneur, et comme union entre eux n'y avait point, ils ne pouvaient séparément résister à si forte armée. Quand il avait gagné et pris les royaumes, cités et villages par la force, il ne faisait occir ni dépouiller personne en leur faisant nul tort, et rien ne prenait de leurs biens. Une fois organisés les pays à nouveau avec des seigneurs et des gardiens de son propre peuple, et avec ceux en qui bien se fiait, il prenait tous les chefs et les braves jeunes hommes et les emmenait conquérir les autres gens. Et ainsi conquêta cette grande multitude de gens dont vous avez ouï. Et ces gens conquis, quand ils voient le bon gouvernement et la grande débonaireté de ce seigneur, à lui venaient bien volontiers et demeuraient fidèles. Et quand Cinghis Can eut rassemblé si grande multitude de gens qu'ils couvraient le monde entier, il se dit qu'il voulait conquérir grande partie du monde. »

(Marco Polo, *Le Devisement du monde, Le Livre des merveilles 1*, La Découverte, p. 156-158.)

encore, le choix du nouveau Khaan déchaîne les passions familiales jusqu'à ce que Möngke, le fils aîné de Tului, soit nommé grand Khaan en 1251 (après avoir éliminé les fils d'Ogödeï qui contestaient son élection).

Après son arrivée au pouvoir, Möngke, qui a pris conscience des difficultés que représentait la gestion d'un empire aussi vaste, décide de se recentrer sur la Chine, en s'appuyant pour cela sur son frère Kubilaï. Son entreprise de conquête est un succès : en 1257, ses troupes arrivent jusqu'à Hanoi, après avoir balayé les armées chinoises sur leur chemin.

De son côté, Hülegü, le deuxième frère de Möngke, tente encore d'agrandir l'empire vers l'ouest : il s'empare de Bagdad, de la Mésopotamie et de la Syrie, avant de subir, en Palestine, en 1260, la plus grande défaite que l'armée mongole ait connue. Hülegü s'installe également en Iran, dont il deviendra le premier d'une longue lignée de souverains mongols.

Batu, quant à lui, continue à harceler l'Europe centrale : Pologne, Lituanie, Estonie, Serbie et Bulgarie tombent successivement sous les assauts de ses troupes, désormais connues sous le nom de « Horde d'Or ».

A la mort de Möngke en 1259, les troupes des Song reprennent un peu d'influence en Chine, et l'avancée mongole en Asie de l'Ouest est temporairement stoppée.

Kubilaï Khaan et la dynastie Yuan, 1261-1368

La succession de Möngke donne lieu à une véritable guerre civile, qui se soldera, en 1261, par l'intronisation de Kubilaï. Le nouveau Khaan entreprend des réformes administratives, parmi lesquelles figure le transfert de la capitale d'hiver plus au sud, vers la ville chinoise de Dadu (à l'emplacement de Pékin). La résidence d'été reste localisée à Shangdu (la mythique Xanadu qui a inspiré Orson Welles pour Citizen Kane).

Kubilaï se lance une fois encore à la conquête de la Chine, où les Song ont eu le temps de refaire leurs forces durant la période de luttes politiques mongoles. Il s'empare de la capitale Song (Hangzhou) en 1276, puis écrase définitivement les Song au cours d'une bataille navale (l'armée mongole avait, heureusement pour elle, réintégré des soldats chinois qui s'y connaissaient davantage en marine que les Mongols) dans la baie de Canton. Les Song déchus en 1279, Kubilaï se proclame empereur de Chine et fondateur de la dynastie des Yuan, qui durera jusqu'en 1268.

Les guerres de conquête prennent fin après deux échecs au Japon et l'occupation éphémère de Java en 1293. Khubilaï se concentre sur son vaste empire chinois, qui connaîtra sous son règne l'une des périodes les plus ouvertes et prospères de son histoire. De nouvelles formes artistiques se développent mêlant la culture chinoise et les influences venues de tout l'Empire mongol, l'empire jouit de la liberté de culte, les commerçants peuvent voyager sans encombre de la mer de Chine jusqu'au Moyen-Orient et aux portes de l'Europe : c'est la Pax Mongolica, qui durera aussi longtemps que le règne de Kubilaï. Le nouvel empereur s'attelle à de grands travaux : construction de routes, de canaux (le Grand Canal sera terminé à cette époque), mise en place de systèmes de grenier pour lutter contre les famines. La période est faste, comme peut en témoigner Marco Polo qui a séjourné à la cour de Khubilaï et a parfois même été dépêché en ambassade à travers l'empire.

Les autres branches du clan des Borjigin voient dans le même temps décliner leur influence sur les marges de l'empire. La première guerre véritable entre héritiers de Chinggis voit s'opposer Berke, le fils de Batu converti à l'islam, et Hülegü. Ce dernier, repoussé jusqu'au Caucase, ira même à plusieurs reprises solliciter l'aide des rois de France et d'Angleterre pour lutter contre les Arabes alliés de Berke, mais en vain. Il finira par repousser Berke en Palestine, grâce au soutien envoyé in extremis par Khubilaï, mais cet épisode marque la fin des conquêtes du Sud-Ouest. Et le dernier chef mongol en Iran sera renversé en 1335.

La Horde d'Or, en revanche, continue ses ravages en Europe centrale, et gardera le contrôle de la Russie centrale jusqu'en 1480. A partir du XIVᵉ siècle, l'allégeance de la Horde d'Or au grand Khaan de Karakorum faiblit de plus en plus : elle reste symbolique mais ne signifie plus grand-chose sur le plan politique ou militaire.

La Horde d'Or se convertit à l'islam, réorganise son système administratif en s'appuyant sur des princes locaux, et commence progressivement à se sédentariser. Elle finit par se fondre dans les populations locales, parle désormais arabe ou tatar. Son déclin est accéléré par la guerre menée contre Tamerlan, victorieux de la Horde d'Or en 1391. Celle-ci se désintègre définitivement, une branche partant en Crimée où elle finit par être déposée par les Russes en 1783.

DÉCOUVERTE

Au Moyen-Orient comme en Russie, les Mongols sont victimes de la taille de leur empire : trop peu nombreux par rapport au territoire et surtout aux populations contrôlées, tiraillés entre le nomadisme de leurs origines et la vie sédentaire des zones conquises, ils finissent par se diluer dans les populations autochtones, qu'elles soient arabes, eurasiennes ou chinoises.

Le déclin de l'empire : 1368-1911

La fin de la dynastie des Yuan, déposée par les Ming en 1368, marque un tournant dans l'histoire des Mongols. Chassés de Chine, 60 000 d'entre eux retournent en Mongolie, et deux groupes antagonistes s'opposeront alors dans une guerre civile de près de trois siècles : les Oïrad, implantés dans la région de l'Altaï, et les Khalkhan, héritiers de Chinggis et du titre (désormais très dévalorisé) de grand Khaan. Les luttes incessantes affaiblissent les Mongols, qui ne redeviennent menaçants pour leurs voisins qu'au milieu du XVIe siècle, sous le règne d'Altan Khaan.

Celui-ci soumet les Oïrad, réunifie le pays et signe un traité de paix avec les Ming en 1571. Il s'empare malgré tout du Tibet, puis se convertit au bouddhisme lamaïste. Le premier temple bouddhiste de Mongolie (Erdene Züü) est construit par son successeur en 1586, et le lamaïsme devient religion d'Etat. En 1635 apparaît le premier Bouddha vivant mongol, en la personne de Dzanabadzar, qui jouera un important rôle à la fois religieux, artistique et politique sous le titre d'Ondör Ghegheen. Mais le pouvoir des Khaan s'affaiblit progressivement, l'administration se décentralise, et les clans reprennent leur autonomie.

Pendant ce temps, les voisins de la Mongolie, la Chine et la Russie, deviennent de plus en plus puissants. Les Mandchous s'emparent du nord de la Chine et menacent la frontière est de la Mongolie, qu'ils finissent par envahir par le sud en 1634, avec l'aide des Oïrad.

A l'ouest, les Dzoungar (une branche des Oïrad) reprennent le Tibet en 1636, et débordent largement sur la Mongolie. Au milieu du XVIIe siècle, les Mongols se retrouvent pris en tenailles entre les Mandchous, qui viennent de fonder la dynastie Qing, et les Russes, qui prennent le contrôle de la région du lac Baïkal. Mandchous et Russes s'affrontent régulièrement jusqu'en 1689, date à laquelle ils signent un traité qui fixe leurs frontières, au détriment des Mongols, qui ne peuvent plus les utiliser les uns contre les autres. En 1691, les Mandchous pénètrent en Mongolie, et imposent un khuriltaï des chefs khalkhan : par la convention de Dolon Noor, les clans mongols deviennent tributaires des Mandchous, leur allégeance est limitée à la seule bannière de leur clan (ce qui empêche toute alliance à tendance nationale). Les Mandchous écrasent ensuite les Dzoungar au Tibet et au Xinjiang, puis absorbent totalement dans leur empire la Mongolie-Intérieure en 1750. La Chine domine alors totalement la Mongolie, qu'elle contrôle politiquement et administrativement. Les émeutes antichinoises du milieu du XIXe siècle, les appels au soutien russe ne changent rien : seule la révolution chinoise de 1911 mettra fin à cette domination totale du pays par les troupes chinoises.

La Mongolie soviétique, 1911-1990

Le XXe siècle est pour la Mongolie celui de l'influence russe. La chute de la dynastie Qing permet aux Mongols de déclarer l'indépendance, ce qu'ils font le 11 décembre 1911. Le huitième Bogd Khaan, qui n'avait jusqu'alors qu'un rôle religieux, devient également chef politique, et une armée de 20 000 hommes est formée, équipée par les Russes. Une série d'accords entre la Chine, la Russie et la Mongolie est signée entre 1912 et 1915, mais l'indépendance tant convoitée se transforme en une autonomie sous suzeraineté chinoise et protectorat russe.

La révolution russe de 1917 voit un nouvel acteur entrer sur la scène mongole : le Japon tente à ce moment-là d'aider le mouvement antibolchevik du pays, et le nationalisme panmongol bouriate.

En 1919, la Mongolie forme un gouvernement provisoire, mais la Chine parvient à instaurer de nouveau son influence : en octobre, le Bogd Khaan est contraint de reconnaître une fois de plus la souveraineté chinoise sur la Mongolie.

Les Russes font alors une entrée très remarquée dans le pays, par l'intermédiaire du « baron fou », le baron von Ungern-Sternberg, un Russe blanc sanguinaire et illuminé qui prétend faire revivre l'empire de Chinggis Khaan. Il s'empare de la capitale mongole en février 1921 après en avoir expulsé les Chinois, mais sa brutalité provoque rapidement des révoltes de la part des

Mongols. La révolution de 1921, menée par des groupes de nationalistes mongols formés et soutenus par la Russie, avec à leur tête Sükhbaatar, met fin à l'occupation du baron fou, et remplace le gouvernement du Bogd Khaan (à qui sont laissées ses attributions spirituelles) par le gouvernement populaire de Mongolie. Les troupes russes soutiennent cette révolution, et en profitent pour occuper le pays.

Une nouvelle indépendance est proclamée le 14 septembre 1921, qui s'accompagne de la formation d'une Assemblée nationale et d'accords de reconnaissance mutuelle et d'amitié avec Moscou. Entre 1921 et 1923, les terres sont nationalisées, les dettes des éleveurs annulées, les premières coopératives d'achat et de vente font leur apparition, et le pays se dote d'un code pénal. Les premières purges ont également lieu au sein du Parti populaire mongol, puis au sein de la population visant les contre-révolutionnaires puis les capitalistes.

Cette période est celle de la montée en puissance de Choybalsan, nommé chef des armées en 1924. La nouvelle Constitution, de style soviétique, adoptée cette année-là rebaptise également la capitale du nom d'Oulan-Bator, le « héros rouge ». Le pays se lance alors dans une politique économique et sociale calquée sur celle de l'Union soviétique.

Au cours de la seule année de 1937, 27 000 personnes seront exécutées dont 17 000 moines massacrés. Le clergé est durement réprimé au cours de la seule période 1937-1952 : le nombre de moines dans le pays passe ainsi de 200 000 à 15 000, et 700 monastères sont détruits ! La collectivisation est menée à marche forcée : confiscation des propriétés, mise en place de communes populaires, adoption d'un plan quinquennal, nationalisation de l'économie. Brutale et mal adaptée aux conditions du pays, la collectivisation entraîne la perte de sept millions de têtes de bétail en trois ans, et des famines très sévères en 1931 et 1932. Le gouvernement décide alors de ralentir le rythme de la collectivisation, et autorise de nouveau un semblant de propriété privée des troupeaux.

Mais le milieu des années trente voit réapparaître les menaces extérieures : le Japon vient en effet de s'emparer de la Mandchourie, et la Mongolie fait appel aux troupes soviétiques pour sécuriser ses frontières. L'armée devient la priorité du gouvernement, qui lui consacre la moitié de son budget en 1938. Une violente bataille est menée contre le Japon en 1939 en Mongolie orientale, qui verra la victoire des Mongols associés aux Soviétiques. Du coup, pendant la Seconde Guerre mondiale, les Mongols soutiendront l'effort de guerre soviétique, ce qui pèsera lourdement sur l'économie du pays. Et, en 1945, les troupes mongoles déclarent la guerre au Japon deux jours après l'URSS, ce qui leur permet de pénétrer en Mandchourie et en Mongolie-Intérieure. Ce fait d'armes très tardif vaudra surtout à la Mongolie la reconnaissance politique de la Chine, qui garde néanmoins le contrôle de la Mongolie-Intérieure.

La guerre entraînera également une plus grande intégration de la Mongolie à l'URSS. Choybalsan, qui s'est imposé suite aux purges politiques de 1937-1939, étend sa dictature sur le pays : surnommé « le Staline mongol », il lui sera d'ailleurs reproché de s'être adonné au culte de sa personnalité durant ses années de pouvoir.

A sa mort en 1952, il est remplacé par Tsedenbal, qui recentre son attention sur les spécificités économiques mongoles (les troupeaux), tout en s'employant à développer une industrie lourde et agroalimentaire. En 1960, une nouvelle Constitution est adoptée, dont l'objectif est de permettre l'instauration du socialisme dans tous les domaines : politique, économique et social. Mais le pays ne parvient pas à décoller économiquement, et de nouvelles difficultés alimentaires surviennent à la fin des années 1960. L'URSS et le Comecon (auquel la Mongolie a adhéré en 1962) viennent à son secours. D'autre part, les tensions idéologiques entre Moscou et Pékin, de plus en plus criantes dans les années 1960, contraignent la Mongolie à prendre une nouvelle fois partie entre ses deux voisins. Elle choisit, bien entendu, l'URSS, et 100 000 soldats soviétiques s'installent en Mongolie au début des années 1970.

La décennie des années 1980 est marquée par une amélioration économique et surtout par une série de changements au sein du Parti populaire révolutionnaire mongol (PPRM, issu du Parti populaire mongol). De nouvelles générations s'emparent du pouvoir, à la mort de Tsedenbal en 1984, et lancent les premières réformes, qui s'accéléreront avec le départ des Soviétiques au tout début des années 1990.

DÉCOUVERTE

Chronologie

▸ **IIIᵉ siècle av. J.-C.** > Premiers écrits mentionnant des tribus mongoles : les Xiongnu.

▸ **200 av. J.-C.** > Les Xiongnu pénètrent en Chine.

▸ **Jusqu'au Xᵉ siècle** > Populations turques et mongoles s'affrontent et se succèdent.

▸ **Au XIᵉ siècle** > Les Kytan se sédentarisent, fondent la dynastie Lao
et consolident l'empire prémongol.

▸ **1206** > Temujin est proclamé empereur et devient Chinggis Khaan.

▸ **1227** > Mort de Chinggis Khaan.

▸ **1228** > Ögödeï, le fils favori de Chinggis Khaan, prend le titre de Khaan.

▸ **1254** > Guillaume de Rubrouck séjourne à Karakorum.

▸ **1279** > Kubilaï annexe la Chine. Il fonde la dynastie des Yuan.

▸ **1368** > Les Mongols sont chassés de Chine.

▸ **1586** > Construction d'Erdene Zuu, le premier monastère bouddhiste du pays.

▸ **1635** > Dzanabazar : le premier Bouddha vivant.

▸ **1691** > Les Mandchous pénètrent en Mongolie.
C'est le début d'une longue domination chinoise.

▸ **1911** > Déclaration de l'indépendance de la Mongolie, le 11 décembre, par rapport
à la Chine. Le 8ᵉ Bodg Khaan, le Bouddha vivant, instaure une théocratie.

▸ **1919** > Sükhbaatar rejoint le parti communiste.

▸ **1920** > Le baron von Ungern-Sternberg, ou Baron fou,
entre en Mongolie avec des Russes blancs.

▸ **1921** > Le Baron fou s'empare d'Urga en février.

▸ **1921** > En juillet, Sükhbaatar, à la tête de l'armée mongole, reprend Urga.
Une nouvelle indépendance est proclamée le 14 septembre.
Les Soviétiques reconnaissent le gouvernement populaire de Mongolie.

▸ **1924** > Mort du Bogd Khaan. La capitale Urga est renommée Oulan-Bator
ou « héros rouge » en référence à Sükhbaatar. Le 26 novembre,
le parti révolutionnaire populaire devient le parti unique.

▸ **1928** > Choybalsan devient le leader politique.

▸ **1937** > Purges du clergé.

▸ **1939** > Les troupes japonaises, en Mongolie orientale,
sont battues par les Mongols et les Soviétiques.

▸ **1960** > Adoption d'une nouvelle Constitution.

▸ **1961** > La Mongolie est admise à l'ONU.

▸ **1990** > En mars, manifestations prodémocratiques. En juillet, premières
élections multipartistes libres. L'ancien parti communiste remporte
les élections sous le nom de PPRM.

▸ **1992** > Adoption d'une nouvelle Constitution le 13 janvier.

▸ **1996** > Le PPRM perd les élections démocratiques pour la première fois depuis 70 ans.

▸ **1996-2000** > Succession de 4 Premiers ministres.

▸ **2004** > Le Parti démocrate et le PPRM fondent un gouvernement d'unité nationale.

▸ **2005** > George Bush est le premier président américain à se rendre
en visite officielle en Mongolie.

▸ **2005** > Election de Nambaryn Enkhbayar (PPRM) au poste de président de la République.

▸ **2006** > 800ᵉ anniversaire de la fondation de l'Empire mongol fondé par Chinggis Khaan.

Depuis le début des années 1990, la Mongolie est lancée dans une double transition : elle mène en effet de front la démocratisation de son système politique et le passage à l'économie de marché.

La transition démocratique s'est amorcée dès 1989, sous l'impulsion notamment de Zorig, un étudiant en sciences politiques aujourd'hui surnommé « le père de la démocratie mongole ». Au cours de l'hiver 1989, Zorig a contribué à la création d'une « Union démocratique mongole », et organisé une série de manifestations contre le régime en place. L'apparition de ce mouvement d'opposition et des premiers partis politiques a entraîné un grand bouleversement au sein du PPRM, marqué par des démissions massives.

Les premières élections libres ont suivi en juillet 1990 : si elles ont donné une majorité au PPRM, elles ont également permis l'entrée au Parlement des premiers représentants des partis d'opposition.

La Constitution de 1992

Le 13 janvier 1992, une nouvelle Constitution est adoptée, qui apporte un certain nombre de nouveautés dans les structures administratives et politiques. Un président de la République apparaît à la tête de l'Etat, et une Cour constitutionnelle est créée. Toute référence aux structures collectivistes est en revanche supprimée et la république populaire de Mongolie se transforme en république de Mongolie. La nouvelle Constitution établit un système parlementaire monocaméral. Les 76 membres du Grand Khural sont élus, tous les quatre ans, au suffrage universel direct. Les parlementaires nomment le gouvernement et peuvent mettre en jeu la responsabilité politique du président de la République (un peu comme la procédure d'impeachment

américaine, qui avait mis fin à la présidence de Nixon).

▶ **Le président de la République** est élu au suffrage universel direct pour quatre ans. Il ne peut être réélu qu'une seule fois. Il est chef des armées, responsable de la politique étrangère et de la défense du pays. Il dispose d'un droit de veto sur les décisions du Parlement, mais ne peut pas dissoudre le Grand Khural. Les prochaines élections présidentielles auront lieu en mai 2009.

▶ **La Cour constitutionnelle,** composée de neuf membres, veille au respect de la Constitution. Elle peut être saisie par le président, le Premier ministre ou le Parlement, mais peut également agir de sa propre initiative ou suite à une pétition populaire.

Les partis et la vie politique

A partir de 1992, cinq partis luttent pour le pouvoir politique : le PPRM, qui reste le parti dominant ; les démocrates divisés en trois partis (Parti du courage civique, fondé par Oyun, la sœur de Zorig ; Parti démocratique, dirigé par Enkhsaïkhan ; Nouveau parti social démocrate, mené par Erdenebat), et un Parti républicain, avec à sa tête Jargalsaïhan, fait office d'indépendant entre les anciens communistes et les démocrates.

Les élections législatives organisées le 28 juin 1992 confirment la domination du PPRM, dirigé par de nouvelles têtes, comme Natsaghiin Bagadandi, élu président de l'Assemblée. Un an plus tard, les élections présidentielles confirment Otchirbat à la tête de l'Etat, à la nuance près que celui-ci s'est cette fois-ci présenté sous étiquette démocrate, alors qu'il avait été élu comme candidat du PPRM en 1990.

DÉCOUVERTE

L'année 1996 marque la première véritable transition politique du pays. Les démocrates prennent le pouvoir, et les deux principaux partis forment une coalition gouvernementale, avec Mendsaïkhan Enkhsaïkhan (Parti national démocratique mongol), nommé Premier ministre, et Gontchirgdordj (Parti social démocrate mongol), président de l'Assemblée. Mais l'année suivante, la présidence de la République est remportée une fois de plus par le PPRM, en la personne de Bagabandi. Une période d'instabilité s'ouvre alors, qui sera tout particulièrement marquée par l'assassinat de Zorig en octobre 1998. Un épisode qui marque fortement la toute nouvelle démocratie du pays. Sur le plan politique, les démocrates ont des difficultés à gérer leur coalition et les relations avec une administration présidentielle opposée à leurs projets de réforme. Les démocrates épuisent en moyenne un Premier ministre par an durant leur législature. Et, en 2000, le PPRM revient au pouvoir en force, en remportant 72 des 76 sièges que comporte le Grand Khural. Enkhbayar est nommé Premier ministre et, l'année suivante, Bagabandi est confirmé dans son poste de président de la République. Le PPRM ralentit la libéralisation économique lancée par les démocrates, dont les conséquences n'avaient pas toujours été bénéfiques pour le pays, mal préparé à l'ouverture de son économie.

Mais les élections 2004 apportent une situation inédite dans le pays : à l'issue des élections législatives, les démocrates et le PPRM se retrouvent à égalité dans le Grand Hural. En été 2004, un mois d'intenses négociations et de coups bas entre les partis débouchera sur un compromis : Enkhbayar est choisi comme président du Parlement, alors que le poste de Premier ministre revient à un représentant démocrate, Tsakhia Elbegdorj, ancien journaliste formé à Harvard et qui avait eu une éphémère expérience de 8 mois à ce poste en 1998. Une situation politique difficile (gouvernement d'union nationale) pour un pays qui se trouve confronté à d'importantes difficultés économiques.

Lors des élections de 2005, l'ancien Premier ministre, Nambaryn Enkhbayar, candidat du PPRM, accède au poste de Président de la Mongolie avec près de 53 % des voix, alors que le Parti démocratique n'obtient que 20 % des suffrages.

Début 2006, soit 6 mois après les élections, le PPRM quitte la coalition gouvernementale prétextant une mauvaise gestion du pays et une forte inflation. Pour le Parti démocratique, cette fuite résulte de la lutte anticorruption. En conséquence, 10 ministres du PPRM ainsi qu'Elbegdorj démissionnent, le gouvernement est dissous par le Grand Khural. Le PPRM reforme une nouvelle coalition, mais cette fois-ci avec les petits partis, et Miyeegombo Enkhbold, le secrétaire général du PPRM, devient Premier ministre le 24 janvier.

Le président Nambaryn Enkhbayar lors d'une inauguration

Économie

Après des années de planification soviétique, de centralisation économique et de collectivisation, la Mongolie s'est donc lancée, au début des années 1990, dans un processus de libéralisation rendu encore plus difficile par l'arrêt soudain de toute aide soviétique. Alors que celle-ci avait représenté jusqu'à un tiers du produit intérieur brut mongol, elle a en effet disparu pratiquement du jour au lendemain au moment de l'éclatement du bloc soviétique en 1990-1991.

Ressources

L'économie mongole reste fondée sur ses ressources traditionnelles : les troupeaux et leurs produits dérivés. Le cheptel s'est accru rapidement dans les années 1990 : on comptait 24,7 millions de têtes en 1990, et 33,6 millions en 1999. Mais deux années de terrible sècheresse (1999-2000) et les züd de 2000 et 2001 ont entraîné la perte de nombreuses têtes de bétail. A l'heure actuelle, la Mongolie compte environ 30 millions de bêtes, dont 2,8 millions de chevaux, soit un cheval par Mongol. L'exportation de cachemire est source de devises pour le pays, puisqu'elle représente la deuxième ressource économique du pays, après le cuivre et que le pays en est le premier producteur mondial. L'agriculture reste modeste, avec moins de 1 % du territoire exploité. Le secteur primaire représente 20 % de l'économie mongole, mais près de 95 % du secteur dépendent des troupeaux et de leurs produits dérivés. La très forte diminution de la production céréalière, suite au démantèlement des fermes collectives, a rendu la Mongolie dépendante des importations, voire de l'aide internationale, pour son alimentation.

Le secteur industriel repose essentiellement sur les activités minières. Le sous-sol mongol est en effet extrêmement riche : on y trouve du cuivre, du charbon, du nickel, du molybdène, ainsi que de l'or et des pierres précieuses et semi-précieuses. Peu de forages pétroliers ont pour l'instant été effectués, mais il semblerait que le pays dispose de quelques réserves. Les produits miniers représentent 44 % des exportations du pays, et ce secteur est le premier bénéficiaire des investissements étrangers. Mines et matériaux de construction représentent 18 % du PIB du pays.

En termes énergétiques, la Mongolie souffre en revanche d'une dépendance extérieure, et notamment vis-à-vis de la Russie et de plus en plus de la Chine, ce qui contribue fortement au déséquilibre de sa balance commerciale (20 % des importations totales du pays sont représentées par le pétrole russe). 80 % de la consommation énergétique est néanmoins assurée par la production locale de charbon.

Le secteur tertiaire se développe doucement, grâce à la privatisation de nombreuses petites et moyennes entreprises, et à la libéralisation du commerce. Les activités commerciales représentent actuellement 29 % du PIB mongol, et le transport et la logistique contribuent à hauteur de 15 % à l'économie du pays.

Place du tourisme

Le tourisme est une activité récente en Mongolie, puisque le pays est resté fermé au monde durant toute la période de protectorat soviétique. L'ouverture des années 1990 a permis l'apparition des premiers touristes, essentiellement en groupes guidés par l'une des agences de tourisme nationales (et nationalisées). L'activité s'est largement libéralisée depuis, et l'on compte un grand nombre d'agences de voyages privées et, de plus en plus, entièrement possédées et gérées par des étrangers, notamment par des Français.

La Mongolie compte désormais exploiter le potentiel touristique que représente son formidable patrimoine naturel, et l'année 2003 avait même été proclamée année du tourisme. Les voyageurs individuels sont de plus en plus nombreux et restent en général plus longtemps que les touristes en groupe. Le développement de cette activité a contribué à améliorer certains secteurs de l'économie, et notamment celui des transports et de la logistique (qui représentent à eux deux 15 % du PIB). Et les revenus liés au tourisme ont représenté 10 % du PIB en 2003.

En 2002, environ 3 000 touristes français se sont rendus en Mongolie. Ils étaient un peu moins nombreux l'année suivante, à cause de l'épidémie de pneumonie atypique qui avait détourné les touristes de l'Asie. Mais leur nombre a fortement augmenté en 2004, suite notamment à l'émission Ushuaia consacrée à la Mongolie, diffusée en début d'année. Aujourd'hui, on dénombre 250 compagnies liées au tourisme à Oulan-Bator. Les visiteurs, de plus en plus nombreux, sont issus d'une trentaine de pays.

Les plus nombreux sont les Chinois, les Russes, les Sud-Coréens, les Japonais et les Américains. Les nouveaux venus sont les Baltes, les Slovaques et les Tchèques. En 2006, les Français sont devenus les premiers touristes européens avec près de 8 000 visiteurs. La même année, lors de la célébration du 800e anniversaire de la nation, 385 989 touristes se sont rendus en Mongolie. Cela représente une augmentation de 13,9 % par rapport à 2005 et laisse envisager un futur optimiste.

Enjeux actuels

Les débuts de la transition vers une économie de marché ont entraîné une récession globale de l'économie mongole. Le PIB du pays n'a atteint de nouveau son niveau de 1990 qu'en 2001 ! La Mongolie a maîtrisé une inflation galopante (+ 300 % en 1998 ; seulement 8,8 % en 2001) et renoué avec la croissance en 2002 (+ 4 %), et l'a confirmée en 2003 (+ 5 %). Mais le pays reste confronté à d'importantes difficultés économiques, et demeure largement tributaire de l'aide internationale : 330 millions de dollars lui ont ainsi été donnés en 2001 et, l'année suivante, la Mongolie était au premier rang mondial pour l'aide au développement par habitant.

Le pays souffre notamment de problèmes structurels. L'agriculture, et surtout les troupeaux, qui constituent la base de son économie, sont soumis aux fluctuations climatiques. Et celles-ci peuvent se révéler dramatiques, comme l'ont illustré les sècheresses et les züd de 1999 à 2001, qui ont entraîné la perte de près de 15 % du cheptel national. Ces pertes ont en outre été aggravées par le démantèlement des fermes d'Etat et des collectivités rurales : les éleveurs sont désormais privés des ressources publiques en fourrage qui leur avaient permis de mieux résister aux intempéries dans les années 1980. Les structures industrielles deviennent également problématiques : construites du temps de l'occupation soviétique, et pour la plupart dans les années 1950, les industries mongoles sont aujourd'hui obsolètes. Mais le manque de fonds empêche le renouvellement du matériel et la modernisation qui seraient nécessaires à une meilleure productivité industrielle.

La Mongolie est également très dépendante sur le plan énergétique. Sa consommation est relativement importante, malgré un faible niveau industriel, à cause du climat particulièrement rigoureux. Le pays importe massivement du pétrole de Russie, ce qui entraîne de fortes fluctuations des prix en fonction des changements de politique russe. Et la dette extérieure de la Mongolie doit être attribuée pour moitié aux importations d'énergie. Celle-ci atteint d'ailleurs 90 % du PIB mongol, ce qui pourrait nuire au futur développement du pays. L'épée de Damoclès est d'autant plus proche de se décrocher que la Russie réclame 300 millions de dollars à la Mongolie, pour ses services rendus durant la période de protectorat ! La question financière est donc l'un des enjeux majeurs des années à venir pour le pays.

Enfin, la situation sanitaire et le niveau d'éducation de la Mongolie se sont rapidement dégradés durant les années 1990. A l'heure actuelle, moins de 85 % des enfants de 10 à 14 ans sont scolarisés dans les campagnes, et 5 % des enfants de 8 à 15 ans sont analphabètes. Problèmes sanitaires et faible niveau d'éducation sont autant de facteurs qui pourraient freiner le développement du pays, s'ils ne sont pas améliorés rapidement.

Présence française

La France se situe au 8e rang parmi les destinataires des produits mongols (à 95 % du cachemire) et au 14e rang de ses fournisseurs. Les échanges économiques et commerciaux se sont élevés à plus de 17 millions d'euros en 2006. Très peu d'entreprises françaises se sont frottées au marché mongol naissant, même si certaines affichent de belles réussites : Alcatel, qui participe à l'installation du réseau téléphonique mongol, contribue pour moitié à l'économie française en Mongolie, avec des contrats de 6 millions d'euros pour la seule année 2003.

Cependant, les activités françaises en Mongolie ne se limitent pas au commerce. De nombreuses O. N. G. françaises y sont actives. En 2002, la France a contribué à un programme d'aide alimentaire, et a délivré 5 000 tonnes de blé en 2003. L'aide au développement, soutenu par la France, est en perpétuelle augmentation.

Les activités culturelles se développent : l'ouverture d'une Alliance française a eu lieu à l'automne 2004. A l'heure actuelle, la Mongolie compte environ 2 000 francophones, et près de 750 élèves apprennent le français dans des cursus secondaires ou supérieurs. Un projet de coopération archéologique est également mené depuis plusieurs années : une équipe du musée Guimet collabore avec l'Académie des sciences de Mongolie sur les fouilles de tombes Xiongnu dans les aimag de Selenge et de l'Arkhangaï.

Population

La Mongolie compte une population totale de 2 800 000 habitants, très inégalement répartis sur le territoire. Plus de la moitié de la population est urbaine, et la capitale Oulan-Bator regroupe à elle seule 38 % des habitants du pays. La densité générale est extrêmement faible, avec 1,8 habitant par kilomètre carré en moyenne. Certaines régions du sud du pays n'ont que 0,5 habitant au kilomètre carré. La population augmente rapidement, avec un taux de croissance de 1,46 %. Elle est très jeune, puisque près des deux tiers des Mongols ont moins de 30 ans ! Cette situation est un héritage de la période soviétique, durant laquelle des politiques natalistes agressives encourageaient les naissances à coup de primes et d'avantages sociaux.

Langues et ethnies

La population mongole est relativement homogène puisqu'elle est composée à 80 % de Khalkha. Il reste néanmoins de nombreuses traces de l'histoire agitée du pays et notamment de la période de guerre civile en Khalkha et Oïrad. Si 90 % des Mongols parlent le khalkha (la langue officielle de l'administration et de l'enseignement, une langue altaïque proche du turc, de l'ouzbek et du kazakh), certaines ethnies, descendant des Oïrad, parlent un mongol légèrement différent du khalkha. Les deux langues sont néanmoins suffisamment proches pour être comprises par tous. Les ethnies issues des Oïrad sont les Bayad, les Durvud, les Zakhchin, les Mingad et les Oold. Le bouddhisme et les pratiques chamanistes sont communs à l'ensemble de ces ethnies mongoles.

Le principal groupe ethnique non mongol est celui des Kazakhs. Implantés dans la région de l'Altaï (mais également dans la province chinoise du Xinjiang et, bien sûr, au Kazakhstan), les Kazakhs parlent une langue d'origine turque, et pratiquent l'islam sunnite.

Dans l'aimag de Bayan-Olgii, où les Kazakhs représentent une grande partie de la population, le kazakh est la langue utilisée dans les écoles primaires ainsi que dans l'administration. Le mongol est enseigné en deuxième langue, et les Kazakhs maîtrisant le mongol sont intégrés sans discrimination. Sur le plan culturel, les Kazakhs de Mongolie sont connus pour leur coutume de la chasse à l'aigle, essentiellement pratiquée en hiver.

Les Bouriates constituent un groupe ethnique un peu à part dans le pays. Installés sur la frontière russe, à proximité du lac Baïkal autour duquel résident de nombreuses populations de la même ethnie, les Bouriates sont bouddhistes et pratiquent également le chamanisme, dont ils sont à l'origine.

Paradoxalement, les Mongols sont plus nombreux à l'extérieur des frontières de leur Etat qu'à l'intérieur. Ils sont près de 3 millions en Chine, dans la province de Mongolie-Intérieure rattachée au gouvernement de Pékin depuis le milieu du XVIIIe siècle. Ils sont également environ un million en Russie.

Quant aux descendants des cavaliers de la Horde d'Or, ou des troupes lancées à l'assaut du monde au XIIIe siècle, ils sont innombrables mais également impossibles à identifier après plus de sept siècles de métissages.

Famille mongole à l'intérieur de leur yourte

LES PRINCIPAUX GROUPES ETHNIQUES DE MONGOLIE

Ethnie	Nombre d'individus
Khalkha	2 000 000
Kazakhe	103 000
Durvud	67 000
Bayad	51 000
Bouriate	41 000
Dariganga	32 000
Zakhchin	30 000
Uriankhai	20 000
Darkhad	19 000
Oold	14 000
Khoton	9 000
Khotgoid	7 000
Mingad	6 000
Tuva	5 000
Tsaatan	400

L'écriture mongole

L'alphabet mongol traditionnel a été créé sous le règne de Chinggis Khaan. Conçu par les conseillers ouïgours du grand Khaan, il était issu d'un mélange d'écriture ouïgour et d'influence sogdienne. Cette écriture, essentiellement phonétique, était rédigée de haut en bas et de gauche à droite. Elle restera utilisée jusqu'au début du XXe siècle.

Des tentatives de réformes sont apparues au début du siècle, dont certaines ont essayé d'adapter l'alphabet latin à la langue mongole. Mais les Soviétiques ne l'entendaient pas ainsi et ont finalement imposé un alphabet cyrillique (légèrement modifié) en 1946. Ce n'est qu'au début des années 1990 que des intellectuels mongols ont tenté de promouvoir le retour à l'écriture mongole traditionnelle. A cette époque, très peu de Mongols savaient encore déchiffrer l'alphabet ancien, ce qui posait un grave problème de conservation du patrimoine historique et culturel, dont tous les textes étaient rédigés en langue ancienne. Mais le projet s'est heurté à la réticence d'une bonne partie de la population, y compris des responsables politiques (peut-être découragés à l'idée d'apprendre une « nouvelle écriture » bien plus complexe que le cyrillique !). Il a cependant abouti, en 1995, à une loi imposant l'enseignement de l'écriture traditionnelle dans les écoles primaires. Le cyrillique reste toutefois largement dominant dans la Mongolie contemporaine.

© ICONOTEC

Traite des chèvres

Religion

Les Mongols ont longtemps fait preuve d'une grande tolérance religieuse. Le moine franciscain Guillaume de Rubrouck rapporte ainsi qu'à la cour de Möngke cohabitaient bouddhistes, musulmans, nestoriens et chrétiens. Depuis le XVIe siècle, le bouddhisme est la religion dominante du pays, et les pratiques chamanistes restent également très vivaces.

Lamaïsme

En 1578, Altan Khaan invite en Mongolie le chef religieux de la secte bouddhiste tibétaine des « bonnets jaunes » (bouddhisme Gelugpa). Les deux hommes forment une alliance, qui légitime le pouvoir politique du Khaan et garantit au bouddhisme la protection nécessaire à son développement dans le pays. C'est Altan Khaan qui donne au chef spirituel le titre de dalaï-lama (le lama océan), dont le 14e représentant est actuellement en exil en Inde. Ce lien originel entre bouddhisme et pouvoir politique s'est perpétué en Mongolie jusqu'à la destitution du huitième Bogd Khaan (le troisième personnage de la hiérarchie bouddhiste après le dalaï et le panchen-lama) lors de la révolution de 1921.

La secte des bonnets jaunes, fondée par Tsongkapa au début du XVe siècle, met l'accent sur la discipline monastique et sur le débat religieux comme moyens d'atteindre l'Illumination. Elle reconnaît également l'existence de Bouddhas vivants, qui ont atteint l'Illumination durant leur vie terrestre, et s'imposent de ce fait comme chefs spirituels.

Le lamaïsme (nom donné au bouddhisme de la secte des bonnets jaunes) s'impose très vite en Mongolie. Au début des années 1920, le pays compte 110 000 moines (soit un tiers de la population mâle !) répartis dans près de 600 temples et monastères. Les monastères sont le point de rassemblement des populations et donneront naissance à la plupart des centres urbains du pays. Ainsi Oulan-Bator, lieu de résidence du Bogd Khaan, a été bâtie autour de deux monastères comptant respectivement 13 000 et 7 000 moines.

La période d'occupation soviétique a entraîné une chute radicale du nombre de moines et de monastères. Les premiers ont été exécutés ou renvoyés de force à une vie civile, alors que les deuxièmes ont été détruits ou transformés en musées. Pendant près de 50 ans, le monastère Gandan, à Oulan-Bator, était le seul à accueillir encore des activités religieuses, pratiquées sous haute surveillance.

Depuis les années 1990, le bouddhisme est revenu en force dans le pays. A l'heure actuelle, on compte 20 temples et monastères dans la seule ville d'Oulan-Bator, et près de 200 dans l'ensemble de la Mongolie. Environ 2 500 personnes ont renoué avec la vie monastique, et 90 % de la population se réclame de confession bouddhiste.

DÉCOUVERTE

Les pratiques divinatoires

« Ce genre de divination se pratique ainsi : quand il veut entreprendre quelque chose, il se fait apporter trois de ces os, non encore brûlés, et, les tenant, il réfléchit à la chose sur laquelle il veut consulter s'il la fera ou non. Puis il donne à son esclave les os à brûler. Il y a toujours deux petites maisons, voisines de celle qu'il habite, où l'on brûle ces os ; et l'on cherche chaque jour ces os dans tout le campement. Donc, une fois ces os brûlés jusqu'au noir de charbon, on les lui rapporte ; il examine si, à la chaleur du feu, les os se sont fendus bien droit en longueur. Alors la voie est ouverte pour ce qu'il doit faire. Mais si les os ont éclaté en travers, ou que des éclats ronds en tombent, il renonce à agir. Car dans le feu l'os se fend toujours, ou bien ce sont comme les mailles d'un tissu qui s'étendent à sa surface. Et si de trois os un seul est fendu bien droit, il suit son projet. »

(*Voyage dans l'Empire mongol, 1253-1255*, Guillaume de Rubrouck, Editions de l'Imprimerie Nationale, p.156.)

Monastère d'Amarbayasgalant

Chamanisme

Il s'agit de la plus ancienne religion de Mongolie, si tant est que l'on puisse parler de religion pour des pratiques qui ne reconnaissent aucune divinité et n'ont aucune tradition écrite.

Originaire des plaines de Sibérie et d'Asie centrale, le chamanisme est fondé sur le postulat que la communication entre les hommes et les esprits est possible. Les chamans ont pour mission d'assurer ce lien, au cours des transes qui leur ouvrent l'accès au monde des esprits, animaux ou humains. Les chamans ont des pouvoirs curatifs et peuvent également ramener les âmes égarées dans le droit chemin. Ils peuvent être indifféremment hommes ou femmes, mais tous ont été choisis par les esprits. Le don n'est pas nécessairement héréditaire et se manifeste généralement à l'âge adulte, après une série de difficultés personnelles destinées à sensibiliser le chaman au monde des esprits et à sa responsabilité vis-à-vis d'eux.

Les cérémonies chamanistes sont extrêmement codifiées. Le chaman revêt un lourd manteau recouvert d'*ongon* (tissu représentant les esprits protecteurs) et de grelots, préalablement purifié dans la fumée du foyer. La transe s'effectue au son d'un tambour également paré de grelots et parfois de chants plus ou moins intelligibles. Au cours de la transe (qui, en Mongolie, est atteinte sans le recours à des substances chimiques), le chaman pénètre donc dans le monde des esprits, et ceux-ci lui révèlent l'origine des problèmes pour lesquels il a été consulté.

Réprimé durant une grande partie du XXᵉ siècle, le chamanisme reste très présent en Mongolie, notamment chez les populations tsaatan et bouriates. Bien que très majoritairement

---

Les pèlerinages bouddhistes vus par un père jésuite

« Il existe plusieurs manières de faire le pèlerinage autour des lamaseries. Il en est qui ne se prosternent pas du tout. Ils s'en vont, le dos chargé d'énormes ballots de livres, qui leur ont été imposés par quelque grand lama. Quelquefois on rencontre des vieillards, des femmes ou des enfants, qui peuvent à peine se mouvoir sous leurs charges. Quand ils ont achevé leur tournée, ils sont censés avoir récité toutes les prières dont ils ont été les portefaix. Il en est d'autres qui se contentent de faire une promenade, en déroulant entre leurs doigts les grains de leur long chapelet, ou bien en imprimant un mouvement de rotation à un petit moulinet à prières, fixé dans leur main droite, et qui tourne sans cesse, avec une incroyable rapidité. On nomme ce moulinet tchukor, c'est-à-dire prière tournante. On rencontre un grand nombre de ces tchukor le long des ruisseaux ; ils sont mis en mouvement par le cours de l'eau. Ils prient nuit et jour, au bénéfice de celui qui en a fait la fondation. Les Tartares en suspendent aussi au-dessus de leur foyer ; ceux-ci tournent pour la paix et la prospérité de toute la famille, dont le foyer est l'emblème. Ils sont mis en rotation au moyen du courant établi par la succession des couches froides de l'air qui arrive par l'ouverture de la tente. »

(*Souvenirs d'un voyage dans la Tartarie et le Thibet*, Père Huc, Editions Omnibus, p. 212.)

Les Bouddhas vivants de Mongolie

« L'élection et l'intronisation des Bouddhas vivants se font d'une manière si singulière qu'elle mérite d'être rapportée. Quand un grand lama s'en est allé, c'est-à-dire quand il est mort, la chose ne devient pas pour la lamaserie un sujet de deuil. On ne s'abandonne ni aux larmes ni aux regrets, car tout le monde sait que le chaberon va bientôt reparaître. Cette mort apparente n'est que le commencement d'une existence nouvelle, et comme un anneau de plus ajouté à cette chaîne indéfinie et non interrompue de vies successives ; c'est tout bonnement une palingénésie. Pendant que le saint reste engourdi dans sa chrysalide, ses disciples sont dans la plus grande anxiété, car leur grande affaire, c'est de découvrir l'endroit où leur maître ira se transformer et reprendre sa vie. »

(*Souvenirs d'un voyage dans la Tartarie et le Thibet*, Père Huc, Editions Omnibus, p. 183.)

DÉCOUVERTE

bouddhistes, les Mongols restent très attachés à leurs pratiques chamanistes (les deux ne s'excluent pas, et le bouddhisme mongol a d'ailleurs intégré un certain nombre de pratiques issues du chamanisme, notamment en ce qui concerne les pratiques médicales). Le nombre d'*övöö* visibles le long des routes, dans les montagnes et les déserts, ou au bord des fleuves et sources, en est une preuve évidente.

Christianisme

Le christianisme était présent à la cour des Khaan de Karakorum, notamment sous sa forme nestorienne. La femme de Möngke était ainsi connue pour être chrétienne, mais Guillaume de Rubrouck nous apprend qu'elle se rendait surtout à la messe pour pouvoir ensuite s'enivrer avec les prêtres !

Plus récemment, l'établissement de relations diplomatiques entre la Mongolie et le Vatican en 1992 a ouvert la voie à de nombreuses congrégations religieuses, qui allient généralement humanitaire et prosélytisme religieux. Catholiques, orthodoxes, protestants et même mormons et évangélistes sont désormais présents à Oulan-Bator, ce qui ne va pas sans inquiéter les autorités locales, qui voient d'un œil réticent les activités de certains de ces groupes. Les nouveaux venus sont désormais soumis à un strict contrôle de la part des autorités locales.

Islam

Enfin, la Mongolie compte environ 6 % de populations musulmanes. Il s'agit d'un islam sunnite, pratiqué par les Kazakhs de la région de l'Altaï et quelques autres groupes ethniques d'origine turque.

La religion mongole selon Marco Polo

« Et sachez à présent que leur loi est telle. Ils disent qu'existe un grand, sublime et céleste Dieu dont chaque jour, avec encensoir et encens, ils ne demandent rien d'autre que bon entendement et santé. Car ils ont un dieu qu'ils appellent Natigai, dont ils disent que c'est un dieu terrien qui garde leurs femmes, leurs fils, leurs bêtes et leurs grains. Ils lui font grande révérence et grand honneur, et chacun le tient en lieu honorable en sa maison. Car ils font ce dieu de feutre et de drap, et croyant qu'il a femme et fils, il font aussi de drap une féminine image, disant que c'est la femme du dieu ; et font d'autres petites images, et disent que sont ses fils. La femme du dieu, ils mettent à main gauche et les fils devant, qui semblent lui faire révérence ; ils les tiennent tous décemment couverts et leur rendent assez d'honneurs. Et quand viennent à déjeuner ou souper, d'abord prennent un peu de la chair grasse et oignent la bouche à ce dieu, à sa femme et à ses fils ; et puis prennent du bouillon pour leur laver la bouche et en répandent en leur honneur dehors la porte de la maison ou chambre où se tient ce dieu, pour les autres esprits. Et quand ils ont fait cela, ils disent que leur dieu et sa famille ont eu leur part. Après, ils mangent et boivent le demeurant comme il leur plaît. »

(*Le Devisement du monde,*
Le Livre des merveilles 1, Marco Polo, La Découverte, p. 166-167.)

Mode de vie

Les traditions nomades

Le nomadisme est la principale caractéristique de la population mongole : cet héritage ancestral perdure aujourd'hui, même s'il tend à être remplacé par de simples transhumances entre un camp d'hiver fixe (parfois dans les petites villes des sum) et des pâturages d'été. Seuls les habitants de la région de Gobi, où la terre est pauvre et offre peu de nourriture pour les troupeaux, continuent à se déplacer plusieurs fois par an. Dans les autres régions, les bergers se contentent souvent d'un camp d'hiver et d'un camp d'été.

Traditionnellement, le père de famille part en éclaireur, pour identifier l'emplacement idéal pour le nouveau camp familial. Une fois l'endroit trouvé, il installe un empilement de pierres, qui symbolise le futur foyer et indique aux autres bergers que la zone est désormais réservée. Le père rentre ensuite au camp, et les préparatifs du départ commencent, chacun ayant une tâche précisément assignée. Ainsi les femmes s'occupent de l'intérieur de la ger : elles rangent les affaires dans des coffres ou des corbeilles, qui seront ensuite attachés sur le dos des animaux de bât. Les hommes, pendant ce temps, rassemblent les troupeaux et emballent laine et peaux, qui seront plus tard vendues. Le jour du départ, les enfants partent les premiers, avec les troupeaux de pattes courtes, les moutons et les chèvres qui progresseront plus lentement. Les adultes entreprennent alors de démonter la ger, et de charger les affaires sur les chameaux ou les chevaux. La mère prend ensuite la tête de la caravane.

La période de nomadisation est synonyme de fête pour les Mongols, qui font alors montre de leur solidarité. Les voisins sont en effet souvent mis à contribution pour le démontage de la ger et le chargement des animaux de bât. Et surtout les caravanes seront partout accueillies par les bergers, qui offriront le couvert et parfois le gîte à celles qui passent à proximité de leur camp. L'arrivée dans le nouveau camp est également l'occasion d'une fête, qui réunit la famille nouvellement arrivée et les voisins les plus proches (même si ceux-ci sont parfois à plusieurs kilomètres de là).

Il faut néanmoins noter qu'aujourd'hui, dans les régions les plus aisées du centre et du nord du pays, de plus en plus de familles ont recours à des véhicules motorisés pour leur

La vie nomade du temps de Marco Polo

« Les Tartares communément nourrissent des troupeaux de vaches, cavales et brebis, à raison de quoi jamais ne demeurent en même lieu, mais se retirent l'hiver ès plaines et lieux chauds où ils trouvent riches herbages et bons pâturages pour leurs bêtes ; et en été s'en vont vivre ès froids lieux, en montagnes et vallées, là où ils trouvent eau, bois et bons pâturages pour leurs bêtes ; et parce que le lieu est froid, il n'y a ni mouches, ni moucherons, ni semblables créatures, qui les harcèleraient, eux et leurs bêtes ; et ils vont ainsi deux ou trois mois, montant toujours plus haut et paissant, car en restant toujours sur place, ils n'auraient jamais assez d'herbes pour la multitude de leurs bêtes. Ils ont petites maisons en forme de tente, en longues perches couvertes de feutre, et elles sont rondes ; et toujours ils les emportent avec eux là où ils vont, sur des chariots à quatre roues. Ces longues perches, ils les rassemblent si bien en ordre qu'ils les font tenir ensemble comme un fagot, et les transportent très aisément où leur plaît. Et toutes les fois qu'ils tendent et dressent leur maison, ils placent toujours la porte vers le Midi. Ils ont superbes charrettes avec seulement deux roues, couvertes de feutre noir si bon et si bien préparé que, plût-il tout le jour sur la charrette, l'eau ne mouillerait nulle chose qui fût en la charrette. Ils les font tirer par des bœufs, ou par des chameaux. Et dessus ces charrettes, ils portent leurs femmes, leurs enfants, et toutes choses et viandes dont ils ont besoin. Ainsi vont où ils veulent, emmenant ce qu'il leur faut. »

(*Le Devisement du monde*, *Le Livre des merveilles 1*, Marco Polo, La Découverte, p. 163-164.)

nomadisation, ce qui raccourcit radicalement les temps de trajet mais fait aussi, il faut le reconnaître, perdre un peu de charme à cette tranche de vie nomade.

Deux caractéristiques, revendiquées par les Mongols, découlent de cette tradition nomade. La première est celle de l'hospitalité et de la solidarité. Les ger sont toujours ouvertes, on ne frappe jamais avant d'entrer. Les bergers s'aident mutuellement, et sont toujours prêts à accueillir dans leur ger des nomades ou des invités de passage. Ceux-ci seront traités avec tous les honneurs d'un hôte de marque : on leur offrira du thé, de l'airag ou de la vodka, on les nourrira et leur proposera de dormir avec la famille. Les Mongols ne demandent jamais d'argent pour cette hospitalité qu'ils considèrent comme allant de soi. Mais la politesse veut évidemment que l'invité offre de menus cadeaux à la famille qui l'accueille.

La deuxième caractéristique dont se vantent, à raison, les Mongols, est celle de leur haute faculté d'adaptation. Confrontés à un environnement très rude, voire hostile, soumis à des changements climatiques aussi soudains que brutaux, habitués à se déplacer, les Mongols ont effectivement la capacité de s'adapter à presque toutes les conditions qui se présentent à eux. Les Mongols expliquent d'ailleurs ainsi la facilité avec laquelle s'intègrent à leur nouvel environnement ceux qui partent à l'étranger au moment de leurs études.

La *ger* mongole

La *ger* est à elle seule un concentré de toutes les traditions du pays. C'est un habitat extrêmement codifié, qui reflète à la fois la conception de l'univers des Mongols et leurs pratiques sociales.

D'une superficie d'environ 20 m^2, la *ger* est simplement composée de couches de feutre en laine de mouton, posées sur une armature en bois pliable. Son installation prend environ deux heures et se déroule de la façon suivante : on pose d'abord le plancher, quand il y en a un, et tous les meubles sont installés à la place qui leur est attribuée. Vient ensuite le montage du treillis de bois qui forme les côtés de l'habitation, ainsi que la mise en place du chambranle de la porte. Les hommes fixent alors le cercle de bois qui se trouve au sommet de la ger, posé sur les deux piliers centraux et relié à l'armature en bois. Les perches du toit sont traditionnellement au nombre de 81 (perches), un nombre faste dans la cosmogonie mongole.

L'armature mise en place, on peut désormais installer le tissu intérieur sur les murs (dans les familles les plus aisées), puis les différentes couches de feutre et enfin la toile blanche extérieure, maintenue par de lourdes cordes. L'ouverture centrale est également dotée d'un petit capuchon, qui sera ouvert ou fermé selon les conditions climatiques.

La *ger* est une représentation en miniature de l'univers. L'orifice rond au sommet de l'habitation symbolise le ciel, et c'est tout naturellement que le foyer se trouve juste en dessous. Les deux poteaux de bois qui relient le foyer au ciel sont les éléments les plus sacrés de la *ger* : il ne faut jamais passer entre ces deux piliers, ni y faire passer des objets. Traditionnellement ouverte vers le sud, la ger combine répartitions géographique et fonctionnelle. Le nord est la place sacrée : c'est là que se trouve l'autel des ancêtres, les photographies du dalaï-lama et les objets les plus précieux de la famille. Le sud est la zone de travail, celle où se trouve le foyer et où les femmes s'activent pour préparer les repas ou les réserves alimentaires de la famille. De même, l'ouest est réservé aux hommes et aux invités, alors que l'est est l'espace des femmes et de la vie domestique. Un hôte sera donc installé à l'ouest, et plus ou moins proche du fond de la ger en fonction de son importance. Cette symbolique de la *ger* s'accompagne de toute une série de pratiques traditionnelles, qu'il faut respecter pour ne pas offenser le maître de maison.

Éducation

Dans la Mongolie ancienne, l'éducation était assurée dans les monastères, et consistait essentiellement en un enseignement théologique et de médecine traditionnelle. Elle était donc réservée aux moines. Après la proclamation de l'indépendance du pays, et plus encore après la répression des moines par les Soviétiques, l'éducation s'est sécularisée, et s'est développée grâce aux subventions d'Etat. La première école en langue mongole s'est ouverte à Oulan-Bator en 1912, avec l'aide des Russes. En 1914, les Soviétiques ont ouvert le premier établissement scolaire où l'enseignement était dispensé en russe : c'était le début d'un système qui allait perdurer pendant de nombreuses décennies, dans lequel les bons élèves étaient éduqués en russe et poursuivaient leurs études supérieures en Union soviétique. Ainsi, en 1983, plus de 10 000 étudiants mongols fréquentaient des universités russes.

DÉCOUVERTE

Les *ger* mongoles décrites par Guillaume de Rubrouck

« La maison où ils dorment, ils l'édifient sur une base circulaire de baguettes tressées ; la charpente de la maison est faite de baguettes qui convergent au sommet en un orifice circulaire d'où sort un conduit analogue à une cheminée ; ils la couvrent de feutre blanc qu'ils enduisent assez fréquemment de chaux ou de terre blanche et de poudre d'os afin d'aviver l'éclat de sa blancheur. Parfois aussi, ils usent de feutre noir. Le feutre qui entoure l'orifice supérieur est décoré de dessins d'une belle variété. Devant la porte, ils suspendent de même une pièce de feutre ouvré, historié avec art. ils cousent, feutre sur feutre, des motifs colorés qui représentent vignes, arbres, oiseaux et bêtes. Ces maisons, ils les font si vastes qu'elles atteignent parfois trente pieds de large. Moi-même, une fois, j'en ai mesuré une : entre les ornières laissées par son chariot il y avait vingt pieds et la maison posée sur le chariot dépassait bien de cinq pieds de chaque côté. J'ai compté, attelés à un même chariot, jusqu'à vingt-deux bœufs qui tiraient une maison : onze de front et onze autres devant eux. L'essieu du chariot était grand comme un mât de navire, et un seul homme était debout sur le chariot, devant le seuil de la maison, pour mener ces bœufs.

[...] Lorsque les maisons sont installées, la porte orientée au sud, ils placent le lit du maître au nord. Les femmes se placent toujours du côté oriental, c'est-à-dire à la gauche du maître de maison lorsqu'il est assis sur son lot et qu'il a la tête tournée vers le sud. Les hommes sont placés à l'occident, c'est-à-dire à sa droite.

Les hommes qui entrent dans la maison ne suspendraient en aucun cas leur carquois du côté des femmes. Au-dessus de la tête du maître, il y a toujours une image, une sorte de poupée ou de statuette de feutre qu'ils appellent "le frère du maître", et une autre du même genre au-dessus de la tête de la maîtresse, qu'ils appellent "le frère de la maîtresse" : elles sont fixées à la paroi ; et plus haut, entre ces deux-là, il y en a une, petite et maigre, qui est comme la gardienne de toute la maison. La maîtresse de maison pose à son côté droit, au pied du lit, sur un piédestal, une peau de chèvre remplie de laine ou d'autre matière, et, à côté, une toute petite statuette tournée vers les servantes et les femmes. Près de l'entrée, du côté des femmes, se trouve encore une autre figurine avec un pis de vache, à l'intention des femmes qui traient les vaches, car c'est à elles que revient le soin de traire les vaches. De l'autre côté de l'entrée, du côté des hommes, il y a une autre statue avec un pis de jument : elle est pour les hommes, car ce sont eux qui traient les juments. »

(*Voyage dans l'Empire mongol, 1253-1255*, Imprimerie Nationale, p. 79-82.)

Montage d'une ger mongole

L'alphabétisation de la population s'est accélérée dans les années 1950 (notamment grâce aux systèmes de pensionnat dans les écoles de sum ou départements, condition sine qua non de la scolarisation des enfants de nomades) et, dès 1968, le gouvernement mongol annonçait un taux d'alphabétisation de 100 %. La première université du pays avait ouvert ses portes à Oulan-Bator en 1942.

La fin des subventions soviétiques au début des années 1990 a été un tournant difficile pour le système éducatif mongol, qui était largement dépendant de cet apport de fonds. Entre 1990 et 2001, 244 des 900 écoles maternelles du pays ont été contraintes de fermer, et le taux de fréquentation scolaire a chuté de 2,3 % entre 1992 et 1998.

La restructuration du système scolaire a été amorcée en 1996, largement subventionnée, cette fois-ci par l'aide internationale, et notamment par la Banque de développement asiatique. En 1999, le taux de scolarisation était remonté à 90 %. En 2002, un autre plan de développement de l'éducation était lancé à destination des zones rurales et des communautés urbaines les plus pauvres du pays. Il était financé par la Banque asiatique (14 millions de dollars), le gouvernement japonais (45 millions de dollars) et le gouvernement mongol (68,5 millions de dollars).

Avec 75 % de la population âgée de moins de 35 ans, l'éducation est un enjeu primordial pour le pays. A l'heure actuelle, la Mongolie affiche un taux d'alphabétisation de 98 %. Les taux de scolarisation à l'école primaire se situent autour de 90 %, ceux du secondaire sont à 60 % environ. Contrairement à la situation de nombreux pays en développement, ce sont les filles qui, en Mongolie, sont le mieux éduquées.

Elles passent en moyenne 8,2 ans sur les bancs d'école, un an de plus que leurs camarades masculins. La tendance est encore plus nette dans les études supérieures : les universités comptent deux fois plus de filles que de garçons.

Enjeux sanitaires

Dans le secteur médical et hospitalier, le départ des Russes a constitué un double handicap pour la Mongolie. Non seulement les fonds ont été subitement coupés mais, en plus, la plupart des médecins du pays, qui étaient russes, ont alors quitté la Mongolie. Entre 1990 et 1996, les dépenses nationales pour la santé ont été divisées par deux, ce qui a entraîné une résurgence des pratiques médicales traditionnelles, liées aux monastères bouddhistes.

Une vaste réforme du système de santé a été entreprise à la fin des années 1990 : son objectif était de renforcer le rôle des médecins de famille, essentiels dans les zones rurales, et de mettre en place un nouveau mode de paiement (car de nombreuses familles étaient incapables de payer leurs frais médicaux). Un système d'assurance médicale a donc été créé en 1994, qui couvrait officiellement 98,5 % de la population en 1996. Malheureusement, le système de santé manque toujours cruellement de fonds et de compétences. Les médecins de campagne gagnent au mieux 40 $ par mois, et sont souvent obligés de transformer leur ger, ou yourte, en centre de consultation, faute de structures spécialisées pour les accueillir. La consultation des médecins d'Etat est gratuite, mais les médicaments sont payants.

La médecine traditionnelle du XIXe siècle

« *Comme d'après l'opinion religieuse des Tartares, c'est toujours un tchutgour, ou diable, qui tourmente par sa présence la partie malade, il faut avant tout préparer par un traitement médical l'expulsion de ce diable. Le lama médecin est en même temps apothicaire ; la chimie minérale n'entre pour rien dans la préparation des spécifiques employés par les lamas : les remèdes sont toujours composés de végétaux pulvérisés, qu'on fait infuser ou coaguler, et qu'on arrondit en forme de pilule. Quand le petit magasin de pilules végétales se trouve vide, le docteur lama ne se déconcerte pas pour cela ; il inscrit sur quelques petits morceaux de papier, avec des caractères thibétains, le nom des remèdes, puis il roule ce papier entre ses doigts, après l'avoir un peu humecté de sa salive : le malade prend ces boulettes avec autant de confiance que si c'étaient de véritables pilules. Avaler le nom du remède, ou le remède lui-même, disent les Tartares, cela revient absolument au même.* »

(*Souvenirs d'un voyage dans la Tartarie et le Thibet*, Père Huc, Editions Omnibus, p. 81.)

Et de nombreuses familles ne peuvent cotiser à l'assurance maladie, dont les mensualités sont trop élevées pour leur modeste budget. Une large partie de la population ne dispose donc d'aucune couverture sociale, et ne consulte que rarement un médecin. En 2000, le taux de mortalité infantile en Mongolie se situait à 58 pour mille, soit 7 points de plus que la moyenne asiatique. Et les dépenses de santé en 2002 ne représentaient que 6,4 % du PIB, soit seulement 122 dollars par habitant et par an.

La conséquence de ces défaillances du système de santé mongol est la présence de maladies chroniques peu ou pas traitées. En 1997, l'Organisation mondiale de la santé plaçait la Mongolie au 10e rang des pays du monde les plus touchés par l'hépatite C, avec une prévalence de 10 % dans la population !

L'autre fléau de la Mongolie, aux conséquences sanitaires et sociales catastrophiques, est l'alcoolisme. Alors que la consommation d'alcool était quasi inexistante dans le pays au début du siècle (à part celle d'*airag*, qui n'est pas un alcool fort), elle touche désormais toutes les couches sociales, hommes et femmes, ruraux et urbains. Une étude réalisée récemment par une organisation internationale évalue à 51,2 % la proportion de la population adulte mongole abusant régulièrement (voire quotidiennement) de la consommation d'alcool. Aggravé par une situation sociale difficile en milieu urbain (chômage et paupérisation), l'alcoolisme entraîne d'importants problèmes sociaux (60 % des crimes sont commis en état d'ivresse, 5 % des enfants de familles alcooliques finissent dans la rue pour éviter les violences domestiques) et sanitaires (un homme sur 1 000 dans le pays souffre d'importants problèmes de santé liés à l'alcool).

Du nomadisme à la sédentarisation

Toute une série de facteurs contribuent à la sédentarisation croissante de la population mongole. Les difficultés climatiques, et notamment les très dures années 1999 à 2001, ont entraîné la perte de millions de têtes de bétail et l'arrivée dans les zones urbaines de bergers ruinés. Cette urbanisation a également été encouragée par le gouvernement mongol, à qui elle allait permettre un contrôle plus facile des populations. Ainsi, l'ancien Premier ministre du PPRM, Enkhbayar, a posé comme objectif pour la Mongolie un taux d'urbanisation de 90 %. Enfin, de plus en plus de Mongols, et notamment de jeunes, se détournent du mode de vie traditionnel, attirés comme ils sont par la capitale et sa culture consumériste occidentalisée.

Les vagues de migrations urbaines se sont concentrées sur la capitale, qui affiche ainsi un taux de croissance de 5 % par an. En 1995, ce sont 11 600 personnes qui ont quitté les zones rurales pour les agglomérations urbaines. Elles étaient 21 400 en 2000 et 40 700 en 2003 à suivre le même itinéraire !

Mais cette urbanisation se fait de façon très anarchique. Les bidonvilles de *ger* dans la banlieue d'Oulan-Bator en sont une illustration. Les nomades fraîchement arrivés à la capitale installent leur *ger* et l'entourent d'une palissade : des milliers de familles vivent ainsi, privées d'infrastructures urbaines et d'accès à l'eau courante. Les déchets sont jetés dans la rue, jamais collectés, et contribuent à la pollution de la nappe phréatique et à la propagation de maladies dans ces zones densément peuplées.

D'autre part, ces nomades tout juste sédentarisés n'ont en général aucune compétence professionnelle compatible avec la vie urbaine. Déracinés, désœuvrés, sans ressources, ils sont victimes d'une paupérisation accélérée contre laquelle le gouvernement ne semble pas disposer de moyens de lutte.

Lac de Khövsgöl Nuur, tente de nomades Tsaatan

Arts et culture

CINÉMA

A l'évocation du cinéma mongol, le premier titre qui vient à l'esprit est celui d'*Urga*, Lion d'or au Festival de Venise 1991. Ce que les spectateurs ont en revanche peut-être oublié, c'est que ce très beau film a été réalisé par un Russe et tourné en Chine, dans la province de Mongolie-Intérieure !

Le cinéma est arrivé très tôt en Mongolie, puisque la première projection a eu lieu en 1903, et que le Bogd Khaan assistait souvent à des projections privées dès 1913. Le septième art mongol s'est développé sous la tutelle soviétique, qui a équipé le premier studio du pays, Mongol Kino, ouvert dès 1935. Tout naturellement dans le contexte politique qui était celui de la Mongolie des années 1930, les premiers films produits à Oulan-Bator étaient des œuvres de propagande, tournées en collaboration avec des réalisateurs et des techniciens russes. Le premier long-métrage réalisé par un Mongol date de 1938 : il s'agit du *Chemin de Norjmaa*, de Temet Natsagdorj, qui vante les mérites de la médecine moderne et dénonce l'archaïsme de la religion.

La période durant laquelle Choybalsan était au pouvoir (1939-1952) fut celle des grandes fresques historiques à la gloire des héros du peuple. Le film le plus représentatif de cette période, et le plus grand succès populaire, est *Sükhbaatar*, réalisé en 1942 et qui fait l'éloge du père de la révolution mongole.

A partir des années 1950, dans un contexte de relatif apaisement politique, les premières comédies font leur apparition. Le réalisateur le plus connu de cette période est Dorjpalam, à qui l'on doit notamment *Nous avons toujours des difficultés* (1956), qui raconte l'épopée à travers le pays de paysans partis à la recherche

d'une pièce de rechange pour leurs machines agricoles.

Les années 1960 et 1970 permettent aux réalisateurs mongols de s'intéresser davantage aux problématiques sociales et de faire leurs premiers pas de documentaristes. Ce n'est qu'à la fin des années 1980, lorsque le contrôle politique sur la production cinématographique se relâchera, que les réalisateurs pourront aborder la question de la tradition mongole et de son héritage dans la société contemporaine.

Alors que la production cinématographique était très abondante durant les années soviétiques (350 longs métrages entre 1938 et 1989), le cinéma mongol a connu un brusque arrêt au début des années 1990, faute de moyens financiers. Petit à petit, des maisons de production ont ouvert leurs portes, des films indépendants à budget limité ont vu le jour, et la dynamique s'est remise en route. A tel point que la Mongolie compte aujourd'hui cinq écoles de cinéma et près de 200 studios !

Pourtant, très peu de films mongols ont réussi à franchir les frontières de leur pays. A l'exception très remarquable de *L'Histoire du chameau qui pleure*, de la réalisatrice Byambasuren Davaa, qui est même sorti en salles en France en octobre 2004. Avec ce film mêlant documentaire et fiction autour de scènes de la vie nomade, la réalisatrice de 32 ans, étudiante à l'institut de cinéma de Munich, a remporté plusieurs prix en Europe et aux Etats-Unis et rappelé au monde des cinéphiles que le cinéma mongol méritait une place sur les écrans internationaux. En 2006, Davaa a sorti son deuxième film, *Le Chien jaune de Mongolie*, une allégorie de la société mongole tiraillée entre traditions et modernité.

DANSE

La danse bielgee

La danse *bielgee* est une tradition particulièrement vivace dans l'ouest du pays. Souvent accompagnée de mélodies jouées au *morin khuur* ou au *yootchin*, c'est une danse dans laquelle les pieds restent immobiles et où seul le haut du corps est en mouvement. La

danse s'apparente à une pantomime, puisqu'elle représente des scènes de la vie quotidienne : les thèmes sont donc souvent imposés, mais la danseuse improvise ses mouvements. De légères variations de cette danse sont repérables selon les groupes ethniques : certains dansent accroupis, d'autres debout…

Festin mongol

« Parmi les Tartares, la queue est regardée comme la partie la plus exquise du mouton, et par conséquent la plus honorable. Les queues des moutons tartares sont d'une forme et d'une grosseur remarquables ; elles sont larges, ovales et épaisses ; le poids de la graisse qui les entoure varie de six à huit livres, suivant la grosseur du mouton.

Après que le chef de famille nous eut donc fait hommage de cette grasse et succulente queue de mouton, voilà que tous les convives, armés de leur couteau, se mettent à dépecer, à l'envi, ces formidables quartiers de bouilli ; bien entendu que dans ce festin tartare on ne trouvait ni assiettes ni fourchettes ; chacun était obligé de placer sur ses genoux la tranche de mouton et de la déchirer sans façon de ses deux mains, sauf à essuyer de temps en temps, sur le devant du gilet, la graisse qui ruisselait de toute part. Pour nous, bien grand fut notre embarras. En nous offrant cette blanche queue de mouton, on avait été animé, sans contredit, des meilleures intentions du monde ; mais nous n'étions pas encore assez sevrés de nos préjugés européens pour oser attaquer, sans pain et sans sel, ces morceaux de graisse qui tremblaient et pantelaient en quelque sorte entre nos doigts. […] Nous nous arrêtâmes donc au parti suivant. Nous coupâmes cette malencontreuse queue de mouton par petites tranches que nous offrîmes à chacun des convives, en les priant de vouloir bien partager, en ce jour de fête, notre rare et précieux régal. D'abord nous eûmes à lutter contre des refus pleins de dévouement ; mais enfin on nous débarrassa à la ronde de ce mets immangeable, et il nous fut permis d'attaquer un gigot, dont la saveur était plus conforme aux souvenirs de notre première éducation. »

(*Souvenirs d'un voyage dans la Tartarie et le Thibet*, Père Huc, Editions Omnibus, p. 69.)

Les danses religieuses

Les danses religieuses sont probablement les plus connues, grâce notamment aux danses tsam, récemment réhabilitées dans le pays. Il s'agit de rites religieux qui mettent en scène les enseignements bouddhistes dans un mélange de théâtre et de danse. Les danses tsam sont particulièrement impressionnantes, grâce à la richesse de leurs costumes : certaines représentations nécessitaient jusqu'à 108 personnages et costumes différents.

Contorsionnistes

Enfin, la Mongolie est également le pays des contorsionnistes. Cette discipline traditionnelle donne toujours lieu à de fréquentes représentations, en Mongolie mais aussi beaucoup à l'étranger. Cette technique est reconnue par l'Unesco comme patrimoine culturel.

▥ FESTIVALS

Deux festivals traditionnels ponctuent l'année, l'un en hiver, Tsagaan Sar, l'autre en été, le Naadam.

Tsagaan Sar, la « lune blanche »

Tsagaan Sar, marque le début du Nouvel An lunaire et se déroule en général au mois de février. C'est une fête très ritualisée, dont dépend, pour les Mongols, le déroulement de l'année à venir. La préparation commence bien avant la fête : les familles doivent régler les affaires en cours, nettoyer et réparer toutes leurs possessions et préparer d'importantes provisions de nourriture (et notamment d'aliments blancs). La veille du Nouvel An, la famille se retrouve sous la *ger*, pour un repas pantagruélique, le *bituun*, composé de mouton (dont la queue, très graisseuse, est le morceau de choix) et surtout de *buuz* (les raviolis de mouton cuits à la vapeur). La coutume veut que tout le monde mange ce soir-là autant que possible, pour prévenir tout risque de famine pendant l'année à venir.

Le lendemain matin, tout le monde se lève avant le soleil et revêt des habits neufs, spécialement cousus ou achetés pour l'occasion. Le lever du soleil est célébré par la famille réunie, qui fait ensuite quelques pas hors de la ger dans une direction déterminée par le lama selon l'horoscope du chef de famille. Cette courte promenade donne la direction propice pour l'année à venir. Des offrandes d'*airag* sont également distribuées à la terre et au ciel par la mère de famille. Tout le monde se retrouve ensuite dans la ger, autour du foyer débarrassé des cendres de la veille, et où crépite un grand feu. Les jeunes offrent à leurs aînés des écharpes de soie, et présentent leurs respects aux personnes âgées, en tendant leurs mains paumes ouvertes vers le ciel, sur lesquelles les aînés posent leurs mains paumes dirigées vers le bas. Cette salutation sera adoptée pendant toute la durée de la fête. Un grand repas a lieu ensuite sous la ger, avant que les hommes ne partent rendre visite à leurs parents et voisins. Chaque visite est l'occasion d'échanges de cadeaux, écharpes, *airag*, fromage ; les hommes échangent leurs tabatières ; les invités boivent l'*airag* et chantent. Ces visites, qui peuvent se prolonger plusieurs jours, voire plusieurs semaines à la campagne, sont hiérarchisées puisqu'on commence par la famille proche, puis les amis, du cercle le plus intime jusqu'aux connaissances les plus éloignées. A l'occasion de Tsagaan Sar, les anniversaires sont également fêtés : hommes et animaux prennent tous un an de plus au premier jour de l'an.

Naadam

Le *Naadam* (littéralement « jeu » en mongol) est la fête la plus populaire du pays, à la fois pour les Mongols et pour les nombreux touristes qu'elle attire chaque année. Il s'agit d'un festival très ancien, qui était à l'origine organisé à l'occasion d'événements majeurs, comme des victoires ou des sacrifices aux dieux ou aux ancêtres. Le Naadam, notamment sous Chinggis Khaan, est ensuite devenu une compétition entre les différents clans, qui faisaient ainsi preuve de leur courage et de leur habileté. Enfin, après le XVIe siècle, le Naadam s'est doté d'une connotation religieuse, et les festivités traditionnelles se sont alors accompagnées de célébrations dans les temples et monastères du pays.

Le Naadam de la capitale est désormais fixé du 11 au 13 juillet, ce qui permet d'incorporer dans ses festivités la célébration de l'indépendance du pays et de la révolution de 1921. La fête s'ouvre traditionnellement par le transport, de la place Sükhbaatar au stade, des 9 étendards en poil de yak par 9 cavaliers en armure montés sur des chevaux blancs ou couleur crème, un hommage aux neuf clans unifiés par Chinggis Khaan. Une grande parade suivie d'un discours présidentiel a ensuite lieu au stade, avant que ne commencent les combats de lutte, qui sont l'une des activités les plus prisées par les Mongols. Outre les lutteurs, le Naadam met également en scène les meilleurs archers du pays et les chevaux les plus rapides, qui s'affronteront en différentes courses selon leur âge, montés par des enfants parfois âgés de cinq ans à peine. Les lutteurs s'affrontent dans le stade d'Oulan-Bator, alors que les archers installent leurs cibles derrière le stade. Les courses de chevaux, qui avaient lieu jusqu'à présent à la sortie de la ville, viennent d'être déplacées beaucoup plus loin, à l'ouest de la capitale (compter au moins une heure de route).

Le plus grand Naadam du pays a lieu à Oulan-Bator, mais presque tous les aimag organisent des Naadam locaux. Le niveau des compétitions y est moins élevé qu'à la capitale, mais ces fêtes de province sont parfois plus authentiques (moins touristiques) que celle d'Oulan-Bator.

La tabatière et le rituel de bienvenue

« *Dès lors chacun se consacre à l'échange des tabatières, une formule de politesse qui introduit toute réunion. La tabatière, souvent d'origine chinoise, avec le fourreau de soie brodée qui la protège, est délicatement extraite de la dèl qui forme sur l'estomac une véritable poche, soutenue par la ceinture de couleur vive, qu'il sied de porter comme une sous-ventrière. Petite bouteille de verre, de porcelaine ou d'une pierre semi-précieuse, la tabatière est tendue et reçue de la main droite, tandis que, par déférence, la main gauche soutient le coude droit. Le bouchon une fois ouvert, le recevant porte avec délicatesse l'orifice à son nez, hume gravement, referme la tabatière, la rend à son propriétaire qui renouvelle le rituel avec un autre voisin.* »

(*Le Réveil des Tartares*, Michel Jan, Editions Payot, p. 54-55.)

LITTÉRATURE

Le plus ancien et le plus important ouvrage de la littérature mongole est assurément *L'Histoire secrète des Mongols*. Rédigé au XIIIe siècle, probablement autour de 1240, il n'a été retrouvé que dans sa traduction chinoise. Ce long texte comporte de nombreux éléments de légendes, des contes et des mythes locaux, mais également des parties plus historiques, voire totalement bureaucratiques (comme par exemple les décrets gouvernementaux de Chinggis Khaan et de son fils Ogödeï). Rédigé à la cour d'Ogödeï, le texte sert également à entretenir le culte de Chinggis et par conséquent à légitimer le pouvoir de son fils. Ainsi le fondateur de l'Empire mongol est-il doté d'une naissance miraculeuse, et ses conquêtes et exploits politiques et militaires sont retracés avec précision. *L'Histoire secrète des Mongols* reste néanmoins un formidable témoignage de la vie nomade et de ses traditions, ainsi que de l'organisation de la structure gouvernementale, de l'armée, des codes pénaux du XIIIe siècle.

Au cours des siècles suivants, c'est la littérature religieuse qui va régner sans partage en Mongolie. Essentiellement écrite en tibétain, elle était l'apanage des moines, qui en étaient les auteurs mais également les seuls destinataires. La production littéraire était néanmoins très riche, puisque la Mongolie possède actuellement la plus grande collection de sûtra bouddhiques au monde. Entre un et trois millions de textes sont gardés dans la bibliothèque centrale d'Oulan-Bator, et près de 600 000 autres sont conservés dans le monastère Gandan.

Malheureusement, les purges des années 1930 ont entraîné la perte de nombreux manuscrits, mais également l'éparpillement des textes rescapés. Depuis 1999, un programme international a entrepris de reconstituer ces livres anciens : un projet qui pourrait n'être achevé que dans 20 ans, au mieux !

La Mongolie compte également un grand nombre de proverbes que l'on peut intégrer au patrimoine littéraire national. Il s'agit de courts poèmes de trois vers, qui servent à décrire et comprendre l'univers et expriment certaines caractéristiques de la société mongole. En voici un petit aperçu (on en dénombre plus de 6 000 en tout), tirés d'un article du magazine *Mongolia Today*, n° 3 :

« *Les cieux sont infinis – La sagesse est infinie – La stupidité est infinie.* »

« *Sombre est une personne sans éducation – Sombre est une nuit sans lune – Sombre est un foyer sans troupeau.* »

« *Le savoir est le trésor suprême – Les enfants sont le trésor le plus précieux – Les biens matériels sont le trésor le plus vil.* »

« *Stupide est celui qui vante son cheval – Idiot est celui qui vante sa femme – Et le plus stupide est celui qui se vante lui-même.* »

La littérature contemporaine mongole peine à dépasser les frontières nationales. Le seul auteur connu en Europe est Galsan Tschinag. Né en 1944 dans l'Altaï, il est parti étudier l'allemand à l'université de Leipzig, avant de revenir enseigner à l'université d'Oulan-Bator. Sous le joug communiste, Galsan Tschinag a préféré retrouver la minorité tuva de l'Altaï, dont il est originaire, et devenir conteur et chanteur selon la tradition de ses ancêtres. Vivant aujourd'hui entre l'Altaï, Oulan-Bator et l'Europe, Galsan Tschinag est l'auteur d'une dizaine d'ouvrages, nouvelles, romans et poèmes, dont une partie a été traduite en français (*voir « Bibliographie »*).

MUSIQUE

Les Mongols ont une longue et riche tradition musicale, et toutes les occasions sont bonnes pour donner de la voix.

Le khoomi

Le *khoomi* est le plus célèbre des chants mongols et probablement le plus caractéristique du pays. Cette technique de chant guttural (le terme *khoomi* signifie littéralement « chant de gorge ») permet aux chanteurs de produire deux sons en même temps, l'un grave et profond, l'autre aigu voire un peu nasillard.

Le chant *khoomi* est exclusivement pratiqué par les hommes, et semble être originaire de l'ouest du pays (il est également pratiqué par les Tuva).

Le *khoomi* est mentionné dans L'histoire secrète des Mongols, ce qui prouve son existence dès le XIIIe siècle, voire avant.

Les chants longs

Les chants longs (*urtyn duu*) sont l'une des formes les plus anciennes de chant. Essentiellement vocaux, bien qu'ils puissent parfois être accompagnés d'instruments, ce sont des chants pentatoniques, sans rythme bien défini ni paroles précises. Le chanteur s'exprime par des modulations vocales de voyelles, qu'il doit tenir le plus longtemps possible (d'où le nom, qui n'a en fait rien à voir avec la longueur du chant). La tradition veut que cette forme de chant soit particulièrement affectionnée par les cavaliers, qui se tiennent ainsi compagnie durant leurs longues chevauchées solitaires.

Les chants courts

Les chants courts (*bogino duu*) ont en revanche un rythme plutôt enlevé, sont la plupart du temps accompagnés d'instruments et évoquent des thèmes bien précis : l'amour, le pays natal, un bon cheval…

Les chants épiques

Les chants épiques (*tuul*) appartiennent à une très longue tradition chantée mongole. Réservés aux hommes, contrairement aux deux précédents, ils sont écrits en vers et se chantent au son du *moriin khuur*. On peut distinguer deux catégories de chants épiques : les *domog* sont inspirés de légendes ou de récits historiques, alors que les *magtaal* chantent le plus souvent l'éloge de la nature.

Les instruments de musique

Les instruments de musique traditionnels mongols sont également nombreux. Le plus étonnant est le *moriin khuur*, la vièle à tête de cheval. Les deux cordes et l'archet sont en crin de cheval, la caisse de résonance est fermée par une peau de jeune chameau, de chèvre ou de mouton. Tout aussi ancienne est la guimbarde, qui est un instrument traditionnellement attribué aux chamans. La panoplie des instruments à cordes verticaux comprend le *kutchir*, une vièle à quatre cordes, le *shanz*, une sorte de luth à trois cordes. Les devant peut-être à l'influence chinoise, les instruments mongols comptent également deux sortes de cithares : l'une dont on frappe les cordes à la manière d'un xylophone, le *yootchin* ; l'autre dont les cordes sont pincées, le *yatga*. Il existe enfin un instrument à vent, semblable à une flûte de bambou, que les Mongols appellent le limbe. La plupart de ces instruments sont regroupés dans un orchestre de musique traditionnelle, qui se produit régulièrement à Oulan-Bator, et interprète des morceaux de musique classique occidentale aussi bien que des airs traditionnels mongols.

La musique moderne

Enfin, la musique moderne dispose à Oulan-Bator d'une scène très active. L'influence occidentale est très évidente dans les jeunes groupes locaux, qui ont opté pour la musique pop ou pour le rock voire le rap mais conservent néanmoins souvent des tonalités traditionnelles, dans les mélodies et surtout les voix. Cette musique est en pleine expansion dans le pays et commence à intéresser des producteurs asiatiques.

En 2002, le premier festival de rock d'Oulan-Bator ne mettait en scène que trois groupes. Deux ans plus tard, 20 groupes se partageaient l'estrade, et les oreilles de plus de 10 000 spectateurs ! Le pays compte actuellement une centaine de groupes pop. Très peu ont cependant eu l'occasion de s'exporter, et restent limités à une audience locale, à l'exception notable du groupe rock Nighttrain et de l'ensemble pop Lumino qui commencent à être entendus en Chine. De même le groupe Hurd, qui compose des morceaux de heavy metal accompagnés de paroles proches de la tradition mongole (famille, pays…), a déjà traduit plusieurs de ses chansons en anglais, en espérant toucher ainsi un public plus large.

Quelques idées de découvertes musicales

▸ **Manduhai the Wise** est issu de la musique du film *The Land of Beauty*.

▸ **Jantsannorov** mélange la tradition au moderne. Il est considéré comme l'un des meilleurs compositeurs du moment.

▸ **Norovbanzad** est une chanteuse traditionnelle extrêmement appréciée par les Mongols.

▸ **Javhlan** est le chanteur pop du moment, et ses tubes passent en boucles partout.

PEINTURE ET SCULPTURE

Les peintures les plus anciennes du territoire mongol se trouvent dans les grottes de Khoit Tsenkher, dans l'*aimag* (ou région) de Hovd. Il s'agit de peintures rupestres, dans des tons ocre, datant de l'âge de pierre. Un style plus affirmé se précise à l'âge du bronze, avec des peintures aux couleurs plus vives, toujours dépourvues de perspective et figurant des scènes de la vie quotidienne nomade.

Apparaissent ensuite les pierres de rennes, à la confluence de la peinture et de la sculpture. Réalisées sur des tablettes de granit gris ou de marbre, elles mesurent entre 2 et 5 m de hauteur et semblent être liées aux pratiques chamanistes. Les peintures sont en général divisées en trois parties : le tiers supérieur représente la lune et le soleil, figurant ainsi le Grand Ciel ; le milieu est occupé par les rennes, dont la tradition dit qu'ils transportent l'esprit du mort vers sa nouvelle demeure ; enfin, le tiers inférieur est celui du monde souterrain, figuré par des arcs, des flèches ou des épées. Généralement rassemblées par groupes d'au moins cinq stèles, les pierres de rennes servaient à marquer l'emplacement des tombeaux de rois ou de guerriers. On en dénombre environ 550 en Mongolie, mais on peut également en trouver ailleurs en Asie centrale.

Une variante, plus proche cette fois de la sculpture que de la peinture : les pierres hommes (*khunni chukuu*). Visiblement d'origine turque (on en trouve également dans toute l'Asie centrale), ces statues plates représentent un homme tenant un bol à la hauteur de la poitrine, parfois armé d'une épée. En général orientées vers l'est, elles semblent liées à des pratiques funéraires, sans que l'on sache encore précisément quelle était leur valeur symbolique.

A cet art primitif a succédé un art religieux bouddhique, très riche à la fois pour ses peintures et ses sculptures. Celui-ci a été tout particulièrement marqué par Zanabazar (1635-1723), le premier Bouddha vivant de Mongolie. Formé à Lhasa, Zanabazar en a rapporté toutes les techniques de l'art tibétain, qu'il a enrichi des spécificités de la culture mongole. Une école d'art à son nom a ainsi été créée, dont la particularité est la très forte humanisation de ses représentations des divinités, et notamment des déesses. Que ce soit en peinture ou en sculpture (en bronze), les déesses sont dotées de formes très féminines et d'expressions de douceur presque maternelle, qui n'existaient pas dans les représentations tibétaines.

Les peintures religieuses sont réalisées sur des supports de cuir, soie, coton ou lin, des matériaux faciles à plier et transporter. Les couleurs sont fabriquées à partir de pigments minéraux, et ont (comme au Tibet) une forte valeur symbolique. Ainsi le bleu représente la fidélité et l'éternité ; le jaune la richesse, l'amour et la spiritualité ; le rouge la joie ; et le blanc la sainteté et la pureté. La technique de l'appliqué ne se développera que plus tardivement, dans les monastères, pour des peintures d'un format plus grand qui n'avaient plus besoin d'être transportées.

La peinture religieuse est restée la forme artistique dominante jusqu'au début du XXe siècle. L'influence soviétique a alors dirigé les artistes mongols vers le réalisme socialiste. Ce tournant a notamment été marqué par le peintre Sharav, un ancien moine qui a pour la première fois illustré des thèmes sociaux, mais en utilisant toujours des techniques de peinture traditionnelles. Son œuvre la plus célèbre, Une journée en Mongolie, est conservée au musée des Beaux-Arts d'Oulan-Bator. Les années 1960 et 1970 voient un retour aux techniques traditionnelles de l'appliqué, qui apportent une bouffée d'oxygène dans une production de peintures à l'huile exclusivement consacrées à la gloire des réalisations socialistes. C'est également au cours de ces décennies que les artistes mongols commencent à regarder vers l'Occident et à s'initier à l'art abstrait. Mais les premières œuvres abstraites seront interdites par les Soviétiques, et leurs auteurs sanctionnés.

Cuisine mongole

Adaptée aux ressources et aux conditions climatiques locales, la cuisine mongole est essentiellement composée de produits laitiers et de viandes (surtout du mouton) consommés avec leur graisse. Les viandes, la plupart du temps bouillies, sont essentiellement servies en hiver. L'alimentation mongole comporte très peu de fruits et légumes.

QUE MANGER ?

Plats

Le plat le plus commun en Mongolie est le *buuz*. Il s'agit de raviolis cuits à la vapeur, dont la garniture est un mélange de mouton avec sa graisse et d'oignon. Facile à préparer, c'est également l'un des plats traditionnels du dernier repas de l'année (la veille de Tsaagan Sar).

Une variante frite est le *khuushuur*, beignet de mouton, également très populaire. Près des lacs, on peut trouver des raviolis au poisson.

Des soupes de mouton, avec des légumes tels que pomme de terre, carotte et oignon, et nouilles (*guriltai shöl*) composent la base de l'alimentation des familles nomades, et sont notamment avalées, bouillantes, au petit déjeuner et au déjeuner. Les nouilles peuvent également être sautées, toujours accompagnées de petits morceaux de mouton (*tsuivan*).

Enfin, héritage russe, les Mongols consomment beaucoup de goulash, qui peut être à base de mouton mais aussi de bœuf.

Pour l'hiver ou les longs trajets à travers la steppe, les Mongols sont de grands amateurs de *bort*, une viande séchée que l'on peut consommer telle quelle ou dans les soupes.

Plus rarement, on peut avoir l'occasion de manger chez les nomades du *boodog*. Il s'agit de viande de marmotte (parfois de chèvre) : l'animal est dépecé et désossé, et la viande est replacée dans la peau retournée, dans laquelle on glisse des pierres brûlantes qui assurent la cuisson.

Une variante du *boodog* se fait avec le mouton dépecé qui est placé sur des pierres brûlantes dans un grand récipient avec de l'eau. Le tout chauffe longtemps sur le feu. C'est le barbecue mongol. Lorsque l'on sort les morceaux de viande, il est d'usage d'attraper les pierres brûlantes entre ses mains, cela porte bonheur. On mange le mouton grâce à un couteau. Le bouillon est délicieux. Les produits laitiers sont également très nombreux, désignés sous le terme générique d'aliments blancs. L'*orom* est fait avec la crème qui se forme à la surface du lait bouilli. On le mange sur du pain, saupoudré de sucre. L'*aaruul* est le fromage séché que l'on voit souvent prendre le soleil sur le toit des *ger*. Le *tarag* est un yaourt au goût un peu aigre et l'*airag* est le lait de jument fermenté, légèrement alcoolisé, dont les Mongols peuvent ingurgiter plusieurs litres par jour.

Boissons

Partout où il est possible de manger, le thé au lait coule à flot. C'est aussi la première chose que les nomades offrent au visiteur. Le thé infusé dans de l'eau et du lait est salé. Les Mongols aiment y faire fondre un peu de beurre. Délicieuse, cette précieuse boisson est très riche. Il est ainsi possible de boire du thé au lait de vache, de yak ou de brebis. Les amateurs de café seront vite déçus, car seul le café lyophilisé est proposé dans la plupart des hôtels. Souvent, lorsque l'on commande un café, c'est un café lyophilisé sucré et au lait qui est servi. Les amateurs de café noir doivent donc faire attention à leur commande. Les Mongols en boivent très peu et quand ils y goûtent, ils font de drôles de grimaces. A Oulan-Bator, par contre, il est possible de déguster de vrais cafés.

Le thé mongol

« *Quand les Tartares veulent faire le thé, ils cassent un morceau de leur brique, le pulvérisent, le font bouillir dans leur marmite jusqu'à ce que l'eau devienne rougeâtre. Ils y jettent alors une poignée de sel, et l'ébullition recommence. Dès que le liquide est presque noir, on ajoute plein une écuelle de lait, puis on décante dans une grande urne cette boisson qui fait les délices des Tartares.* »

(*Souvenirs d'un voyage dans la Tartarie et le Thibet*, Père Huc, Editions Omnibus, p. 44.)

La boisson la plus consommée en Mongolie est la vodka. Chez les nomades, comme il est de bon ton de ne rien refuser, les visiteurs seront amenés à goûter le breuvage. Tout un rituel accompagne alors la dégustation. La vodka est servie dans un verre qui circule de l'hôte à son invité, qui lui rend pour le tendre au prochain, et toujours dans le sens des aiguilles d'une montre. Il faut attraper le bol à deux mains, ou avec la main droite, avec la main gauche sous le coude droit. Quand c'est le premier tour de dégustation, chacun doit verser son annulaire droit dans le bol, puis lancer en l'air, pour le ciel, puis vers la terre et enfin droit devant soi. Ensuite, il faut boire cul sec. Si l'on ne boit pas, il suffit de tendre les lèvres, de mimer l'acte de boire et de rendre le bol.

Enfin, les Mongols aiment la bière que l'on trouve à peu près partout.

OÙ MANGER ?

La capitale propose désormais un grand nombre de restaurants et des spécialités du monde entier : cuisine chinoise, mexicaine, italienne, française, indienne, japonaise… Les prix restent très raisonnables (compter 20 000 T par personne pour un copieux repas à l'occidentale), et la viande y est en général excellente.

De nombreux petits restaurants proposent toute la panoplie des plats traditionnels précédemment cités que l'on peut manger sur le pouce. Ces guanz sont en général les seuls endroits où l'on peut se restaurer dans les capitales de sum (département) ou d'aimag (province). Il faut compter entre 1 000 et 2 000 T par personne. En été, de nombreuses terrasses envahissent les rues d'Oulan-Bator, et il est possible de se délecter de brochettes délicieuses pour environ 5 000 T.

Enfin, dans les campagnes, le seul moyen de se restaurer est soit d'avoir ses propres réserves, soit de partager les repas des nomades (chez qui il convient néanmoins de ne pas arriver les mains vides).

RECETTES

Khuushuur

▶ **Ingrédients.** Pour la garniture (une trentaine de pièces), prévoir 1 kg de mouton (on peut aussi le faire avec du bœuf) haché, 3 cuil. de sel, 1 oignon éminé et 2 gousses d'ail. Hacher et mélanger tous les ingrédients. Pour la pâte, 4 tasses de farine et 1/2 cuil. de sel.

▶ **Préparation.** Préparer la pâte en mélangeant la farine et le sel dans un peu d'eau. La découper en cylindres de 3 cm de diamètre et 4 cm de longueur environ. Etaler chaque cylindre en un cercle de 8 à 10 cm de diamètre, plus affiné sur les bords. Placer 2 à 3 cuillères de garniture sur une moitié du cercle, en laissant un espace sur le bord. Plier la pâte pour la refermer sur la garniture. Après avoir bien aplati la demi-lune ainsi formée, évacuer au maximum l'air à l'intérieur, et sceller les côtés en appuyant fermement et en formant de petits pliss. Répéter l'opération avec tous les cylindres de pâte. Pour la cuisson, faire chauffer de l'huile dans une poêle ou un wok, y jeter 2 ou 3 beignets simultanément. Les faire cuire environ 2 min de chaque côté, jusqu'à ce que la pâte ait pris une jolie couleur dorée.

Buuz

▶ **Ingrédients pour 4 personnes :** 500 g de mouton (ou de bœuf) haché, un oignon, 10 g d'ail, une cuillerée de sel. Pour la pâte, 350 g de farine et 1/2 cuil. de sel.

▶ **Préparation.** Préparer la pâte en mélangeant la farine, l'eau et le sel. Préparer la garniture en hachant et mélangeant tous les ingrédients. La pâte doit ensuite être divisée en petits cercles, qui seront garnis du mélange de viande et refermés en rabattant les bords vers le haut. Les buuz sont simplement cuits à la vapeur, pendant environ 20 min (jusqu'à ce que la garniture soit cuite, le plus simple est encore de vérifier de temps en temps l'avancement de la cuisson).

Jeux, loisirs et sports

Les sports les plus populaires du pays sont ceux pratiqués durant le Naadam (terme qui signifie « jeu » en mongol).

Courses de chevaux

Les courses de chevaux attirent des foules dans la steppe, notamment celle des chevaux de 4 et 5 ans. Les chevaux sont en effet séparés en fonction de leur âge, et la distance à parcourir s'allonge à proportion : ainsi les 5 ans parcourent-ils 30 km, les 4 ans, 21 km, etc. Les distances sont très longues, aussi la discipline présente-t-elle des dangers à la fois pour les cavaliers (parfois victimes de chutes) et pour les chevaux : il arrive au moins une fois par Naadam qu'un cheval s'effondre avant la ligne d'arrivée pour ne jamais se relever. Les chevaux ont pourtant subi un entraînement très rigoureux : quelques semaines avant la course, on réduit leur nourriture et on les entraîne sur des distances de plus en plus longues, souvent en plein soleil pour faire fondre leur masse graisseuse.

Les cavaliers sont des enfants, garçons et filles âgés de 5 à 12 ans. La plupart d'entre eux montent à cru, pour alléger au maximum leur monture. Ils sont vêtus d'un pantalon et d'une blouse très colorés, et coiffés d'une espèce de chapeau avec une visière verticale sur le devant. Les cavaliers montant les chevaux d'un même propriétaire sont tous habillés pareil. Des dossards numérotés sont fixés sur leur blouse.

Avant le départ, les cavaliers font trois fois le tour de la tribune des arbitres en chantant pour encourager leurs montures. L'un des arbitres les mène ensuite jusqu'au point de départ, et la course se déroule sur une longue ligne droite à travers la steppe. Seules les performances du cheval comptent, pas celle du cavalier : ainsi un cheval qui aurait désarçonné son jockey, mais qui aurait franchi malgré tout la ligne d'arrivée, serait classé comme les autres. Le vainqueur est l'objet de toutes les attentions : on lui remet une écharpe bleue, et les spectateurs se pressent autour de lui pour attraper quelques gouttes de sa sueur, censée apporter bonheur et chance tout au long de l'année. Le dernier cheval arrivé n'est pas non plus abandonné à son triste sort : un chant est prévu en l'honneur de celui que l'on surnomme alors « estomac plein », et la défaite est imputée non pas au cheval mais à son propriétaire et son cavalier !

Khenti, fêtes du Naadam, course de chevaux

La lutte

L'autre discipline très prisée des Mongols est la lutte. Pourtant, ces combats peuvent être un peu déroutants pour les étrangers qui n'en maîtrisent pas les règles. En effet, les lutteurs s'affrontent en général sur 9 rounds, mais il n'existe aucune catégorie de poids. En fait, les lutteurs sont classés au début du Naadam en fonction de leurs performances antérieures, et ceux qui se trouvent en haut du tableau peuvent choisir leur victime. Ainsi le premier tour se transforme généralement en combats entre des grands baraqués et des petits frêles, les seconds se faisant en général retourner comme des crêpes en quelques secondes à peine !

Le déroulement des combats est très ritualisé. Chaque lutteur est accompagné de son entraîneur, qui tient cérémonieusement son chapeau durant le combat. Les lutteurs sont vêtus d'un slip minimaliste, d'un caraco largement ouvert sur la poitrine et sont chaussés de bottes colorées. La légende de la lutte justifie le caraco comme une mesure destinée à démasquer les femmes qui auraient eu l'idée de se mesurer à leurs homologues masculins (cela s'est apparemment déjà produit lorsque les lutteurs étaient vêtus d'une blouse fermée !). Presque tous les coups sont permis, et l'objectif est de forcer l'adversaire à mettre un genou ou un coude à terre. Après chaque combat, le vainqueur part en petites foulées vers les bannières, autour desquelles il effectue la danse de l'aigle en imitant avec les bras les battements d'ailes de l'oiseau. Il revient ensuite vers le lutteur malheureux, qui passe sous son bras en signe de soumission.

Remporter un Naadam est un titre de gloire qui se répercute sur toute la famille. Le lutteur qui a remporté 5 rounds sur 9 prend le titre de Faucon, celui qui en a remporté 7 est nommé Eléphant. Le vainqueur du Naadam se voit attribuer le titre de Lion, et celui qui parvient à conserver son titre pendant au moins deux ans est reconnu comme Titan.

Forts de cette tradition ancestrale de lutte, les Mongols sont en train de s'imposer dans une autre discipline : le sumo. Depuis juin 2004, le sumo le plus gradé à l'échelle internationale est un Mongol. Il s'agit d'Asashoryn Dagvadorj, qui vient d'être nommé le seul Yokozuna de l'année (le plus haut grade de la discipline). Sur les 693 sumos professionnels recensés dans le monde, seuls 53 sont des étrangers, et les Mongols représentent 35 de ces 53 sumos non japonais. Cinq d'entre eux évoluent dans la plus haute ligue de la discipline. Bien que généralement plus petits et moins corpulents que leurs homologues japonais (Dagvadorj ne pèse « que » 129 kg), ils parviennent souvent à s'imposer grâce à une technique plus élaborée, héritée de la tradition de lutte mongole.

Tir à l'arc

Le tir à l'arc est la troisième discipline du Naadam, et reste la moins prisée du public mongol. La discipline a évolué puisque, traditionnellement, les archers mongols tiraient alors qu'ils montaient un cheval lancé au galop. Ils sont désormais debout, immobiles, et visent des cibles constituées de petits sacs de sable empilés sur le sol. La discipline est ouverte aux femmes et aux enfants, qui concourent dans des catégories séparées. Pour les enfants jusqu'à 16 ans, la cible est placée à une distance proportionnelle à leur âge (âge x 4 pour les garçons, âge x 3 pour les filles). Les hommes visent des cibles placées à 75 m, alors que les femmes ne tirent qu'à 60 m.

Le spectacle le plus attrayant dans les concours de tir à l'arc est probablement celui de la famille et des amis du tireur. Placés de part et d'autre de la cible, ils effectuent des danses et des chants après chaque flèche, pour donner à l'archer des indications sur la précision de son tir.

Le basket-ball

Ce sport, qui ne fait pas partie des sports traditionnels, connaît un certain succès chez les plus jeunes. Il y a des terrains de basket partout, même au plus profond de la steppe et là où on ne s'y attend pas. Tout le monde joue, partout et tout le temps.

Fête du Naadam, tournoi de lutte

Enfants du pays

Gurragcha Zhugderdemidiyn

Né en 1947, ingénieur aéronautique et général de l'armée de l'air, Gurragcha Zhugderdemidiyn a été choisi en 1978 pour participer au programme international aéronautique soviétique. Il a effectué un seul vol, en mars 1981, ce qui a fait de lui le premier Mongol, et le deuxième Asiatique propulsé dans l'espace.

Au cours de sa mission de 7 jours, 20 heures et 42 minutes (124 orbites), en duo avec le Soviétique Vladimir Dzhanibekov, il a effectué une série d'expériences scientifiques.

Après ce vol qui l'a fait entrer dans l'histoire, le premier cosmonaute mongol a dirigé un Institut de recherche scientifique à Oulan-Bator, puis a été nommé ministre de la Défense en 2000.

J. Tserendeleg

J. Tserendeleg est le premier Mongol à s'être rendu en Arctique en 1972. Il a passé plus d'un an dans la station Molodojnaya en tant qu'ingénieur en aérologie afin d'étudier les sons aériens.

Gotovdorj Usukhbayar

Il est le premier Mongol à avoir escaladé l'Everest, le 30 mai 2005, à l'âge de 28 ans.

Roman Fedorovitch von Ungern-Sternberg

(22 janvier 1886 – 15 septembre 1921.) Né dans une famille aristocratique d'Estonie, le baron Roman von Ungern-Sternberg s'engage dans l'armée impériale russe lors de la guerre contre le Japon en 1905. Suite à la révolution bolchevique de 1911, il forme en 1917 un régiment contre-révolutionnaire à la tête duquel il s'autoproclame général, avant de traverser les steppes avec sa cavalerie et de conquérir Urga (la future Oulan-Bator) en 1920.

Sa cruauté et sa folie lui auront valu le surnom de Baron fou ou Baron sanguinaire. Trahi par l'un de ses lieutenants en 1921, il est livré aux communistes, qui l'exécuteront en 1921. Le personnage du Baron fou a notamment été immortalisé par Hugo Pratt, dans son album *Corto Maltese en Sibérie*.

Khorloogiin Choybalsan

(8 décembre 1895 – 26 janvier 1952.) Il reçoit une éducation lamaïste. Il rencontre les révolutionnaires russes lors d'un voyage en Sibérie. En 1920, il rejoint Sükhbaatar pour former le parti révolutionnaire populaire mongol. Quand l'Armée rouge entre dans Urga, il devient député de la guerre dans le gouvernement qui suit. Il monte les échelons, jusqu'à la tête du parti.

Surnommé le « Staline Mongol », car il s'inspire largement de son modèle, on doit à ce tyran, entre autre, la destruction de la quasi-totalité des monastères de Mongolie (700) entre 1937 et 1952. Sous les ordres du despote, 92,5 % du clergé a disparu au même moment.

Damdin Sükhbataar

(2 février 1893 – 22 février 1923.) Sükhbataar rejoint l'armée en 1911. En 1920, il se rend en Russie pour chercher une alliance avec les Bolcheviks, afin de lutter contre la domination chinoise.

A son retour en Mongolie, le Baron fou a pris les rênes de la révolte. Il s'engage pour la libération de la Mongolie. Il meurt en 1923. En 1924, Urga est renommée Oulan-Bator, « héros rouge », en l'honneur de ce héros de la révolution en Mongolie.

La place principale d'Oulan-Bator, en face du bâtiment du gouvernement, porte son nom. Une statue à son effigie ainsi qu'un mausolée y trônaient jusqu'à ce que la statue de Chinggis Khaan les remplace en 2005. On trouve aujourd'hui son portrait sur les billets de banques de 10, 20 et 100 T.

Temujin

Temujin est né aux alentours de 1162, d'un père chef tribal du clan Borjigin. Abandonné par son clan à la mort prématurée de son père, en 1175, le petit Temujin grandit avec sa mère, dans le dénuement d'une vie nomade très austère.

En 1206, Temujin réussit le tour de force d'unifier les tribus rivales du pays. Le khuriltai (réunion des chefs de tribus) réuni cette année-là lui attribue le titre de « dirigeant universel » : le petit Temujin entre dès lors dans l'histoire, sous le nom de Chinggis Khaan.

Lexique

Langues

Le mongol

Le mongol est une langue appartenant au groupe des langues ouralo-altaïques qui s'apparente au turc, au kazakh... Les Mongols dénomment leur langue « khalka ». Environ 7 millions de personnes le parlent en Mongolie, en Russie et en Chine.

L'écriture originelle mongole dérive de l'oïgour. Elle s'écrit de haut en bas et de gauche à droite. Elle a été remplacée par le cyrillique dès 1941, lorsque les Soviétiques votent une loi visant à supprimer l'écriture traditionnelle. L'écriture traditionnelle est rétablie en 1990, mais dans les faits, le cyrillique est toujours en usage et le visiteur s'en rend très vite compte : panneaux, noms de rues, destinations, enseignes, tout est en cyrillique.

Le russe

Avec près de 70 années de domination soviétique et avec des lois visant à faire du russe la langue d'Etat, le russe est encore parlé en Mongolie, mais surtout par les anciens. C'est la première langue étrangère du pays.

L'allemand

La seconde langue étrangère est l'allemand que de nombreux jeunes choisissent d'étudier.

L'anglais

Les jeunes, plutôt tournés vers l'Occident, apprennent l'anglais qui devient progressivement la première langue choisie à l'école. En dehors d'Oulan-Bator, il est relativement difficile de trouver un interlocuteur anglophone.

Le français

Quelque 600 Mongols apprennent le français auprès de l'Alliance française ou à l'université. Les agences francophones vous permettront d'en rencontrer quelques-uns qui ont un excellent niveau.

En bref, un Mongol parle facilement plusieurs langues, car outre le mongol, il existe de nombreux dialectes dans le pays. Mais, pour le voyageur, la langue reste un frein et un handicap s'il n'est pas accompagné d'un traducteur. Il faut donc être capable de lire le cyrillique, au minimum, et faire preuve d'une grande patience et de ruses innombrables pour être compris et pour comprendre. Un conseil : se procurer un dictionnaire ou un livret de phrases usuelles écrites en mongol. Ça aide beaucoup, car pratiquement tous les Mongols savent lire. Quant à la prononciation, il est toujours possible d'essayer, mais la difficulté de la langue et les subtilités de prononciation s'avèrent souvent très problématiques.

Lexique

Salutations

▶ **Bonjour**............................ sain baina uu
▶ **Au revoir**................................. bayartai
▶ **Merci** ....bayarlaa
▶ **De rien** .... zügeer
▶ **Oui** .... tüm
▶ **Non** .... ugüi
▶ **Excusez-moi** ....uuchlaarai
▶ **Je ne comprends pas** ....
....bi oilgokhgüi baina
▶ **Comment allez-vous ?** ....
.... Tani bie sain uu ?
▶ **Bien** .... sain
▶ **Comment vous appelez-vous ?** ....
........................Tani nerig khen gedeg ve ?
▶ **Je m'appelle**........... mini nerig ..... gedeg
▶ **Je suis Français**........bi frantsaas irsen
▶ **Bon voyage**....................... sain iavarai
▶ **Passez-vous bien l'été ?**.....................
........................Saikhan zusalj bain uu ?
▶ **Le bétail engraisse-t-il bien ?**.............
.... Ukher mal targalj bain uu ?

Manger

▶ **Restaurant** ....guanz
▶ **Menu**.. tses
▶ **Serveur**...................................zoogch
▶ **Addition** .... totsoo
▶ **C'est bon** .... ikh amt-tai bain
▶ **Je n'ai plus faim** ....bi tsatsan
▶ **Bœuf** .... uhriin makh
▶ **Poulet** .... takhia
▶ **Mouton** ....honini makh

Poisson......................zagas
Œufs .... ondog
Légumes.................... nogoo
Riz.......................tsagaan buda
Soupe .... shol
Pain..........................talkh
Bière ....peev
Thé........................... tsai
Café .... coffee

Transports

Où est le...?....... ... khaana baidag ve?
Tout droit.....................chigeeree
A droite........................... baruun tiish
A gauche ....züün tiish
Gare ferroviaire..... galt teregenii buudal
Gare routière........... avtobusny buudal
Bus...........................avtobus
Train............................ galt tereg
Avion............................niseh ongots

Acheter

Je veux acheter ... ...Bi ene .... avmaar baina.
Quel est le prix? . Ene yamar unetei ve?
Est-ce que je peux essayer? .. Omcood uzej boloh uu?
Pouvez-vous me faire un prix?: ....Jaahan hyamdhan ogooch?

Pratique

Hôtel ....zotchid Buudal
Chambre.....................khüni ööröö
Toilettes........................ joorlon
Poste ....shuudan

Magasin...................... delgüür
Marché .... zakh
Hôpital ....emnelgiin
Banque .... bank
Temple .... khiid
Centre-ville .... töv

Compter

Un .... neg
Deux .... khoyor
Trois........................ gurav
Quatre...................... döröv
Cinq .... tav
Six........................... zurgaa
Sept .... doloo
Huit .... naim
Neuf ....yös
Dix .... arav
Onze........................ arvan neg
Douze.......................arvan khoyor
Vingt ....khori
Vingt-et-un................. khorin neg
Trente .... guch
Quarante .... döch
Cinquante................... taiv
Soixante ....jar
Soixante-dix .... dal
Quatre-vingts...................naya
Quatre-vingt-dix.............. yör
Cent .... zuu
Cent un ....zuun neg
Mille...........................myangga
Deux mille .... khoyor myangga

DÉCOUVERTE

OULAN-BATOR

*Oulan-Bator,
théâtre d'art
dramatique*
© ICONOTEC

Oulan-Bator

Ikh Toiruu

Khuvsgalin Gudamj

Khasbaatarin Gudamj

Ard Aïuskh Örgön Chölöö

Amarsanaagin Gudamj

Zanabazar

'n Gudamj

Temple Gesar

Monastère Gandan

Freedom Square

Musée Zanabazar

Taxi

Monastère Betub Danjai Choinkhorion

Arcade Magasin

Ikh Toiruu

Musée de la Chasse

Demdinbazarin Gudamj

Chingunjav Gudamj

vers Tsetserleg, Darkhan

Enkh Taïvan Örgön Chölöö

Seoulin Gudamj

Departement Store

Aéroflot

Tsererdorin Gudamj

Khatanbaatar Gudamj

Zamchdin Gudamj

Ikh Toiruu

Marché Mercury

Cirque d'Etat

Teeverchidin Gudamj

Gare routière

Office du Tourisme

Gare Ferroviaire

vers Aéroport (17 km), et Mandalgov

Palais de Blogd Khaari

🕇	Lieu de culte catholique
🏛	Temple
🏛	Musée et galerie
❋	Curiosité et divers
⬟	Bâtiment administratif
ℹ	Office du tourisme
🛍	Marché et commerce
✉	Poste
⊚	Compagnie aérienne
▣	Ambassade
⊞	Hôpital
🚕	Taxi
🚌	Gare routière
🚉	Gare ferroviaire

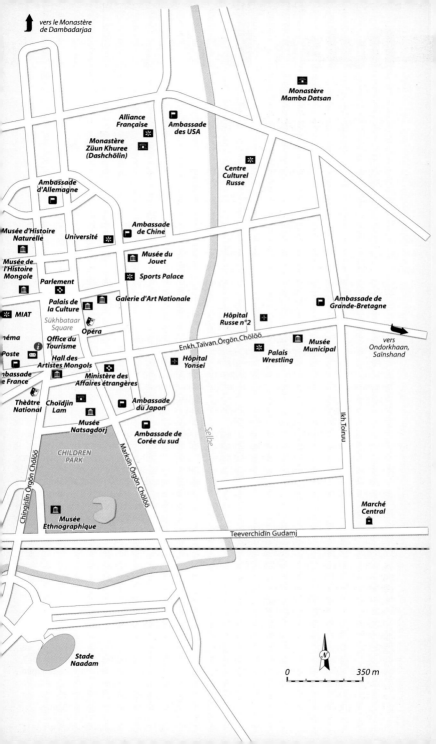

vers le Monastère
de Dambadarjaa

Monastère
Mamba Datsan

Alliance
Française

Ambassade
des USA

Monastère
Züun Khuree
(Dashchölin)

Centre
Culturel
Russe

Ambassade
d'Allemagne

Musée d'Histoire
Naturelle

Université

Ambassade
de Chine

Musée de
l'Histoire
Mongole

Musée du
Jouet

Parlement

Sports Palace

Ambassade de
Grande-Bretagne

Palais de
la Culture

Galerie d'Art Nationale

MIAT

Hôpital
Russe n°2

Sükhbaatar
Square

Opéra

vers
Ondorkhaan,
Saïnshand

néma

Enkh Taïvan Örgön Chölöö

Poste

Office du
Tourisme

Palais
Wrestling

Musée
Municipal

Hall des
Artistes Mongols

Hôpital
Yonsei

mbassade
e France

Ministère des
Affaires étrangères

Théâtre
National

Choïdjin
Lam

Ambassade
du Japon

Musée
Natsagdorj

Ambassade de
Corée du sud

CHILDREN
PARK

Selbe

Ikh Toiruu

Musée
Ethnographique

Marché
Central

Chingisiin Örgön Chölöö

Marksin Örgön Chölöö

Teeverchidïn Gudamj

Stade
Naadam

0   350 m

N

Oulan-Bator

Dotée, d'un aéroport international, la capitale Oulan-Bator est l'arrivée incontournable de tout voyageur en provenance de l'Europe par les airs. Son architecture très soviétique frappe de prime abord et rappelle ces anciennes capitales soviétiques.

Mais à y regarder de plus près, la capitale offre quelques trésors culturels à tous les curieux. C'est également le point de passage obligé pour se rendre plus à l'intérieur du pays. Quant à ceux qui s'adaptent mal à la cuisine mongole, Oulan-Bator est un vrai paradis pour les papilles délaissées : toutes les cuisines du monde s'y côtoient.

Histoire

Leur culture nomade a longtemps rendu les Mongols réticents à l'idée de toute implantation urbaine. Ainsi la capitale du pays a-t-elle changé d'emplacement et de nom une bonne dizaine de fois au cours des derniers siècles. Comme elle n'était de toute façon composée que de camps de ger (ou yourtes), son déplacement n'était pas un problème majeur. Ce n'est donc qu'en 1778 que la capitale, Urga, est implantée sur les rives du fleuve Tuul, au nord du mont Bogdo-Uul, son emplacement actuel. Elle est alors structurée autour de deux grands temples, qui servent également de résidence au Bogd Khan (chef religieux et plus tard également chef politique du pays).

Lors de la proclamation de l'indépendance mongole en 1911, Urga devient donc la capitale officielle de la république populaire de Mongolie. Ce n'est qu'en 1924, trois ans après la révolution qui avait amené le parti prosoviétique au pouvoir, que la ville est rebaptisée Oulan-Bator (Ulaanbaatar en retranscription cyrillique), ce qui signifie « héros rouge ». Encore largement composée de ger, la ville commence à se soviétiser, et c'est cette influence qui est encore dominante dans la capitale à l'heure actuelle : places gigantesques, bâtiments administratifs staliniens et blocs résidentiels massifs. Seules quelques bâtisses conservent un charme qui n'est pas sans évoquer les datchas russes, où la pierre aurait remplacé le bois. Après les catastrophes naturelles du début du siècle (züd), le quartier des ger ne cesse de grossir, et les nomades du pays se fixent dans des quartiers insalubres à flanc de montagne.

Climat

Oulan-Bator est la capitale la plus froide au monde ! La température passe en dessous de zéro dès le mois d'octobre et peut facilement atteindre - 30 °C au plus fort de l'hiver. Le printemps balaie la ville de très fortes tempêtes de vent, qui reviennent également, mais plus faibles, en automne. L'été est en revanche agréable mais relativement court : de juillet à début septembre seulement.

TRANSPORTS

Avion

▓ AEROPORT INTERNATIONAL DE CHINGGIS KHAAN

Khan-Uul district ✆ (011) 1980
Oulan-Bator dispose du meilleur aéroport du pays (c'est-à-dire qu'il a une piste goudronnée!), qui accueille des vols nationaux et internationaux. L'aéroport est situé à 25 km de la capitale. Il est doté d'un bureau de change pratiquant des taux très bas, ouvert à l'arrivée des vols internationaux. Il se situe dans le hall des vols domestiques. Pour regagner la capitale, le taxi coûte 5 000 T. Attention, à l'arrivée car les chauffeurs de taxi sont nombreux et n'hésitent pas à pratiquer des tarifs exorbitants! Le bus n°11 à la sortie de l'aéroport (il faut marcher un peu) vous emmène jusque devant l'hôtel Bayangol, sur Chiggins Avenue, pour 200 T.

Compagnies aériennes internationales

On peut arriver à Oulan-Bator en vol direct depuis Pékin, Berlin, Moscou, Irkutsk, Osaka, Tokyo et Séoul. Seules quatre compagnies assurent ces liaisons :

▓ MIAT

Baga Toiruu
✆ (011) 1881/322 686/325 633
Fax : (011) 313 385
reservation@miat.com – www.miat.com
La compagnie mongole propose 2 vols par semaine depuis Berlin, Moscou, Irkutsk, et plusieurs vols par semaine depuis Pékin, Séoul et Tokyo.

▓ AIR CHINA

Bayan Zurkh District,
✆ (011) 328 838/452 548
Fax : (011) 312 324 – www.airchina.com
Vols au départ de Paris, avec une escale à Pékin.

▓ AEROFLOT

Seoulyn Gudamj
✆ (011) 319 286
ulntosu@aeroflot.ru – www.aeroflot.ru
La compagnie russe propose 2 vols par semaine au départ de Paris, via Moscou. Aeroflot fait partie de l'alliance Skyteam et reste une des compagnies les moins chère pour rejoindre la Mongolie depuis l'Europe.

▓ KOREAN AIR

5 Hukh Tengeriin Gudamj
Chinggis Khan Hotel
✆ (011) 317 100
Fax : (011) 320 602 – www.koreanair.com
Vols réguliers au départ de Paris via Séoul. Korean Air fait également partie de l'alliance Skyteam.

Compagnies aériennes nationales

Les vols intérieurs au départ d'Oulan-Bator desservent presque tous les aéroports des capitales d'aimag, à raison d'une ou deux fois par semaine selon la destination.
Les prix sont affichés en dollars, mais il est possible de payer en tögrög.
Quoi qu'il en soit, les étrangers sont soumis à des tarifs spéciaux et payent bien plus que les Mongols.

OULAN-BATOR

Conseils

Comme toute grande ville, Oulan-Bator a des quartiers plus ou moins fréquentables, surtout le soir. Mais avec un minimum de prudence, les risques sont extrêmement restreints. Par contre, les pickpockets deviennent de plus en plus présents le long de Peace Avenue (l'artère principale), aux abords des stations de bus et surtout au marché noir. Il est vivement déconseillé de circuler dans la capitale avec papiers, cartes de crédits et argent. Combien de touristes ont vu leur voyage raccourcir à cause d'une certaine ignorance de ces mises en garde placardées dans la ville par l'ambassade de France et l'office du tourisme! Il est largement conseillé de se déplacer avec une photocopie des documents de voyage et de laisser les originaux dans des coffres.
En période du Naadam (11 et 12 juillet), la capacité hôtelière de la ville est souvent prise en défaut. Mieux vaut réserver à l'avance.

AERO MONGOLIA
www.aeromongolia.mn
Aero Mongolia dessert Khovd, Ulaangom, Mörön, Choibalsan et Olgiy. Nous déconseillons vivement cette compagnie, peu ponctuelle : l'annulation de vols est une constante et le dédommagement rare.

MIAT
Baga Toiruu ✆ (011) 1881/322 686/325 633
Fax : (011) 313 385
reservation@miat.com – www.miat.com
Vols à destination de Mörön, Khovd, Bulgan Khovd, Altaï, Arvaikheer et Dalanzadgad.

EZNIS AIRWAYS
4F, 8 Zovkhis Building, Seoul Street
✆ (011) 313 689 – Fax : (011) 314 258
feedback@eznis.com – www.eznis.com
Toute nouvelle compagnie arrivée sur le marché en 2006, elle propose des vols à destination de Altaï, Khovd, Bayan-Olgiy, Ulaangom, Mörön, Bayankhongor, Baruun Uurt, Dalandzadgad, Donoi, Choibalsan et Tosontsengel.

Train

GARE INTERNATIONALE D'OULAN-BATOR
Teeverchid Street
✆ (011) 94 194/133 ou ✆ 944 366/367
Le réseau ferroviaire mongol consiste presque exclusivement en la ligne de Transmongolien qui relie Moscou à Pékin. Le trajet Moscou – Oulan-Bator se fait en 6 jours, celui depuis Pékin en une trentaine d'heures. On peut donc facilement arriver à Oulan-Bator en train depuis la Russie ou la Chine. Cette ligne permet également d'aller de la capitale jusqu'à Darkhan, Erdenet ou Sükhbaatar, ainsi qu'à la ville frontière avec la Chine, Zamyn-Uüd.
Pour les billets nationaux, le guichet se trouve sur la place devant la gare. Il existe deux classes pour les lignes intérieures : classe dure et classe molle.
Le bureau de réservation pour les billets internationaux se trouve à 100 m au nord de la gare. Il est ouvert de 8h à 19h30. La communication étant souvent difficile dans ce bureau, on peut avantageusement déléguer cette mission aux hôtels ou guesthouses, qui proposent tous ce genre de services.
Le passage des frontières est long et difficile : toilettes fermées à l'avance, et il faut compter facilement plus de 5 heures d'attente en moyenne. Cela peut être plus rapide, mais également beaucoup plus long, et il faut alors s'armer de patience.

Horaires des trains

Trains internationaux
À titre indicatif, horaires été 2007.

▶ **Oulan-Bator – Pékin :** jeudi, samedi, vendredi et dimanche, à 8h05.

▶ **Oulan-Bator – Moscou :** mardi, jeudi et vendredi, à 13h50.

▶ **Oulan-Bator – Irkutsk :** tous les jours, à 19h35.

▶ **Oulan-Bator – Huoh Hot (Chine, province de Mongolie-Intérieure) :** tous les jours, à 20h30.

▶ **Oulan-Bator – Erlian (frontière chinoise) :** tous les jours, à 20h30.

Trains nationaux
À titre indicatif.

▶ **Zamyn-Uüd :** départ quotidien à 16h (15h de trajet).

▶ **Darkhan :** 2 départs quotidiens, à 15h40 (5h de trajet) et 10h30 (8h).

▶ **Erdenet :** départ quotidien à 19h34 (13h de trajet).

▶ **Sükhbaatar :** 2 départs quotidiens, à 10h30 (8h) et 19h5 (8h).

Bus, minivan et Jeep
En Mongolie, on appelle « bus » les minivans qui sont plus adaptés aux pistes. Selon les destinations, les Jeep ou les minivans sont les seuls moyens de transports routiers.

Bus longue distance
La ville compte plusieurs gares routières plus ou moins officielles.

▶ **La première, baptisée Terminal Central,** est située sur **Peace Avenue,** face au Dragon center, à 7 km de la place Sükhbaatar, à l'est de la gare ferroviaire. C'est de là que partent les bus longue distance pour le Nord (Mörön, Erdenet), l'Ouest et le Gobi.

▶ **Une autre gare routière se trouve aux abords de Naran Tuul,** le marché noir. C'est de là que partent les bus pour l'Est, l'Ouest et le Gobi.
Pour Terelj et le parc national, les bus partent de Peace Avenue en face de l'hôtel Naranthul, dans les environs du monastère de Gandan.

Deux bus par jour : à 10h30 et à 16h. Il faut arriver en avance.

Une règle générale prévaut cependant pour ces lignes longue distance, qui permettent de se rendre dans presque toutes les capitales d'aimag : les minibus ne partent que lorsqu'ils sont pleins. Et l'évaluation du taux de remplissage n'est pas en rapport avec le nombre de sièges, mais elle semble plutôt se mesurer au mètre cube... Les passagers sont donc empilés les uns sur les autres, jusqu'à ce qu'il n'y ait plus le moindre espace disponible dans le véhicule. Un minivan, censé transporter une dizaine de personnes, est le plus souvent chargé d'une vingtaine de personnes et de leurs bagages. Les Jeep pensées pour cinq ou six personnes peuvent être chargées d'une bonne dizaine de passagers.

Voyager en bus à travers le pays est donc assurément un bon moyen de se mêler (!) à la population locale. Mais les trajets sont longs et difficiles (les pistes sont souvent mal-en-point et les pannes très fréquentes), il faut donc avoir du temps, beaucoup de patience et une relative bonne condition physique.

Il faut plusieurs jours pour organiser un départ, notamment pour les destinations de l'Ouest, lointaines et moins desservies. Il faut se rendre aux gares routières pour connaître les départs et trouver un chauffeur. Les départs ont lieu le matin, mais l'heure est rarement précisée. Et quand elle l'est, mieux vaut arriver en avance, quitte à attendre.

Il est également possible, à partir des gares routières, de remplir des Jeep pour effectuer, avec un plus grand confort et un peu plus de moyens financiers, le même trajet que les minibus.

Les pickpockets frappent dans les gares routières, il est donc conseillé d'être extrêmement vigilant.

Bus urbains

Le centre-ville d'Oulan-Bator, où se concentrent les musées, les théâtres et les commerces, est relativement réduit. On peut donc, dans la majorité des cas, aller d'un endroit à un autre à pied. Il existe néanmoins de nombreuses lignes de bus, qui peuvent être pratiques pour aller vers les sites les plus éloignés du centre, comme le stade (à éviter les jours de Naadam, tout le monde y va à pied), la résidence du Bogd Khan et même l'aéroport. La plupart des lignes intéressantes passent sur l'avenue de la Paix, devant la place Sükhbaatar. Le tarif est de 200 T par trajet. Il est conseillé de faire attention aux pickpockets dans les bus.

Taxi

De nombreux taxis sillonnent les rues d'Oulan-Bator. Les taxis officiels sont souvent jaunes, dotés d'une enseigne lumineuse blanche sur le toit du véhicule, et fonctionnent au compteur. Mais les taxis non officiels sont encore plus nombreux que les officiels. Il suffit de tendre le bras au bord de la route pour qu'une voiture s'arrête. Le tarif de la course est alors fonction du compteur kilométrique (300 T le kilomètre), ce qui revient au même tarif que les taxis officiels.

OULAN-BATOR

PRATIQUE

■ ALLIANCE FRANCAISE
Cité universitaire des étudiants – rue de Sodnom, sous-district 8, district de Sukhbataar ✆/Fax : (011) 351 914
www.afm.mn – afm@magicnet.mn
Ouverte du lundi au vendredi de 10h30 à13h et de 14h30 à 20h30, le samedi de 11h à 13h et de 14h30 à 17h en hiver et du lundi au vendredi de 10h30 à 13h et de 14h30 à 19h en été.
L'Alliance française d'Oulan-Bator a ouvert ses portes en janvier 2005. En plus de dispenser des cours de français aux Mongols, l'Alliance propose un ciné-club gratuit et ouvert à tous le jeudi à 18h30. Renseignez-vous sur le cycle en court lors de votre passage.

Ambassades et consulats

■ AMBASSADE DE FRANCE
Peace Avenue 3 District de Chingeltei
✆ (011) 324 519/329 633/319 175
Fax : (011) 330 743/330 651/319 176
www.ambafrance-mn.org
ambafrance@magicnet.mn
Ouvert du lundi au vendredi de 9h15 à 12h30.
A côté de la poste centrale. L'ambassade organise des expositions temporaires gratuites. Vous pouvez y laisser une photocopie de votre passeport. En cas de problème de santé grave, l'ambassade vous aiguillera vers son médecin référent.

■ **AMBASSADE DE CHINE**
5 Zaluuchuudyn Orgon Choloo
✆ (011) 320 955/323 940
Fax (011) 311 943

■ **AMBASSADE DE RUSSIE**
Enkh Taivany Orgon Choloo A-6
✆ (011) 326 037

■ **SECTION CONSULAIRE DE LA SUISSE**
Chingeltei District, 4th Khoroo
Diplomatic Complex 95, entrée 4, porte 36
✆ (011) 331 422 – Fax : (011) 331 420
laanbaatar@sdc.net
Ouvert du lundi au vendredi de 9h à 17h.

Extension de visas et enregistrement

■ **AGENCE DE L'IMMIGRATION, DE LA NATURALISATION ET DES ETRANGERS**
Ministère de la Justice et de l'Intérieur
Bâtiment 5A, Baga Toiru
Arrondissement Chingueltei
✆ (011) 313 616 – Fax : (011) 313 259
www.mngimmigration.mn
gihaea@mongolnet.mn
A côté du centre d'information touristique et derrière l'hôtel Bayangol, avant le pont de la Paix, à droite. Ouvert de 9h à 18h du lundi au vendredi. Si vous souhaitez rester 30 jours et plus en Mongolie, vous devrez vous faire enregistrer dans les sept jours suivant votre arrivée, sinon vous risquez une amende. Pour cela, il vous faut une photo d'identité, votre passeport et un formulaire d'enregistrement (*1 200 T*).
Pour faire proroger votre visa pour 30 jours au maximum (ce qui fait un total de 60 jours au maximum dans le pays), c'est la même procédure que l'enregistrement (que l'on peut faire en même temps). Vous devez toutefois faire une copie de votre visa et de votre passeport (*100 T*) et écrire une lettre de demande d'extension de visa, avec votre itinéraire. Ensuite, il faut payer 15 $ pour les 7 premiers jours, et 2 $ par jour supplémentaire. Il est possible de payer en tögrög. Vous récupérez votre passeport 2 à 3 jours plus tard.

Permis

■ **OFFICE GENERAL DE PROTECTION DES FRONTIERES**
Lkhagvasuren Str ✆ (011) 452 599
Ouvert du lundi au vendredi de 9h à 17h. A deux

pas du musée de l'Armée, à l'est d'Oulan-Bator, à 2 km de l'ambassade du Royaume-Uni. Si vous souhaitez vous rendre dans les zones frontières telles que le parc de Tavan Bogd dans l'aimag de Bayan Olgiy, il vous faut un permis spécial. A l'heure de la rédaction de ce guide, il est gratuit, mais cela peut changer. Muni de votre passeport et de sa photocopie, rendez-vous à l'Office général. Vous pouvez également faire les démarches sur place.

Tourisme

■ **CENTRE D'INFORMATION TOURISTIQUE**
www.mongoliatourism.gov.mn
A Oulan-Bator, deux centres d'information accueillent les visiteurs. Le premier se trouve à l'intérieur de la poste centrale, à l'angle de Peace Avenue et de la place Sükhbaatar. Le second se situe non loin de l'Immigration Center sur Chiggins Avenue. Vous y trouverez des plans de la ville et le fascicule gratuit What's on Ulaanbaatar. La plupart des informations et cartes sont ensuite payantes. Vous trouverez de quoi organiser votre voyage, mais exclusivement en anglais et le plus souvent en mongol.

▌ **Agences de voyages.** L'industrie touristique est en pleine expansion en Mongolie, et les agences ont fleuri dans la capitale ces dernières années. Celles-ci proposent en général des séjours touristiques à la carte un peu partout dans le pays, accompagnés de guides anglophones, plus rarement francophones.
Quelques agences sont néanmoins gérées par des francophones, ce qui peut faciliter les premiers contacts avec le pays et le choix des séjours.

Agences de voyages francophones

■ **BIRGA TOURS**
Macro Center, Erkhuu street
✆ (11) 35 40 28 – Fax : (11) 35 40 28
✆ mobile : (99) 77 21 21 – (99) 24 25 63
www.birgatour.com
Birga est une compagnie jeune, fondée en 2002. Cependant, elle peut déjà s'enorgueillir de proposer de nombreux tours, des tours variés, tant historiques que géographiques, tant pleins de beauté que riches en curiosités. Birga propose des tours en français, coréen, japonais ou en anglais.

■ **CIEL MONGOL**
13e district, immeuble 22-b, entrée 5
Appartement 148 au rez-de-chaussée
℡ (11) 45 35 86 – ℡ mobile (99) 77 29 60
www.cielmongol.com
emeline_cecile_travel@yahoo.fr
De $7 à $17 pour des dortoirs de 4 à 8 lits ou des chambres doubles. Voyages organisés ou « sur mesure », randonnées équestres, pédestres, treks dans l'Altaï, camping, découverte du Gobi, circuits a thème, deux charmantes Françaises et leur équipe mongole vous feront découvrir la Mongolie et vous accueilleront dans leur joli guest-house située non loin du centre ville d'Oulan-Bator. Services gratuits : petit déjeuner, renseignements concernant la Mongolie et un éventuel circuit, confirmation de billet d'avion, petite bibliothèque concernant la Mongolie à disposition des clients. Services payants : laverie, taxi, « city guide », organisation de voyage, casiers pour les bagages (7 $/nuit et par personne).

■ **HAPPY CAMEL**
℡ 99 11 26 86 (portable)
www.happycamel.com
info@happycamel.com
Une agence ouverte et gérée par Bernard, un Belge dont le quartier général est le café du même nom, Chez Bernard sur Peace Avenue. Il vous propose des voyages en Jeep, à cheval, à moto, en quad, mais également du parapente et de la pêche. Il tient également une guesthouse près de la gare.

OULAN-BATOR

▦ HORSEBACK ADVENTURE
Room #2 of the 12 extension Building of
Engineer Geodezi Co. Ltd
1st Khoroo, Chingeltei District
✆ 99 68 90 57 (portable)
Fax : (011) 684 432
www.horseback-mongolia.com
info@horseback-mongolia.com
Derrière le magasin d'Etat, Sylvain et Amuka
vous proposent de découvrir la Mongolie à
cheval avec des selles anglaises, en Jeep ou
à pied, en circuit ou à la carte.

▦ JULES VERNE
Mongolian Trade Union Palace, Room 302
Bayangol District – Ulan-Bator 24, P.O.B - 310
✆ (11) 31 06 59 – Fax : (11) 31 06 59
✆ mobile : (99) 11 98 90/19 54 15/17 62
10 – info@tripmongolia.com
julesvernesmgl@mongol.net
www.tripmongolia.com
Les Francophones peuvent s'attendre à un
accueil chaleureux de la part de Boldbaatar,
le gérant de cette agence de voyage mongole
spécialisée dans la découverte sportive de la
Mongolie ! Ils pourront découvrir les étendues
sauvages mongoles, l'histoire du pays ou
pratiquer la chasse, la pêche et même le ski.

▦ ORSO'S VOYAGES
P.O.Box 60 – Ulan-Bator 22
✆ (976) 99 88 77 70
www.orsosvoyages.com
orsosagency@yahoo.fr
✆ en France 06 62 41 08 75
ORSO'S Voyage, agence de voyage mongole
francophone propose des voyages à pieds et à
cheval sur mesure. L'agence ORSO, également
réceptrice de plusieurs agences françaises
est fondatrice d'une coopérative d'artisans et
possède un village de yourtes écologique (à
13 km du centre ville d'Oulan-Bator) à partir
de 5 € la nuit. De jeunes artistes viennent y
jouer régulièrement de la musique traditionnelle
mongole. Ce joli village de yourtes loin de la
pollution et du bruit du centre ville pouvant
accueillir jusqu'à 30 personnes est idéal pour
se reposer dans une ambiance conviviale et
chaleureuse.

▦ TERRE NOMADE
Palais de la Jeunesse et de l'Enfance
Sukh Baatar – District Oulan-Bator
✆ portable Alan en Mongolie :
97 6 99 88 34 12
✆ portable Bayanaa en Mongolie, english
spoken : 97 6 99 11 61 43
www.terre-nomade.fr

Depuis quelques années (2001), Alan Le Gall,
guide international de tourisme équestre, a
décidé de créer une agence sur place en
Mongolie dans le but de pouvoir renforcer
l'activité des familles nomades avec lesquelles
il travaille. Spécialisée dans le cheval et la
rando à pied partout en Mongolie, Terre
Nomade propose aussi des séjours 4X4,
V. T. T., et pêche. En 2007, outre les randos
équestres et pédestres, ils ont organisé le 1er
raid international en blokart (char à voile) dans
le désert de Gobi ! Et même la logistique pour
quatre films dont l'émission spéciale Mongolie
de *Faut Pas Rêver* (France 3). Enfin sachez que
cette agence est la seule à avoir une antenne
en France, au Domaine de Gauchoux, où vous
pouvez vous initier à la « Mongolie attitude »
avec un accueil en ger (yourte) sur place.

▦ WIND OF MONGOLIA
Sukhbaatar District, 5th micro district
Building 17 / Apt 15 ✆/Fax : (011) 328 754
www.windofmongolia.mn
info@windofmongolia.mn
Noémie et son équipe vous proposent la
Mongolie à cheval, en chameau, à pied ou
en Jeep, mais également avec des chiens de
traîneau en hiver.

▦ XANA-DOO
✆ (011) 710 180
✆ 99 87 29 12 (portable)
www.mongolienomade.mn
xana-doo@magicnet.mn
mongolienomade@gmail.com
Un couple franco-mongol basé à Gachuurt,
qui organise des séjours à la carte dans tout
le pays. Côme est surtout spécialisé dans
les séjours un peu sportifs, puisqu'il peut
organiser des parcours en V. T. T., en canoë
ou à cheval dans tout le pays.

Plus de choix...
Voici une sélection des principales agences du
pays, classées par ordre alphabétique.

▦ GEOMANDAL
3th Floor, 6 Jamian Guni Gudamj
SB District, Ulan-Bator PC 210648
✆ (11) 31 07 14 – Fax : (11) 31 06 20
info@geomandal-nomads.mn
www.geomandal-nomads.mn
La première approche de la Mongolie, les
premières informations sur le pays, la culture
et les gens, vous les trouverez sur le site de
Géomandal, ce qui dénote le soucis de cette
compagnie d'aider les touristes étrangers
à comprendre ce pays lointain. Ce souci,

vous le retrouverez également dans les tours proposés. Que ce soit des tours historiques, sportifs, méditatifs ou écologiques, on retrouve toujours le besoin d'Ariuna, la gérante, de faire comprendre une culture et de s'adapter aux cultures étrangères. Nous conseillons tout particulièrement le tour à Karakoru, qui vous fera visiter le berceau du Bouddhisme et des lacs somptueux. Compter deux semaines.

■ GER TO GER
Mongolian Alternatives Center (NGO)
Arizona Plaza Building, Suite 11
Baruun Selbe 5/3, 1st Khoroo
Chingeltei District ℰ/Fax : (011) 313 336
www.gertoger.org
Tourisme équitable et vie nomade.

■ JUULCHIN WORLD TOURS
Olympic Street 8, Ulan-Bator 210648
ℰ (11) 32 84 28 / 55 – Fax : (11) 32 02 46
info@juulchin.com – www.juulchin.com
La plus grande agence de voyage de Mongolie et la plus ancienne. Juulchin propose des tours variés et une infrastructure qui lui permet de répondre à tous types de demande.

■ KARAKORUM EXPEDITIONS MONGOLIA
Gangariinn Gurav Bldg 1st Fl
SW side of State Circus
ℰ/Fax : (011) 315 655
www.gomongolia.com
info@gomongolia.com

■ NATURE TOURS
PO BOX 49/53
ℰ (11) 31 23 92 – Fax : (11) 31 19 79
nattour@magicnet.mn
naturetours@mongol.net
Vous avez certainement entendu parler de Nature Tours dans une revue spécialisée de voyages ou de sport motocycliste. Et oui : quand nos confrères journalistes partent en Mongolie, c'est avec Nature Tour et son équipe qu'ils se tournent, car Tuul et Altaa sont des figures incontournables du tourisme en Mongolie. Nous vous conseillons la découverte des étendues mongoles en moto tout-terrain.

■ NOMADIC EXPEDITIONS
Building 76, Suite 28, Peace Avenue
Chingeltei District
ℰ (011) 313 396/325 786
Fax : (011) 320 311
www.nomadicexpeditions.com
mongolia@nomadicexpeditions.com

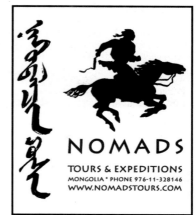

NOMADS
TOURS & EXPEDITIONS
MONGOLIA • PHONE 976-11-328146
WWW.NOMADSTOURS.COM

■ MONDIGITAL TOUR
ℰ 992 99 986/990 96 118
Fax : (011) 450 240
www.mongolia-travel.com
mondigitaltour@yahoo.com

■ MON DISCOVERY TOURS
Liberty Square 3/1, Bishrelt Hotel
ℰ (011) 313 786 – Fax : (011) 313 792
www.mondiscovery.mn
amgalan@mondiscovery.mn

■ NATURE TOURS
Sukhbaatar District 1, Soul Street, Cho Burt Building 106 ℰ (011) 311 801/312 392
Fax : (011) 311 979 – www.naturetours.mn
info@naturetours.mn

■ NOMADS TOURS
PO BOX 1008   ℰ (11) 32 81 46
Fax : (11) 32 81 46 – www.nomadstours.com
Helge est Allemand ; Jeff est du Pays de Galles. Ensemble, alliant leurs forces européennes et leur amour d'un pays qu'ils ont appris à connaître et à maîtriser, ils vous feront découvrir les beautés de la Mongolie mais aussi les richesses d'une culture plusieurs fois millénaire : les cultures de l'Altaï, l'histoire des mongols depuis Ginghis Khan. Particulièrement intéressant : la chasse à l'aigle d'or. Nous conseillons tout particulièrement leur site Internet qui est très bien fait.

■ NOMADIC JOURNEYS
Sühbaatariin Gudamj 1 ℰ (011) 328 737
Fax : (011) 321 489
www.nomadicjourneys.com
infomongolia@nomadicjourneys.com

Open Tour

■ **OTAM**
Office #504
Alaska building 13th microdistrict
℃/Fax : (011) 70 15 01 99
www.otamecotours.com
info@otamecotours.com
Le bâtiment se situe de l'autre coté de la route, en face de l'ambassade du Royaume-Uni, au 5e étage. Voici une toute nouvelle agence qui propose de découvrir en 6 jours le désert de Gobi ou le lac Hovsgol pour 143 $ avec un minivan et un guide anglophone. Le principe : monter et descendre quand on veut pour reprendre le minivan plus tard et pour continuer la boucle ou s'arrêter encore au gré des rencontres et des sites visités. Le circuit de 6 jours s'étend alors, et le prix reste le même. Ne sont pas compris dans le prix : repas, logement et entrées des parcs. Vous pouvez loger chez des nomades ou planter votre tente. OTAM propose aussi un circuit d'une journée pour découvrir les 3 parcs nationaux des alentours d'Oulan-Bator, pour 40 $. Une adresse spéciale pour les petits budgets qui n'ont pas peur du manque de confort.

Poste et télécommunications

▶ **Code téléphonique du pays :** 976.

▶ **Code d'Oulan-Bator :** 011.

■ **LA POSTE CENTRALE**
Elle se trouve à l'angle sud-ouest de la place Sükhbaatar. Ouverte de 8h à 19h tous les jours. Poste restante, envoi de lettres ou colis internationaux, achat de puces et cartes de téléphonie mobile, appels internationaux font partie des services proposés. Un timbre de carte postale pour l'Europe coûte 470 T.
Pour les appels locaux, on peut utiliser les téléphones promenés dans les rues par les enfants ou les personnes âgées. Une communication coûte 100 T la minute.

Cafés Internet

Les connexions à Internet sont désormais de bonne qualité et peu coûteuses dans la capitale. On trouve de nombreux cafés Internet dans le centre-ville, aux alentours du magasin d'Etat et de la place Sükhbaatar. *Les tarifs se situent en général autour de 500 T de l'heure.*

Banques et argent

Le change n'est pas un problème à Oulan-Bator, où la plupart des banques proposent ce service, qui est également disponible au rez-de-chaussée du magasin d'Etat sur l'avenue de la Paix. Certaines banques, comme la Trade and Development Bank, l'Anod Bank et la Golomt Bank permettent de retirer des dollars avec une carte de crédit internationale.
Les banques ouvrent de 9h à 13h et de 14h à 16h30, certaines sont ouvertes le week-end. De nombreux distributeurs automatiques longent les rues de la capitale, ce qui permet de retirer de l'argent facilement. Attention toutefois, ils ont vite épuisé leurs liquidités.

■ **ANOD BANK**
Juulchin Street, Barilgachin Square
℃ (011) 315 315
Ouverte du lundi au vendredi de 9h à 16h.

■ **GOLOMT BANK**
Sükhbaatar Square ℃ (011) 311 530
Ouverte du lundi au vendredi de 9h à 16h.

■ **TRADE AND DEVELOPMENT BANK**
Juulchin Street, Barilgachin Square
℃ (011) 327 095
Ouverte du lundi au vendredi de 9h à 16h.

Bureau de change

■ **FLOWER CENTER (TSETSEG TUV)**
A l'angle des rues Peace Avenue et Baga Toiruu
Au premier étage se trouve un bureau de change qui ne prend pas de commission et qui pratique de très bon taux.

Santé

Numéros d'urgence

- **POLICE** ✆ 102

- **POMPIERS** ✆ 101

- **URGENCES MÉDICALES** ✆ 103

Hôpitaux

Les hôpitaux mongols ne ressemblent pas exactement à ceux que l'on connaît. En cas de gros problème, contacter l'ambassade de France.

- **HOPITAL N° 2**
Peace Avenue,
près de l'ambassade du Royaume-Uni
✆ (011) 310 945 (urgences) / 450 129

- **SOS MEDICAL CLINIC**
contactus@sosmedica.mn
✆ (11) 46 41 75 / 76 / 77
Fax : (11) 45 45 37
Ouvert du lundi au vendredi, de 9h à 18h.
Pour tous ceux qui voyagent dans des pays lointains et pour tous ceux qui ont des proches qui voyagent dans des pays lointains, il est important de savoir qu'en cas de pépin, il y aura un endroit où aller et des professionnels compétents qui parlent votre langue et qui savent vous aider. A Oulan-bator, il existe enfin un tel lieu. Il s'agit de la clinique internationale qui offre des soins de qualité européenne. Y travaillent des médecins australiens ou anglais et une équipe mongole. Vous pourrez, si vous habitez Oulan-bator, vous y abonner et bénéficier ainsi gratuitement de soins de qualité.

- **SOS MEDICA MONGOLIA**
Gutal Corporation Building,
Khan-Uul District
✆ (011) 345 526/345 523

Librairie – Journaux

▶ **Journaux.** Deux hebdomadaires locaux en anglais, pour tout savoir sur l'actualité mongole (ou presque…) : le *UB Post* et le *Mongol Messenger*. On les trouve dans la plupart des kiosques et à la poste centrale.

- **LIBRAIRIE PAPILLON**
P.O. BOX 1112
✆ (11) 317 041 – Fax : (11) 331 859
librairie_papillon@yahoo.com
En face de l'Université Nationale de Mongolie, à 50 m au nord du Bistrot Français. La Librairie Papillon, sous l'égide de Nara, propose plus de 4 000 titres et ouvrages en français dans un cadre chaleureux. On peut y trouver tous les livres francophones concernant la Mongolie (dont le *Petit Futé*) neufs, anciens ou d'occasion ; tous les livres mongols concernant la France y ont également leur place avec une amusante traduction du *Petit Prince* en version mongole ancienne. Et aussi la littérature francophone classique et contemporaine, version bouquiniste, disponible à petits prix.

OULAN-BATOR

HÉBERGEMENT

Tous les tarifs donnés ici sont susceptibles d'être augmentés en période du Naadam.

Camp de yourtes

Renseignement auprès de l'Agence Orso's Voyages à Oulan-Bator ou www.orsosvoyages.com
Le camp de yourtes est situé à 30 min à l'est du centre-ville d'Ulan-Bator et à 45 min de l'aéroport. Sur un terrain de 2 hectares, c'est un endroit paisible à l'écart de la ville dans lequel vous pourrez vous reposer lors de votre séjour. Il est composé de 6 yourtes pouvant accueillir jusqu'à 30 personnes. Les repas sont servis dans une yourte restaurant dans laquelle vous trouverez des boissons fraîches (sodas, bières, vodkas, etc.), mais aussi une boutique de souvenirs dont beaucoup sont fabriqués par la coopérative de femmes mongoles crée par l'agence Orso. Régulièrement des concerts de musique du groupe traditionnel The Legend sont organisés au cours desquels vous pourrez apprécier le chant diatonique et la vielle à tête de cheval. Soucieux de préserver l'environnement, ce camp de yourtes est un camp écologique muni de douches artisanales et de toilettes sèches et pratique le tri sélectif des déchets. L'équipe du camp se tient à votre disposition pour que vous passiez un agréable séjour.

Bien et pas cher

Généralement bien placées au centre d'Oulan-Bator, les guesthouses sont un moyen de se loger à moindre prix, avec un relatif confort (toutes sont équipées de sanitaires communs et parfois de cuisines) et dans un cadre généralement convivial. Elles sont l'endroit idéal pour rencontrer d'autres voyageurs et constituer des petits groupes pour louer des Jeep. Les guesthouses se concentrent dans les quartiers de la gare et du magasin d'Etat.

▧ CIEL MONGOL

13rd district, Bâtiment 22B, Entrée 5 Appartement 148 ✆ (011) 453 586
✆ 99 77 29 60 (portable)
www.cielmongol.com
emeline_cecile_travel@yahoo.fr
7 $ par personne en dortoir, 17 $ la chambre double. Petit déjeuner inclus. Cette petite guesthouse, derrière le palais de la lutte, à 10 minutes à pied du centre, est tenue par Emeline, une Française au grand cœur et à l'énergie sans pareil. Au calme, elle vous propose un hébergement en dortoir de 4 personnes, de 8 personnes ou en chambre double, le tout bien décoré. Une cuisine est à votre disposition. Les sanitaires sont propres et la douche est chaude. Emeline peut également vous aider à organiser votre séjour, car elle connaît la Mongolie sur le bout des doigts, grâce à son agence du même nom. Elle sera de bons conseils. Son équipe est également souriante et très accueillante. Une très bonne adresse.

▧ BOLOD GUESTHOUSE

61 Peace Avenue ✆ 99 19 24 07 (Portable)
www.bolodtours.com – info@bolodtour.com
Lits à 5 $ par personne. A côté de la poste, dortoirs avec salle de bains et cuisine communes.

▧ NASSAN'S GUESTHOUSE

A l'ouest de la place Sükhbaatar
✆ (011) 321 078
✆ 99 19 74 66 (portable)
www.nassantour.com
nassantours@mongol.net
Dortoirs à 4 $ le lit, chambres doubles à 18 $, location d'appartements près du cirque. Salles de bains et cuisines communes. Nombreux services d'aide pour les visas, achat de billets de train, organisation de séjours à la campagne, blanchisserie.

▧ GANA GUESTHOUSE

Au sud du temple Gandan,
dans le quartier de ger ✆ (011) 367 343
www.ganasger.mn
ganasger@magicnet.mn
Dans une ger 5 $ la nuit, chambre double de 15 $ à 25 $, petit déjeuner compris. Les sanitaires ont été refaits à neuf, et l'endroit est agréable. Nombreux services : visas, billets de train, blanchisserie, Internet et même une agence de voyages pour petits budgets.

▧ GANDAN GUESTHOUSE

Maison n° 178 ✆ 99 87 28 27 (portable)
gandanguesthouse@magicnet.com

@ « *Pas loin du monastère de Gandan, c'est propre, pas cher, entre 4 et 6 $ par personne en dortoir, 14 $ la chambre double, 12 $ la simple, petit déjeuner inclus. Le patron, Tuschim, est super sympa, il parle parfaitement le français. Il vient vous chercher à l'aéroport sur demande et tient aussi une agence de voyages. Il y a une grande terrasse extérieure très agréable.* » Annick, Thoiry.

GOLDEN GOBI

Derrière le magasin d'Etat, building n° 13
✆/Fax : (011) 322 632
✆ 99 65 44 96 (portable)
www.goldengobi.com
golden_gobi@yahoo.com
Dortoir 5 $, chambre simple 12 $, double 16 $, petit déjeuner inclus. Petite guesthouse très fréquentée et donc vite saturée.

HAPPY GUESTHOUSE

A côté de la gare
✆ (011) 252 390
✆ 99 09 76 98 (portable)
www.guesthousemongolia.com
info@guesthousemongolia.com
10 $ par personne en dortoir, 25 $ la chambre double. Petits dortoirs de 4 lits et 2 chambres doubles, une petite cuisine à disposition. Le petit déjeuner se prend au Backpacker's Café en face de la gare (bâtiment orange sur la gauche).

KHONGOR GUESTHOUSE

Peace Avenue
✆ (011) 316 415
khongor@mongol.net
4 $ en dortoir de 8 lits, 12 $ la chambre double, 10 $ la chambre simple. Petit déjeuner inclus. Appartement, avec 2 chambres 25 $. Cette petite guesthouse entre la gare et le magasin d'Etat est tenue par une famille très accueillante, mais les dortoirs sont petits.

SERGE GUESTHOUSE

Peace Avenue, entrée 4, porte 31
✆ (011) 325 768
✆ 9919 8204 (portable)
Fax : (011) 323 111
sergetour@yahoo.com
Dortoirs à 4 $ le lit, chambre double 10 $.
A côté du magasin d'Etat, Internet, cuisine, douche chaude.

THE MONGOLIAN STEPPE GUESTHOUSE

www.mongoliansteppe.mine.nu/index.php

@ *« Eiggy, qui tient cette guesthouse, par ailleurs professeur d'anglais, propose de multiples services, dont différentes excursions. Son accueil est chaleureux et son service sans pareil. »* Mélanie G., Evry.

Confort ou charme

EDELWEISS HOTEL

Enh Taivany Orgon Choloo, 15A/5
✆ (011) 312 186

Chambre simple 70 $, double 90 $. Pub, sauna et billard.

GENEX HOTEL

Choimbol Gudamj, bât. 12
✆ (011) 326 763
Chambre simple à partir de 54 $, double standard 86 $, chambre « luxe » 122 $. Petit déjeuner inclus. Chambres propres à la décoration plutôt simple.

KHARAA HOTEL

Choimbol Gudamj
✆ (011) 313 717 – www.kharaahotel.mn
De 25 $ à 40 $ par personne en chambre double. Les chambres sont propres.

MARCO POLO HOTEL

Erhuugiin Gudamj ✆ (011) 310 803
Chambre simple 40 $, double 55 $. Dans le quartier de l'université, un peu en retrait de l'agitation de la ville.

NATURAL HOTEL

Chingeltei Duureg, Ikhoroo
Baga Toiruu ✆ (011) 324 090
De 20 $ à 30 $, pas de petit déjeuner.
Chambres simples, au calme, derrière Peace Avenue.

SARORA HOTEL

Seoulyn Gudamj, 12/B
✆ (011) 327 831/824
Chambre simple 50 $, double 90 $.

Luxe

BAYANGOL HOTEL

28 Chinggisiin Orgon Choloo
✆ (011) 312 255/653
Fax : (011) 326 880
info@bayangolhotel.mn
www.bayangolhotel.mn
Chambre double standard 97 $, chambre de luxe 174 $. Petit déjeuner inclus.
Bien placé, l'hôtel de 210 chambres offre de nombreux services : restaurants mongol et européen, bars, business center, billard et jacuzzi. MIAT et Air China ont des bureaux de représentation dans l'hôtel.

CHINGGIS KHAN HOTEL

Hoh Tengeriin Gudamj ✆ (011) 313 380
www.chinggis-hotel.com
chinggis-hotel@mongol.net
Chambre simple 84 $, double 119 $. Un hôtel récent et bien équipé puisqu'il propose une salle de conférences, une salle de projection, piscine et centre de gymnastique.

CONTINENTAL HOTEL
Au croisement d'Olympic Street
et de Peace Avenue
✆ (011) 323 829 – Fax : (011) 329 630
www.ubcontinentalhotel.com
sales@ubcontinentalhotel.com
*Chambre simple 79 $, double 168 $, petit
déjeuner inclus.* L'hôtel propose à ses clients
une salle de gymnastique, un sauna et des
tables de billard.

TUUSHIN HOTEL
Prime Minister Amar's Street
✆ (011) 323 162 – tuushot@tuushin.mn
*Chambres simples de 66 à 77 $, doubles de
88 à 105 $.* Les prix varient en fonction de
l'orientation sur la rue ou la cour. Egalement
très bien placé, derrière l'hôtel Ulaanbaatar,
il propose un sauna et un service de
blanchisserie.

ULAANBAATAR HOTEL
14 Sükhbaatar Square
✆ (011) 325 368/320 620
www.ubhotel.mn – info@ubhotel.mn
*Chambre simple 70 $, double 120 $, petit
déjeuner inclus. Les taxes de 10 % sont
exclues.* Un très grand hôtel, le plus ancien
de la ville, caractérisé par une architecture
soviétique qui modernise sa décoration
intérieure. Sauna, billard.

WHITE HOUSE HOTEL
Amarsanaa Street – PO BOX 772
Ulanbaatar 210524
✆ (11) 36 99 67 – Fax : (11) 36 99 73
www.whitehousehotel.mn
De $90 à $180. Situé sur les hauteurs d'Oulan-
Bator, à une dizaine de minutes du centre ville,
cet hôtel de taille moyenne porte bien son nom
puisque l'immeuble est tout blanc. Comprenant
60 chambres, un restaurant coréen, un
restaurant japonais, une boîte de nuit où se
produit un groupe vénézuélien très connu dans
la capitale mongole, cet hôtel est un bon endroit
pour élire domicile. De plus, pour les hommes
d'affaires, il est équipé d'un petit business
centre offrant les prestations élémentaires.
Les chambres de style européen sont grandes
et confortables. Une belle moquette rouge
tapisse les étages, contribuant à créer une
atmosphère chaleureuse. Amusant : un tapis
changé quotidiennement dans l'ascenseur vous
rappelle quel jour on est.

RESTAURANTS

La capitale mongole offre désormais une très
grande variété de restaurants mongols et
occidentaux. Les multiples guanz de la ville
proposent les plats classiques tels que les
buzz ou les khuurshuur : on en trouve à peu
près à tous les coins de rues. L'été, on trouve
partout dans les rues d'Oulan-Bator des petites
terrasses très agréables où l'on se régale de
brochettes *(5 000 T)*. De nombreux restaurants,
proposant tout genre de cuisine, se situent tout
le long de Baga Toiruu, une longue rue. Pour
une cuisine un peu plus sophistiquée, on peut
essayer les adresses suivantes.

Cuisine mongole

AURORA
A l'angle des rues Baga Toiruu et Chinggis.
Compter 1 500 T par personne. L'enseigne
est en cyrillique. Petit restaurant mongol à la
décoration kitsch, qui donne l'impression de
manger dans une isba. On y mange du cheval
et de la très bonne nourriture mongole.

CHINGGIS HOTEL RESTAURANT
Huh Tenger Street, 5e étage de l'hôtel
✆ (011) 313 380
Ouvert de 6h à 21h. Le restaurant propose une
cuisine occidentale et mongole, cette dernière
se présentant sous la forme de banquets
pantagruéliques. Pour avoir une idée des
repas de fête locaux.

IDER RESTAURANT
Negsen Undestnii Gudamj (derrière
l'université de Mongolie) ✆ (011) 326 833
Ouvert de 8h à 20h. Cuisine mongole
traditionnelle, à réserver plutôt pour un
déjeuner, vu les horaires d'ouverture.

MODERN NOMADS
Baga Toiruu,
en face du Children's Creative Centre
✆ (011) 318 744
www.modernnomads.mn
modernnomads@magicnet.mn
*Ouvert de 12h à 23h. Compter 7 000 T par
personne.* Avec une cuisine mongole un peu
adaptée aux goûts occidentaux, ce restaurant
est devenu l'un des favoris des groupes de
touristes de la capitale. La décoration est
agréable, les plats sont bons et les portions
généreuses. On peut cependant faire l'impasse
sur les desserts.

MONGOLIAN NATIONAL FAST FOOD
A l'angle de Peace Avenue
et de Baga Toiruu
A la façon des chaînes internationales de fast-food, cette version mongole propose toutes les spécialités du pays pour 1 500 T.

SILK ROAD
En face du temple Choijin Lama
✆ 9191 4455 – www.silkroad.com
Compter de 8 000 à 10 000 T par personne.
A la jonction entre cuisine européenne et mongole, le Silk Road propose de très bonnes viandes au barbecue. Le charme du restaurant vient surtout de son emplacement, avec sa grande terrasse donnant sur le temple Choijin Lama et offrant également une vue sur la place Sükhbaatar. Des concerts ont lieu régulièrement dans la salle du rez-de-chaussée.

Cuisine asiatique
A Oulan-Bator se concentrent de nombreux restaurants coréens qui sont d'un rapport qualité prix incroyable. A la commande arrivent de nombreux accompagnements puis le plat. A goûter quand on est affamé !

HAZARA RESTAURANT
Enkhtaivany Orgon Choloo
Bayanzurkh district ✆/Fax : (011) 480 214
mewat.hazara@mobinet.mn
Ouvert de 12h à 14h30 et de 18h à 22h. Compter 7 000 T le plat et 15 000 T pour un repas. Derrière le palais de la lutte, ce très bon restaurant propose des plats d'origine d'Inde du Nord, dans un décor feutré et raffiné, avec un service impeccable.

LITTLE HONG KONG
Enh Taivany Orgon Choloo
✆ (011) 310 186
Ouvert de 12h à 21h. Situé sur le côté du grand magasin, ce restaurant propose un très large choix de plats chinois, que l'on peut déguster sur une très agréable terrasse.

LOS BANDIDOS
Baga Toiruu
Plats aux alentours de 7 500 T. Restaurant qui mélange la cuisine indienne à la cuisine mexicaine. Une expérience originale dans un cadre très soigné.

TAJ MAHAL RESTAURANT
Baga Toiruu ✆ (011) 311 009
Ouvert de 12h à 22h. Compter entre 8 000 et 10 000 T par personne. Un restaurant indien caché dans une petite rue derrière le Palais des sports. Le service est impeccable, la décoration agréable et les plats authentiques indiens.

SEOUL RESTAURANT
Chingisiin Orgon Choloo
✆ (011) 315 394
Ouvert de 12h à 22h. Barbecue coréen et grand buffet pour le déjeuner.

Cuisine occidentale

BOULANGERIE FRANCAISE CHEZ MICHELE
En face de l'ambassade de Russie,
dans une cour le long de Peace Avenue
✆ 99 16 99 70 (portable)
Ouvert tous les jours de 8h à 20h. En terrasse ou à l'intérieur, dans une ambiance agréable, on déguste ici d'excellents cafés et espressos tout en se délectant de pâtisseries françaises à des tarifs incroyables (*400 T*) : croissants au beurre, pains au chocolat dignes des bonnes boulangeries de l'Hexagone. A ne pas louper pour le petit déjeuner ! Sur place service de Wi-Fi gratuit.

BISTROT FRANÇAIS
Ikh Surguuli ✆ (011) 320 022
Fax : (011) 315 596
www.bistrot-mongolia.mn
advest_cie@yahoo.fr
Ouvert de 9h pour le petit déjeuner, jusqu'à 22h30 du lundi au vendredi et de 10h à 22h30 le week-end. Compter entre 10 000 et 15 000 T par personne. Menus à 11 800 et 24 800 T. Guy vous accueille dans le seul restaurant français d'Oulan-Bator, où l'on peut boire un pastis sur la terrasse, avant de déguster un steak au poivre flambé au cognac (*14 800 T*), une salade ou un steak tartare. La nourriture est excellente et les amateurs de viandes bleues resteront sans voix. Le restaurant est le lieu de rassemblement de la communauté expatriée. Service de Wi-Fi gratuit.

CHEZ BERNARD
Peace Avenue
✆ 99 11 26 86
Ouvert de 8h30 à 22h30. Pour un repas sur le pouce, assis sur une large terrasse ensoleillée. Choix de sandwiches, hamburgers et quiches ou tartes maison. L'endroit est à recommander pour ses petits déjeuners (*7 000 T*), et pour la mine d'informations sur la Mongolie (Bernard a une agence de voyages, baptisée Happy Camel).

■ **IRISH PUB**
Peace Avenue, en face de la Poste
www.gk-irishpub.mn
*Ouvert de 11h à minuit. Compter de 5 000
à 7 000 T le plat.* Snack, salade, pizza,
sandwich.

■ **MARCO POLO**
Seoul Street
Pizzeria, à deux pas du cirque.

■ **PIZZA DELLA CASA**
Deux adresses, l'une à côté de l'hôtel
Ulaanbaatar et l'autre sur Peace Avenue
✆ (011) 315 920/324 114
Compter entre 2 000 et 5 000 T. Pâtes et
pizzas, les plus recommandables de la ville.

■ **STRING RESTAURANT & PUB**
Damdinbazar St ✆ (011) 365 158
Plats de 7 000 à 10 000 T. Restaurant agréable,
cuisine coréenne, japonaise, mongole. Le
dimanche 30 % de remise.

■ **KHAAN BRAU**
Au sud de Sükhbaatar Square
✆ (011) 326 126
*Ouvert de 11h à 22h. Compter environ 5 000 T
par personne.* Ce pub, qui produit sa propre
bière, propose également un large choix de

délicieuses grillades, que l'on peut consommer
sur une terrasse généralement très animée.
Des groupes de musique rock s'y produisent
presque tous les soirs.

■ **ROMANCE RESTAURANT**
Ikh Surguuli & (011) 321 720
Ouvert de 10h à 23h. Un décor agréable pour
une cuisine à la fois européenne et mongole,
et surtout de très bonnes brochettes (bien
qu'elles soient un peu chères par rapport
aux tarifs locaux).

■ **BACKPACKER'S CAFE**
En face de la gare,
le bâtiment orange sur la gauche
Petit déjeuner à 5 500 T. Salades, sandwichs
et cuisine mongole.

Végétarien

■ **ANANDA**
Baga Toiruu,
à côté du centre de méditation.
Le seul restaurant végétarien d'Oulan-Bator,
voire du pays ! Pour tous ceux qui souffrent de
cet étalage de viande à tous les repas, cette
adresse est incontournable. C'est au poids
que se paye votre festin !

▬ SORTIR ▬

Oulan-Bator ne manque pas d'activités
nocturnes. Bars et boîtes de nuit restent
ouverts tard et sont en général très animés.
De nombreux groupes de musique, souvent
orientés rock, se produisent dans ces endroits
qui rassemblent la jeunesse locale.

Spectacles

De nombreuses salles de spectacles sont
particulièrement actives durant l'été. On peut
consulter leur programmation sur le site du
centre d'information culturel d'Oulan-Bator
– www.mongolart.mn

■ **PUPPET THATRE**
A côté du State Academic Theatre of Drama
✆ (011) 323 959
*Entrée 1 000 T pour les adultes, 500 T pour les
enfants.* Spectacles de marionnettes.

■ **STATE ACADEMIC THEATRE
OF OPERA AND BALLET**
A l'est de la place Sükhbaatar, le bâtiment
jaune ✆ (011) 320 354/322 854
✆ 99 19 45 70 (portable)

Entrée de 5 000 à 8 000 T. De nombreuses
programmations l'été. Se renseigner à l'office
du tourisme.

■ **TUMEN EKH NATIONAL
SONG AND DANCE ENSEMBLE**
Théâtre national d'art dramatique
(bâtiment rose au nord de Chinggis Avenue)
dans le Children's Park
✆ 96 66 43 74/65 07 11 (portables)
*Tous les soirs à 18h. Entrée 6 000 T pour
les adultes, 3 000 T pour les enfants, 2 $
supplémentaires pour pouvoir prendre des
photos pendant le spectacle.* Les représentations
n'ont lieu que pendant la saison touristique et,
de fait, on ne voit pas beaucoup de Mongols
dans la salle. Le spectacle vaut néanmoins
le détour, puisqu'il présente un échantillon
des arts traditionnels de la scène mongole.
Danses, contorsionnistes et chanteurs de
khoomii alternent avec un orchestre composé
exclusivement d'instruments traditionnels, qui
justifierait à lui seul que l'on assiste à cette
représentation d'une heure et demie.

STATE ACADEMIC THEATRE OF DRAMA

Au croisement de Chinggis Avenue et de Seoul St
✆ (011) 324 621
✆ 99 08 11 78 (portable)
Si assister à une pièce en mongol vous tente...

TENGIS MOVIE THEATRE

Erkhchuluunii Square ✆ (011) 313 105
Entrée avant midi : 1 500 T, après-midi : 3 000 T par adulte et 2 500 T par enfant.
Films étrangers en version mongole...

CIRQUE

Pour des renseignements sur les jours et les horaires des représentations au cirque d'Etat d'Oulan-Bator ✆ (011) 320 795 ou ✆ 99 18 11 34
✆ 95 25 87 88 (portables)
Le cirque est également une activité traditionnelle en Mongolie. Le pays est particulièrement connu pour ses jeunes contorsionnistes, qui se produisent souvent à l'étranger.

Bars et concerts

CHINGGIS BAR

Baga Toiruu, à côté du restaurant Modern Nomads ✆ (011) 325 820
Ouvert de 12h à 2h. Un pub agréable dans une rue calme.

DAVE' PLACE

A droite, sur la Place Sükhbaatar
✆ (011) 316 798
Ouvert tous les jours de 10h à minuit. Bar sur la place centrale d'Oulan-Bator, tenu par Dave, un Anglais. Grande terrasse agréable l'été, en hiver le bar est plus confiné. Tous les jeudis, soirée quiz permettant de concourir par tablée et de gagner l'argent des concurrents (*1 000 T par personne*). Wi-Fi en libre accès. Snack à toute heure. Bière distillée sur place (draught).

IRISH PUB

Peace Avenue, en face de la poste
www.gk-irishpub.mn
Ouvert de 11h à minuit. Happy Hours tous les jours de 14h à 17h. Cet énorme pub est doté d'une très grande terrasse en été. De très nombreux concerts sont organisés. On peut aussi y manger.

RIVER SOUNDS CLUB

Choidog Street ✆ (011) 320 497

Ouvert de 23h30 à 2h30. Entrée 5 000 T. Club de jazz avec des concerts live le week-end.

STRING RESTAURANT & PUB

Damdinbazar St ✆ (011) 365 158
Musique live de groupe philippin à 20h30 et de nombreuses programmations musicales.

TIFFANY JAZZ BAR

Chingisiin Orgon Choloo ✆ 9611 6955
Ouvert de 12h à 3h. Club de jazz, avec musique live ou d'ambiance plutôt européenne.

MATISSE ART CAFE

Seoulyn Gudam ✆ (011) 327 841
Ouvert de 12h à 20h et de 21h à 4h. Un bar qui se veut artistique et propose également des concerts de musique contemporaine.

Boîtes de nuit – Discothèques

Les boîtes de nuit sont très nombreuses dans la capitale et suivent les modes du moment. Les Mongols adorent aller danser, mais certains à l'alcool mauvais tournent mal. Il est conseillé de ne pas sortir seul en discothèque.

DRAGON CENTER

Peace Avenue, à 7 km de Sükhbaatar
Dernier endroit à la mode d'Oulan-Bator.

FACE DISCO CLUB

Barilgachin Square
Ouvert de 20h à 3h. Entrée 5 000 T, 3 000 T pour les femmes. Le club huppé de la capitale, avec des concerts de jazz le week-end et une musique plutôt occidentale.

ISMUSS NIGHT CLUB

Au croisement d'Enkh Tiavan Avenue et Khuh Tenger Street
Ouvert de 19h à 1h.

METROPOLIS

A côté du Skyshop Center, Tokyo St
Entrée 5 000 T. DJ français, musique électronique, grand dance floor.

MUSE DISCO

Baga Toiruu
Ouvert de 12h à 4h. Entrée 3 000 T le soir. Fréquentation plus jeune qu'au Face. Musique techno.

OASIS

A l'angle de Seoul St et de Tseren Dorj St
Entrée 4 000 T. Dans une cour, cette discothèque est très fréquentée par la communauté française. Grande terrasse extérieure.

■ **STRING RESTAURANT & PUB**
Damdinbazar St ✆ (011) 365 158
Entrée gratuite avant 21h, sinon 3 000 T.
En face du White House Hôtel. Cocktail aux
alentours de 5 000 T. Musique live, groupe
philippin à 20h30.

■ **TORNADO DISCO**
Sansa District Service Center
Ouvert de 12h à 3h.

Discothèque

■ **UB PALACE**
Chingunjav Avenue ✆ (011) 682 892
Ouvert de 11h à 4h. Entrée 2 000 T pour la
discothèque. Le centre de loisirs nocturnes
d'Oulan-Bator : un grand bâtiment accueillant
quatre bars, une discothèque et une salle
de concerts.

Coquin

Oulan-Bator s'est fait une spécialité des
spectacles de strip-tease, qui séduisent
surtout une clientèle étrangère...

■ **ATILLA EROTIC BAR**
Enh Taivany Orgon Choloo
✆ (011) 317 985
Ouvert de 10h à minuit. Entrée 8 000 T pour
les hommes, 5 000 T pour les femmes.

■ **BRIDGE BAR**
Enh Taivany Orgon Choloo
✆ (011) 450 784
Ouvert de 21h à 6h.

■ **QUEEN NIGHT CLUB**
Seoulyn Orgon Choloo, au 2e étage du res-
taurant Solongo ✆ 9918 7663.
Ouvert de 12h à 6h et de 16h à 6h le samedi.
Restaurant, club de jazz et spectacles.

Salon de beauté

■ **BEAUTY SALOON**
En face de l'hôtel Bayangol, à gauche du
Shopping Center ✆ 99 08 99 48
Massage, manucure, pédicure, épilation à
la cire. Une très bonne adresse où l'on parle
anglais.

▬ POINTS D'INTÉRÊT

Temples et sites historiques

■ **LE MONASTERE**
DE GANDANTEGTCHILIN
Zanabazar St
Entrée gratuite, 2 500 T pour voir le grand
Bouddha dans le temple Mejid Janraiseg. Le
monastère est ouvert à tous, mais on conseille
vivement la visite matinale. Le plus grand
monastère de Mongolie est l'un des sites
incontournables d'Oulan-Bator.
Construit à partir de 1810 sur l'initiative
du quatrième Bogd Khan, le monastère
de Gandan (il est plus souvent nommé par
cette abréviation) a été élaboré en plusieurs
phases : le premier temple achevé fut celui
de Vajradhara (1840-1841), suivi du temple
de Züu (1869), du Didan Lavran (terminé en
1904) et du Mejid Janraiseg (construit en
1911-1912).
Comme tous les temples du pays, Gandan a
souffert de la répression religieuse des années
1930, mais il est resté en activité presque
sans discontinuer, ce qui faisait de lui le seul
temple actif à cette époque. Il n'a pourtant
pas échappé à des destructions partielles et a
subi plusieurs rénovations et reconstructions
au début des années 1990.

▶ **Le temple le plus visité de l'ensemble**
est celui de Janraiseg. Il abrite en effet
une imposante statue en cuivre de 26 m de
hauteur. Cette statue, récente (elle n'a été
installée dans le temple qu'en 1996), remplace
la statue originale, sculptée en bronze et
or sur ordre du Bogd Khan en 1911, mais
détruite par les Russes en 1937, et envoyée
en pièces détachées à Leningrad, où elle a
été fondue pour permettre la réutilisation
des métaux. Consacrée par le dalaï-lama
en 1996, la nouvelle statue est ornée de
pierres précieuses et contient 27 t d'herbes
médicinales, des centaines de sûtra, ainsi
qu'un grand nombre de tissus couverts
de mantra. Les murs intérieurs du temple
sont tapissés d'une multitude de petites
statues représentant Ayush, le Bouddha de
la longévité. *Ce temple est le seul dont l'entrée*
soit payante pour les étrangers : 2 500 T par
personne.

▶ **La première cour** à droite lorsqu'on
remonte vers le temple de Janraiseg abrite
deux petits temples, dont l'un à l'architecture
typiquement mongole. Il s'agit du Orchirdary
Süm et du Golden Dedenpovaran Süm. Une
pièce à part, devant les temples, accueille la
pharmacie traditionnelle, où les moines font

des consultations basiques et prescrivent des mélanges de plantes médicinales.

▌ **Enfin, le temple de Vajradhara,** également dans l'enceinte du monastère Gandan, abrite une statue de Vajradhara, sculptée en 1683 par Zanabazar, peintre, sculpteur, et premier Bogd Khan du pays.

▌ **Les cérémonies religieuses ont lieu tous les matins** dans les divers temples du monastère. Elles attirent de nombreux Mongols, jeunes et vieux, et c'est assurément le meilleur moment pour visiter ce monastère, qui est le cœur du bouddhisme mongol.

▇ MUSEE DU CHOIJIN LAMA

Genden St ✆ (011) 324 788
Ouvert de 9h à 17h. Fermé lundi et mardi. Entrée 2 400 T, photos 2 $, vidéos 10 $. Photos et vidéos sont autorisées dans les cours mais pas à l'intérieur des temples.
Achevé en 1908 après quatre années de travaux, le monastère était à l'origine la résidence du frère du Bogd Khan, doté du titre honorifique de Choijin. Fermé par les Russes, le monastère n'a échappé à la destruction que pour être transformé en musée en 1942, afin de témoigner du féodalisme de la Mongolie présoviétique et surtout de ses pratiques religieuses. Aujourd'hui encore, le monastère abrite un musée de la Religion et n'a pas été rendu au culte.
Le monastère comprend cinq temples.

▌ **Le premier est le temple de Maharaja,** celui des gardiens du monastère, orientés vers les quatre points cardinaux.

▌ **Le temple principal** est le deuxième dans l'axe central du monastère. Il abrite une statue de Sakyamuni, entouré de deux disciples, Mongol Jibba, un astronome, et Streigh Jibbu, un philosophe. A l'extrême gauche se trouve une représentation du Choijin Lama, le frère du dernier Bogd Khan de Mongolie, reconnaissable à sa coiffe jaune. A ses côtés se trouve son professeur, dont les restes momifiés reposent, paraît-il, à l'intérieur de la statue. Ce temple permet également de découvrir une collection d'instruments de musique religieux, des masques utilisés durant les danses tsam, ainsi que quelques images de ces cérémonies. De nombreux tangka (peintures religieuses) ornent ses murs.

▌ **Dans la deuxième cour à gauche se dresse un petit temple** avec trois statues de bouddha, représentant le passé, le présent et le futur. Les bouddhas sont accompagnés de leurs disciples et encadrés par les seize arhat, en position de méditation.

▌ **Le temple de Yiddam,** à l'origine interdit au public, abrite notamment une statue de Sitasamvara réalisée par Zanabazar. On peut également y admirer une série de statues de Yiddam, des divinités protectrices représentées avec des visages menaçants.

Oulan-Bator, monastère de Gandan

OULAN-BATOR

▶ **Enfin, le temple Amgalan,** au fond de la cour à droite, permet de découvrir une statue autoportrait de Zanabazar ainsi qu'une représentation de Tara, reconnaissable à la fleur de lotus sur laquelle elle est toujours assise et qui symbolise la pureté.

■ **PALAIS D'HIVER ET MUSÉE DU BOGD KHAN**
Chinggis avenue, au sud du pont de la Paix
✆ (011) 342 195/343 071
Ouvert tous les jours de 9h30 à 16h30. Entrée 2 500 T, plus 5 500 T pour pouvoir faire des photos, et 11 000 T pour les vidéos. La visite commence par les temples et monastères, construits entre 1893 et 1903, et dont l'architecture est largement inspirée des temples chinois. On pénètre dans le palais par le temple des gardiens, aux quatre statues imposantes et d'allure menaçante, chargées de protéger les lieux. Le premier pavillon à gauche est le temple des soies brodées. On y trouve de nombreux tangka datant du XXe siècle. Le pavillon symétrique, baptisé temple des Tangka, apporte un complément à cette collection de peintures religieuses.

▶ **Le pavillon central de la première cour** est le temple de la foi dans la connaissance, comme l'indique le panneau écrit en chinois, manchou et mongol, au-dessus de la porte centrale. Dans ce petit temple avaient lieu les cérémonies des prières pour la longue vie du Bogd Khan. On remarquera les fenêtres rondes et la magnifique porte en bois ornée d'un dragon doré.

▶ **La deuxième cour,** plus grande que la première, est en cours de rénovation. Les couleurs délicieusement passées des premiers bâtiments sont ici remplacées par des rouges écarlates et des jaunes rutilants… Le pavillon de droite est une bibliothèque. Ses poutres sont ornées de petites peintures représentant des paysages ou des scènes de la vie quotidienne. En face se trouve le temple des divinités, qui servait à recevoir les hôtes de marque. Il propose une belle enfilade de portes rouges finement sculptées et décorées et présente également une collection de tangka.

Au fond de cette deuxième cour se trouve le temple central, doté d'un étage. Ses trois portes sont décorées d'exquises sculptures colorées, représentant des têtes d'éléphant, des tigres et des dragons. Le temple Lavrin abritait les icônes religieuses du huitième Bogd Khan et lui servait de lieu de prière et de méditation. Dans l'entrée trône une statue de Zanabazar ; les autres pièces de ce temple présentent une collection de statues réalisées par le premier Bogd Khan du pays, ou par ses disciples du XVIIIe siècle.

▶ **L'accès au palais d'hiver** se fait par une petite porte sur le côté droit de la première cour. Le jardin du palais accueille aujourd'hui deux ger, dont l'une accueille un magasin de souvenirs. Le palais d'hiver proprement dit, un bâtiment de style européen construit en 1905, a été transformé en musée. On y trouve, au rez-de-chaussée, des objets du temps du dernier Bogd Khan, une ger en peau de léopard, des carrosses, une collection d'animaux empaillés… Au même étage, une salle présente une série de peintures illustrant des scènes de la vie quotidienne en Mongolie. Certaines de ces toiles valent la peine qu'on s'y arrête un long moment, pour y découvrir des détails assez surprenants…

Le premier étage témoigne du mode de vie du Bogd Khan. Salle de réception, salle de repos de sa femme, exposition de vêtements et chambre du couple.

Le huitième Bogd Khan

Né à Lhasa, au Tibet, en 1869, le huitième Bogd Khan semble avoir été un personnage un peu excentrique, dont la politique a nourri de nombreuses controverses en Mongolie. L'histoire le présente tout à tour comme un alcoolique un peu pervers, prêt à demander tous les sacrifices à son peuple pour pouvoir s'offrir la dernière trouvaille technologique européenne et comme un grand homme politique, qui savait préserver la cohésion du peuple tout en négociant avec les puissances voisines, Chine et Russie. Son prestige était tel dans le pays que la révolution de 1921 n'a pas réussi à le destituer totalement, et son rôle spirituel a pu être préservé. Ce n'est qu'à sa mort en 1924 (probablement des suites d'une syphilis qui l'avait déjà rendu aveugle) que la Mongolie abandonnera toute tentation théocratique pour s'orienter résolument vers une république sous influence soviétique.

Musées

■ MUSEE D'HISTOIRE NATURELLE

Au croisement de Khuvsgalchidyn Orgon Choloo et Sükhbaatar Square
℗ (011) 321 716
Ouvert tous les jours de 10h à 17h30. Entrée 2 500 T. Photo 5 000 T, vidéo 10 000 T. Créé en 1924, s'étendant sur 3 étages, ce musée permet de nous familiariser avec la géographie, la faune et la flore du pays. On y verra notamment une belle collection d'animaux empaillés ainsi qu'une autre, géologique, qui expose d'impressionnantes météorites. Une section particulièrement intéressante est celle consacrée aux dinosaures, dont on peut voir deux squelettes complets découverts dans le désert de Gobi. L'un d'entre eux mesure 15 m de hauteur et devait peser entre 4 et 5 t. Le 2e étage accueille également un musée du chameau.

■ MUSEE NATIONAL D'HISTOIRE

Sükhbaatar Gudamj ℗ (011) 325 656
Ouvert de 10h à 17h30. Fermé dimanche et lundi. Entrée 2 500 T. Rénové en 1998, ce musée propose une très bonne introduction à l'histoire de la Mongolie, de la préhistoire à nos jours. Le 1er étage est consacré à l'histoire ancienne, avec une collection de pierres de rennes et des présentations de sites funéraires xiongnu et ouïgour. Le 2e étage propose des vêtements, objets et bijoux des différentes ethnies du pays. Le 3e étage retrace l'épopée de la Horde d'Or, ses nombreuses conquêtes, ses (rares) déboires et sa vie quotidienne. Deux espaces sont consacrés à l'histoire religieuse du pays et à la période soviétique.

■ MUSEE ZANABAZAR DES BEAUX-ARTS

Juulchin st. ℗ ℗ (011) 326 061
www.mongolianationalmuseum.mu
www.zanabazar.mn
Ouvert de 9h à 18h. Fermé le samedi et le dimanche. Entrée 2 500 T. Le musée présente une belle collection de peintures et sculptures, dont un bon nombre sont l'œuvre de Zanabazar et de ses disciples. On y verra également des peintures religieuses, sous forme de rouleaux ou de tangka, ainsi qu'une collection de masques utilisés pour les cérémonies tsam. En ce qui concerne la période contemporaine, on y découvrira les peintures de Sharav, l'un des plus célèbres artistes mongols du XXe siècle, le premier à avoir mêlé réalisme soviétique et réalité mongole.

■ MUSEE A LA MEMOIRE DES VICTIMES DES REPRESSIONS POLITIQUES

Jamyan Gun St ℗ (011) 320 592
Ouvert de 10h à 17h. Fermé le dimanche. Entrée 2 500 T. Logé dans l'ancienne résidence du Premier ministre Genden, qui avait été exilé puis exécuté à Moscou sur ordre de Staline, ce musée a été ouvert en 1996 par la propre fille de Genden. Il retrace l'histoire de la répression des années 1930, qui visait à la fois les « ennemis » politiques des Russes et de leurs alliés, ainsi que tous les moines du pays. Au rez-de-chaussée, aménagé en mémorial, les murs portent les noms de 20 000 victimes de ces purges, qui ont été particulièrement féroces en 1937. Ces noms sont accompagnés d'un point jaune pour les moines, d'un point rouge pour les victimes politiques, d'un point bleu pour les victimes civiles. Le 2e étage réunit de très nombreuses photos, d'un réalisme parfois très cruel, illustrant les arrestations, les interrogatoires et les exécutions qui ont marqué cette période.

❯ **Oulan-Bator possède un grand nombre d'autres musées** consacrés à des thèmes les plus variés.

■ MUSEE DU THEATRE

Sükhbaatar Square, dans le Palais de la culture ℗ (011) 326 820
Ouvert de 9h à 17h. Fermé le samedi et le dimanche. Entrée 1 000 T. L'histoire et le développement du théâtre mongol, avec une belle collection de marionnettes et des portraits des stars de la scène locale.

■ MUSEE NATSAGDORJ

Chinggis Haany Orgon Choloo
Ouvert tous les jours de 10h à 17h. Entrée 2 500 T. Consacré au plus célèbre poète mongol du XXe siècle. Photos et objets personnels.

■ MUSEE D'HISTOIRE MILITAIRE

Lkhagvasuren St ℗ (011) 454 292
Ouvert tous les jours de 10h à 17h. Entrée 1 000 T. L'histoire militaire depuis le XIIIe siècle et les portraits des différents khans de Mongolie.

■ MUSEE DE LA MAISON JUKOV

Enh Taivany Orgon Choloo
Ouvert tous les jours de 10h à 17h. Entrée 1 000 T. Consacré au général russe Jukov, ce musée rassemble également des documents et photos de la Seconde Guerre mondiale provenant des archives russes, mongoles et japonaises.

OULAN-BATOR

■ MUSEE INTELLECTUEL INTERNATIONAL
Peace Avenue ✆ (011) 461 470
Ouvert de 10h à 18h. Fermé le samedi et le dimanche. Entrée 3 000 T. Le seul musée privé du pays est consacré aux jeux et jouets du monde entier.

■ MUSEE D'OULAN-BATOR
Peace Avenue ✆ (011) 450 960
Ouvert de 9h à 18h. Fermé samedi et dimanche. Entrée 2 000 T. Ce musée retrace l'histoire de la ville depuis 1639 à nos jours.

■ MUSEE DE CHINGGIS KHAAN
Khn-Uul district, Yarmag St 18 # 433 ✆ (011) 304 642
Entrée 2 000 T. Ouvert de 10h à 18h. Musée destiné à l'ancêtre de la nation, en cours de réouverture lors de notre passage.

Galeries d'art et expositions

■ GALERIE D'ART MODERNE
Sükhbaatar Square, dans le Palais de la culture ✆ (011) 327 177
Ouvert tous les jours de 9h à 17h. Entrée 2 500 T. L'endroit tient du musée en même temps que de la galerie. On y présente des tableaux datant de la période du réalisme socialiste, mais également des œuvres plus modernes et contemporaines. Expositions temporaires.

■ CENTRE D'EXPOSITION DE L'UNION DES ARTISTES MONGOLS
À l'intersection de Peace Avenue et de Chinggis Av ✆ (011) 327 474
Ouvert tous les jours de 10h à 18h. Entrée gratuite. Expositions temporaires d'artistes contemporains, le plus souvent mongols, parfois étrangers.

▧ SHOPPING

■ NARANTUUL
District de Bayanzurkh, à l'intersection de Ihk Toituu et Teeverchidiin Gudamj
Ouvert de 9h à 18h. Fermé le mardi. Entrée 50 T. Le marché noir (Khar Zakh) d'Oulan-Bator regorge de toutes sortes de produits, de l'alimentaire à l'utilitaire en passant par toutes les babioles possibles et imaginables, à des prix défiants toute concurrence. Il est cependant recommandé de s'y rendre avec des Mongols, qui seront beaucoup plus efficaces dans les négociations (indispensables). Le marché est plein de pickpockets. Il est largement recommandé de s'y rendre sans document de voyage, ni signe ostentatoire (sac, bijoux, appareil photo…). Un conseil : gardez sur vous un minimum d'argent. Les pickpockets sont tellement vicieux qu'ils s'attaquent même à vos achats. Prudence.

■ MAGASIN D'ETAT
Peace Avenue
Ouvert tous les jours de 9h à 22h. Dans ce bâtiment de 6 étages, vous trouverez pratiquement tout ce qu'on peut acheter dans la capitale : supermarché au rez-de-chaussée, vêtements dans les étages, tentes et matériel de pêche, livres (quelques-uns en anglais) et même souvenirs au dernier étage. Il est un peu plus cher que les autres magasins, notamment en ce qui concerne l'alimentaire.

■ SKY SHOPPING CENTER
Tokiogiin Gudjam
Ouvert tous les jours de 10h à 21h. Derrière l'hôtel Chinggis Khaan, ce grand magasin propose la même chose que le magasin d'Etat.

■ GOBI CASHMERE HOUSE
5 Peace Avenue
Horaires variables selon les jours de la semaine, généralement ouvert entre 10h et 19h30. Cartes de crédit acceptées. La référence en matière de cachemire à Oulan-Bator. On y trouve un très grand choix de pulls et gilets en cachemire, ou en poil de chameau et quelques vêtements mélangés soie et cachemire.

■ ANTIQUE AND ART GALLERY
Peace Avenue, tout près du magasin d'Etat
Ouvert du lundi au samedi de 9h30 à 20h, le dimanche de 9h30 à 18h. Quelques antiquités, des peintures, des sculptures et divers objets profanes ou religieux.

■ AYANCHIN OUTFITTER SHOP
Seoulyn Street ✆ (011) 319 211
Pour s'équiper en chaussures de marche, vêtements de randonnée, matériel de chasse ou de pêche, tentes, sacs de couchage… Les produits sont de bonne qualité, souvent de marque occidentale, mais les prix sont en conséquence.

■ HAPPY PIONEER
En face de la gare ✆ 99 09 76 98
www.yur-ger-yourte.com
Magasin tenu par Daca qui propose des ger à l'achat ou à la location et des essais de tir à l'arc.

Mongolie, province
d'Övörkhangai,
Karakorum,
monastère
d'Erdene Zuu,
mur extérieur
avec 108 stupas

© ICONOTEC

La Mongolie centrale

Les immanquables de la Mongolie centrale

- **Les parcs proches d'Oulan-Bator,** pour ceux qui n'ont pas beaucoup de temps : Bogd Khan, Gorkhi Terel et Khustain.
- **Voir les chevaux de Przewalski** dans le parc de Khustain.
- **Séjourner chez les nomades** dans la vallée de l'Orkhon.
- **Partir en randonnée équestre** autour du lac Khovsgol.
- **Découvrir les éleveurs de rennes** de la région Khovsgol.
- **Visiter le monastère d'Erdene Zuu,** le plus ancien de Mongolie à Karakorum.
- **Camper sur les berges des lacs poissonneux** de la région.

Le centre du pays, qui est la région la plus fréquentée par les touristes, propose une diversité de paysages qui permet déjà de se faire une idée de la richesse naturelle de la Mongolie. C'est également dans cette zone que se trouvent les principaux vestiges culturels mongols. Et leur accès est facilité par des infrastructures routières mieux développées ici que dans le reste du pays.
Prenant sa source dans la chaîne du Khangaï, la rivière Orkhon coule sur 1 124 km à travers la Mongolie, avant de se jeter dans la rivière Selenge. Sa vallée présente d'étonnants paysages volcaniques, ponctués de lacs et sources minérales, et dotés d'une superbe cascade, les chutes de l'Orkhon. Les berges de la rivière portent les traces d'une implantation humaine ancienne : on peut y admirer de nombreux sites archéologiques, des peintures primitives mais également des monuments historiques plus récents, témoignant du dynamisme mongol du temps des grands khans.
Le lac Khövsgöl, au nord de la Mongolie, est l'une des régions la plus touristique du pays, que l'on surnomme la « perle bleue de Mongolie ».

AIMAG DE TÖV

Comme son nom l'indique (*töv* signifie « central »), Töv est au cœur de la Mongolie. Ce n'est pas l'aimag (ou province) le plus touristique, bien qu'il comprenne trois sites protégés dont la visite est intéressante : l'aire strictement protégée de Bogd Khan, le parc national de Gorkhi-Terelj et le parc national de Hustail.

ZUUNMOD

Située à 45 km d'Oulan-Bator, Zuunmod est la capitale de l'aimag de Töv. La ville même ne présente pas grand intérêt, si ce n'est pour son musée, qui, comme tous ses homologues de capitales d'aimag, propose une rapide présentation de la géographie, de la faune et de la flore locales. Le passage à Zuunmod ne se justifie que par la proximité du parc national et du temple de Manzushir.

Transports

Bus

Des bus partent régulièrement de la gare routière d'Oulan-Bator. Il faut compter environ une heure de trajet sur une route goudronnée, et 700 T pour le billet. L'accès au parc se trouve à l'opposé de la route d'Oulan-Bator, en remontant vers la montagne Bogd Khan.

Taxi

Il est également possible de louer un taxi pour se rendre à Zuunmod ou de partager une Jeep. Cette solution est la plus pratique pour ceux qui veulent faire un aller-retour dans la journée. La course coûte environ 10 $, aller simple.

Marche à pied

Les sportifs qui connaissent bien la région peuvent rallier Manzushir à Oulan-Bator en passant par la montagne, en 6 à 7h de marche. Le sentier est balisé, mais il vaut mieux être accompagné.

Hébergement

Il vaut mieux éviter de loger à Zuunmod : la ville ne présente aucun intérêt, et le parc hôtelier se limite à deux hôtels, l'un beaucoup trop cher pour les prestations qu'il propose, l'autre au confort plus que sommaire.
On peut en revanche facilement camper à proximité de la ville, le long de la rivière.
Ou, encore plus agréable, loger dans le parc national soit en campant, soit dans un camp de ger (yourtes).

■ **OVOONII INGER**
A l'entrée du parc
10 $ la nuit, 11 $ supplémentaires pour les 3 repas. Camp de 10 ger au pied de la montagne. Le confort est sommaire : il n'y a pas de douche, et une cabane en bois avec un trou dans le sol fait office de toilettes. Mais le cadre est agréable.

■ **MANZUSHIR**
10 $ la nuit. Un petit camp de 3 ou 4 ger situé au pied du temple. Le confort y est aussi sommaire que dans le camp précédent.

Restaurants

▮ **Dans la ville,** on trouvera des petits guanz le long de la route, qui servent des buzz, des nouilles sautées ou des soupes de nouilles et de mouton. Zuunmod n'est pas un haut lieu de la gastronomie.

▮ **Dans le parc,** un restaurant s'est ouvert près du temple Manzushir, mais il n'a pas l'air débordant d'activité.

LA MONGOLIE CENTRALE

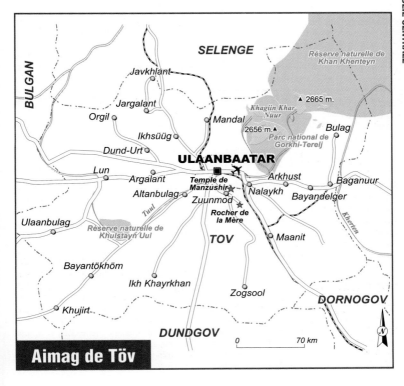

Points d'intérêt

■ LE PARC NATIONAL DE BOGD KHAN

Entrée 5 000 T, dont 3 000 T de droit d'accès au parc et 2 000 T pour un billet d'entrée au musée, vendu d'office. La montagne Bogd Khan est située à environ 2 000 m d'altitude. Son pic le plus élevé, le Tsetsee Gun (2 257 m), est considéré comme un site sacré, l'un des quatre monts, sacrés eux aussi, qui entourent la capitale. La zone est protégée depuis 1778. On peut y accéder depuis Oulan-Bator par le site de Zaisan ou par Zuunmod et le temple Manzushir. Le parc est propice à de belles randonnées, à pied ou à cheval, dans des forêts de conifères très denses.

■ LE TEMPLE MANZUSHIR

Construit au début du XVIIIᵉ siècle, le monastère Manzushir était un grand complexe d'une vingtaine de bâtiments, où vivaient plus de 300 moines. Malheureusement, l'ensemble n'a pas résisté à la répression russe, et il n'en reste aujourd'hui que d'imposantes ruines. A côté de ces ruines, un petit temple a été rénové et transformé en musée. L'endroit est surtout intéressant pour les paysages environnants, que l'on peut tout particulièrement apprécier du premier étage du temple. Au-dessus de ce bâtiment se trouvent encore de nombreux autels entourés d'écharpes bleues, que les Mongols vont pieusement honorer. Au pied du temple en ruine se trouve donc un musée (pour lequel les billets sont vendus d'office, et l'on comprend pourquoi !) qui expose des paysages réalisés avec du sable, des plumes et des morceaux de fourrure… Il présente également une collection de photos du temple du temps de sa splendeur ainsi que quelques masques des cérémonies tsam. Une peinture nous restitue le temple tel qu'il était avant de tomber en décrépitude. Mais le plus intéressant se trouve autour du musée : on peut notamment y voir un énorme chaudron en bronze, fondu en 1726, et une pierre homme, un spécimen de ces étonnantes stèles de forme humaine qui marquaient les sites funéraires anciens.

GACHUURT

A 17 km à l'est d'Oulan-Bator, Gachuurt est un peu le jardin de la capitale. Les citadins aiment y venir le week-end, pour se baigner dans la rivière, faire de belles randonnées pédestres ou équestres dans la steppe ou la montagne et s'adonner au rafting ou au canoë. La ville est toute petite et ne présente aucun intérêt, mais on peut venir passer ici une agréable journée de détente.

Transports

Bus

Des bus se rendent régulièrement à Gachuurt depuis la gare routière d'Oulan-Bator. Compter environ 20 min de trajet sur une route goudronnée.

Taxi

On peut également prendre un taxi depuis Oulan-Bator, ce qui revient à 5 000 T aller simple.

Hébergement

■ HOTEL MONGOLIA

A l'entrée de Gachuurt
✆ (011) 710 154 ou ✆ 315 513
www.hotel-mongolia.com
info@hotel-mongolia.com
Chambres de 80 $ à 250 $ de mai à septembre. Impossible de rater cet hôtel qui ressemble de l'extérieur à un très gros temple. Le Mongolia se veut une réplique d'une ville mongole traditionnelle, avec ses temples entourés de ger. On peut donc loger dans les bâtiments imitant des temples ou dans des ger de luxe, voire dans la suite Khan, histoire de se prendre le temps d'une soirée pour le seigneur et maître des lieux. Dans la cour centrale s'élève une copie de la célèbre fontaine de Karakorum (mais elle ne crache que de l'eau !). Cette ville en miniature s'ouvre également sur la rivière et propose toute une série d'activités pour touristes : danses et chants traditionnels, mini Naadam, cérémonies tsam et chamanistes…

■ XANA-DOO BASE CAMP

Au-dessus de la route principale
✆(011) 710 180
www.mongolienomade.mn
xana-doo@magicnet.mn
15 000 T la nuit dans la ger, avec le petit déjeuner. L'ambiance est très familiale. Côme, un Français installé en Mongolie depuis plusieurs années, et sa femme Gerel accueillent les touristes chez eux et les logent dans les ger installées dans le jardin. Le couple organise également des voyages à la carte, soit à la journée dans les environs de Gachuurt *(cheval 20 000 T par personne, canoë 30 000 T par personne)*, soit pour plusieurs jours ou plusieurs semaines dans tout le pays. Possibilité de V. T. T. *(10 000 T)*.

■ DAISOGEN

Au bord de la rivière ✆ (011) 352 656
namchin@magicnet.mn
Nuit dans la ger à 45 $ par personne, repas compris. Un camp de ger luxueux, ouvert par des Japonais et des Mongols. Une piscine occupe la cour centrale de l'hôtel autour de laquelle sont implantées les ger.

PARC NATIONAL DE GORKHI TERELJ

Situé à une cinquantaine de kilomètres d'Oulan-Bator, ce parc de 286 400 ha est l'endroit idéal pour permettre la découverte de la beauté des paysages mongols à ceux qui n'ont pas le temps de s'éloigner de la capitale. Le parc est surtout connu pour ses vastes steppes et les étonnantes formations de granit de la vallée de Ovor Gorkhi, formations dans lesquelles les Mongols se plaisent à reconnaître des formes humaines (« le jeune lama en train de lire », etc.). Le parc offre d'innombrables possibilités de randonnées pédestres ou équestres, mais également des sites propices à la pêche. Le week-end, il peut être envahi par les habitants d'Oulan-Bator, avides de détente.

Transports

Bus

Des bus partent régulièrement devant l'hôtel Naranthul, sur Peace Avenue à Oulan-Bator pour le village de Terelj. Le trajet, sur une route goudronnée, dure environ une heure.

Taxi

On peut également louer un taxi pour se rendre dans le parc, une solution pratique pour faire l'aller-retour dans la journée (même si c'est un peu dommage, vu les possibilités de randonnées offertes par le parc). Compter entre 10 et 15 $ aller simple.

Auto-stop

Situé non loin d'Oulan-Bator, Terelj peut facilement être rejoint en auto-stop car la route est assez empruntée.

Pratique

■ WIND OF MONGOLIA CO, LTD.

Ulanbaatar 211121 – PO. 21 P. Box 737
✆ (11) 32 87 54
✆ mobiles : (99) 09 05 93 et (99) 73 02 49 – www.windofmongolia.com
Installé depuis quelques années en Mongolie, Joël Rauzy est un professionnel de la haute montagne puisqu'il vient des Pyrénées. C'est là qu'il a créé la Fédération française des mushers (ce mot désigne ceux qui font du chien de traîneau) dont il était président avant de venir faire découvrir cet art aux nomades mongoles. Son camp de base est situé à 80 km vers le N.-E. d'Oulan-Bator, en gros à deux heures de route dans la réserve naturelle de Terelj. Une des principales préoccupations de Joël est le développement du tourisme d'hiver en Mongolie.
De plus, il travaille avec l'association américaine Ger to Ger, une O. N. G. qui a pour vocation l'éducation des populations nomades en matière de tourisme, afin qu'elles puissent travailler efficacement avec les touristes étrangers qui souhaitent découvrir la Mongolie sous l'angle de l'éco-tourisme. Joël propose des tours dans tout le nord de la Mongolie.

Hébergement

Le choix est vaste dans le parc, qui a développé ses capacités d'accueil peut-être à outrance.

LA MONGOLIE CENTRALE

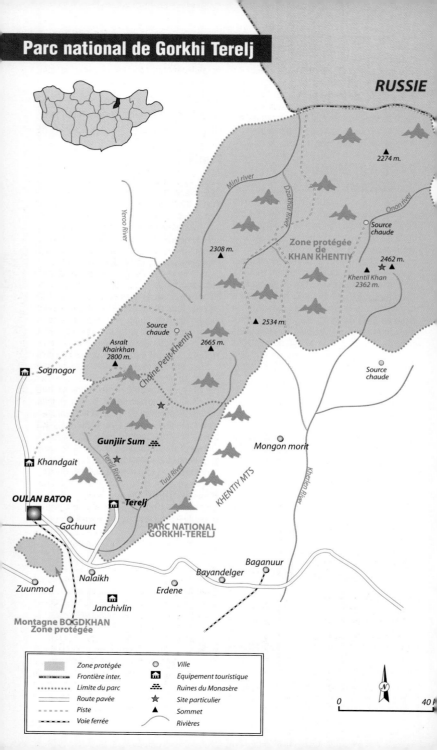

On y compte en effet deux hôtels (UB2 et Juulchin Terelj) et pas moins de 18 camps de ger, pour une capacité totale d'environ 1 500 personnes! Certains ont cherché à marquer leur spécificité : ainsi un énorme dinosaure posé devant un camp au bord de la route principale jure un peu dans le paysage… Tous les camps sont situés au sud de la rivière Terelj. Seules quelques ger écologiques sont autorisées au nord de la rivière. Il s'agit en fait de logement chez l'habitant, que l'on peut réserver auprès de l'administration du parc.

■ UB2
© (011) 320 620
Chambres entre 11 000 et 35 000 T. L'hôtel est situé au bord de la rivière, à l'entrée de la ville de Terelj.

■ TERELJ JUULCHIN
© (011) 322 686
De 14 $ à 35 $ la nuit. Ce camp de ger est situé tout près de Terelj, au bord de la route principale. Il dispose de douches chaudes, d'un sauna et d'un restaurant.

■ BUUVEIT CAMP
© (011) 322 870 – www.tsolmontravel.com
Un énorme camp d'une vingtaine de ger situé dans une petite vallée éloignée de la route principale.

■ MIRAJ CAMP
© (011) 313 380
30 $ par personne. Au pied des falaises et devant une large prairie, un peu en retrait par rapport à la route.

■ SAN TOURIST CAMP
© 9515 1813.
A mi-chemin entre l'entrée du parc et Terelj.

Restaurants
Les camps de ger proposent en général des repas à leurs clients. La ville de Terelj est également dotée de quelques petits guanz qui servent de la cuisine locale traditionnelle.

Points d'intérêt
Outres les randonnées, le parc offre de nombreux sites historiques et naturels.

▶ **Au pied du mont Khiidiin Saridag,** le lac glaciaire de Khagiin Khar Nuur est situé à 1 800 m d'altitude. D'une profondeur de 25 à 30 m, il a été formé au cours de l'ère quaternaire.

▶ **Dans les montagnes Khiidiin Saridag** se trouvent les ruines d'un ensemble monastique du XVIIe siècle. On peut aller explorer les vestiges de ce monastère, qui signalait la proche présence d'Ikh Khuree (la future Urga, ou Oulan-Bator) de 1645 à 1687.

▶ **Enfin, situées dans la vallée de la rivière Yesti,** les sources d'eau chaude de Yestiin Rashaan sont recommandées pour le traitement de la nervosité… Un bon endroit pour se détendre!

PARC NATIONAL DE KHUSTAIN

Entrée 5 $ comprenant la visite du musée (avec une vidéo de 16 min sur la faune et la flore du parc, ainsi que l'histoire des chevaux de Przewalski) et un guide pour le parc. Protégée depuis 1993, cette zone a été officiellement désignée parc national en 1998. Tous les habitants de ce site de 50 000 ha, situé à une centaine de kilomètres de la capitale, ont été déplacés vers la ville d'Altanbulag, tout près d'Oulan-Bator, pour céder la place aux chevaux de Przewalski. Le cheval sauvage de Mongolie, également nommé takhi, découvert par l'explorateur russe Przewalski, avait été exterminé par les braconniers et le manque de pâturages au début des années 1970. Seuls quelques spécimens vivaient encore dans des zoos européens, mais ils avaient disparu à l'état sauvage. Entre 1992 et 2000, un programme international a permis la réintroduction de ce petit cheval sauvage dans son habitat naturel : le parc accueille actuellement environ 160 chevaux. Et environ 1 700 chevaux sont à présent répartis dans des zoos à travers le monde. Les meilleures heures pour approcher les chevaux sont le matin tôt (avant 7h) ou le soir après 19h, lorsque les animaux rejoignent les points d'eau. On peut également se rendre sur le site des pierres funéraires d'origine turque (les pierres-hommes). Le parc est très protégé : on ne peut pas s'y promener seul, et le camping est interdit.

Transports
Il n'existe pas de transports en commun pour se rendre dans le parc. Le plus simple est donc d'avoir une voiture, et de combiner la visite du parc avec un voyage de quelques jours vers Karakorum. Les adeptes des transports en commun pourront prendre un bus reliant Oulan-Bator à Karakorum, et descendre sur la grande route à l'embranchement de la piste menant vers le parc (un panneau indique l'entrée de la piste). Mais il reste alors 13 km à parcourir jusqu'au parc… et les moyens de transport ne se bousculent pas dans cette région.

LA MONGOLIE CENTRALE

Hébergement

CAMP DU PARC NATIONAL
35 $ par personne, repas compris. Géré par l'administration du parc, ce petit camp de cabanes en bois peut accueillir jusqu'à 20 personnes. Passer la nuit dans le parc permet d'augmenter les chances d'apercevoir daims, marmottes et loups, qui sont surtout visibles à la tombée du jour.

CAMP A L'ENTREE DU PARC
A côté du musée. *15 $ par personne pour la nuit, 15 $ supplémentaires pour les repas.*

AIMAG DE SELENGE

Le plus petit aimag de Mongolie attire pourtant un grand nombre de visiteurs, grâce au monastère d'Amarbayasgalant qui rivalise d'importance et d'ancienneté avec celui d'Erdene Züü. L'aimag de Selenge remonte jusqu'à la frontière russe : ses paysages sont relativement plats au centre de l'aimag, et c'est dans cette région que sont produites près de 40 % des récoltes de céréales du pays. Les températures en hiver sont pourtant très rudes : le thermomètre peut régulièrement y tomber à - 45 °C. Très irriguée et recouverte de nombreuses forêts, la région peut également être une destination de randonnées, agréable et peu fréquentée.

SÜKHBAATAR

Fondée en 1940, cette ville frontalière de 20 000 habitants, qui est la capitale de l'aimag de Selenge, se situe à la confluence des rivières Orkhon et Selenge, deux des plus importants cours d'eau du pays. La ville doit son nom au héros de la révolution de 1921, qui, grâce au soutien de la Russie communiste, parvint à chasser les Chinois et les Russes blancs installés dans le pays. C'est Sükhbaatar qui proclama l'indépendance de la Mongolie en juillet 1921, sur la place centrale d'Oulan-Bator, qui porte son nom.

Transports

Train
La ville se trouve sur le trajet du Transmongolien, qui relie Moscou à Pékin en passant par Irkutsk et Oulan-Bator. C'est dans cette gare que s'effectuent les formalités douanières, l'arrêt peut donc durer plus ou moins longtemps selon les trains. Le trajet d'Oulan-Bator à Sükhbaatar dure un peu moins de 10h.

Bus
Bien que le train soit un moyen de transport pratique pour aller d'Oulan-Bator à Sükhbaatar, des bus passant par Darkhan permettent également de relier les deux villes. Ils partent de la gare routière du Dragon Center de la capitale. 311 km séparent Sükhbaatar de la capitale ; la route est plutôt en bon état, dans la mesure où elle sert d'axe d'échanges entre la Russie et la Mongolie.

Hébergement

SELENGE HOTEL
A proximité de la gare
Chambres de 3 000 à 15 000 T.

ORKHON HOTEL
Au sud de la ville
Chambres de 6 000 à 16 000 T.

RAILWAY STATION HOTEL
Chambres à 6 000 T.

Dans les environs

Située dans les sum (ou départements) d'Altanbulag et de Shaamar, Tujiin Nars est une vaste forêt de pins, sous protection de l'Etat depuis 2002. Une source minérale dotée d'un petit centre de loisirs (Khond Resort) se trouve au cœur de la forêt.

▶ **La route entre Sükhbaatar et Altanbulag** est bordée de plusieurs monuments commémorant les batailles qui ont opposé les Mongols aux Russes blancs, peu avant la proclamation de l'indépendance du pays en 1921.

▶ **Le sum de Yeroo** est habité par des Bouriates, qui peuplent également l'autre côté de la frontière. Le sum est par ailleurs traversé par la rivière du même nom, où l'on peut pêcher ces très, très gros poissons appelés taïmen.

DARKHAN

La deuxième ville de Mongolie est située au milieu de l'aimag de Selenge, à 219 km d'Oulan-Bator, mais dispose d'un statut de municipalité autonome. Avec une population de presque 100 000 habitants, Darkhan est une ville industrielle, divisée en trois parties par des collines : la vieille Darkhan, la nouvelle Darkhan et la nouvelle zone industrielle.

Transports

Train

Darkhan se trouve également sur la voie ferrée du Transmongolien. Les trains internationaux reliant la Russie à la Chine y font donc parfois un bref arrêt. La ville se trouve aussi à la croisée des deux seules lignes du pays : celle reliant Oulan-Bator à Sükhbaatar et la petite ligne Erdenet-Darkhan. Plusieurs trains relient Darkhan à Oulan-Bator en 8h environ et à Erdenet en 5h.

Bus

De nombreux bus et minivans relient Darkhan à la capitale. Compter environ 5h de trajet, sur une route goudronnée, et entre 4 000 et 5 000 T de frais de transport.

Jeep

La visite des environs de Darkhan, et notamment du monastère Amarbayasgalant, nécessite un véhicule spécialement affrété. La plupart des véhicules disponibles attendent les clients autour du marché. Le tarif se situe généralement autour de 500 T le kilomètre.

Hébergement

▦ DARKHAN HOTEL

℃ (0136) 20 001
Chambres de 6 000 à 16 000 T. Un énorme hôtel de style soviétique, doté d'un restaurant au 2e étage.

▦ KHARAA HOTEL

℃ (0136) 23 970
Chambres de 4 000 à 8 000 T par personne, chambre avec salle de bains (mais pas toujours de l'eau chaude) 13 000 T. Situé dans la ville nouvelle, un hôtel parfois bruyant à cause du bar au rez-de-chaussée.

▦ BAYANGIIN EKH

℃ (0136) 33 841 – bayanekh@mongol.net
Chambres de 16 à 25 $. Un petit hôtel situé dans la vieille ville.

Restaurants

▎ **Le restaurant du Darkhan Hotel** propose une cuisine mongole traditionnelle et quelques plats plus européens.

▎ **Le Woods Hotel et le Kharaa Hotel,** dans la nouvelle ville, possèdent également leur propre restaurant.

▎ **Sinon, la meilleure nourriture mongole** est probablement celle des guanz situés dans les alentours du marché.

Points d'intérêt

▦ TEMPLE KHARAGIIN

A quelques centaines de mètres de la gare, dans la vieille ville. La principale attraction de ce petit temple est un grand arbre dans la cour principale, recouvert de khatag bleus.

▦ MUSEE DES ARTS ET TRADITIONS POPULAIRES

Ouvert tous les jours de 9h à 17h. Entrée 1 000 T. Il ressemble à de nombreux musées d'aimag, avec, en plus des inévitables animaux empaillés, des collections de vêtements traditionnels, objets artisanaux et religieux, ainsi que quelques découvertes archéologiques.

▎ **Une curiosité locale :** la statue du premier cosmonaute mongol, juste à la sortie de la gare.

▎ **La ville dispose également d'un marché très animé,** tout proche de la gare.

Dans les environs

▎ **Tout près de la ville de Darkhan,** dans le sum d'Orkhon, on peut découvrir les ruines d'une ville ancienne, protégées depuis 1998.

▦ MONASTERE D'AMARBAYASGALANT

www.amarbayasgalant.org
Entrée 3 000 T. Il est souvent nécessaire de faire appel à un moine pour ouvrir les temples qui sont en général fermés à clé. Des cérémonies religieuses ont lieu le matin vers 9h. Amarbayasgalant est la destination finale de la plupart des voyageurs qui passent par Darkhan. Ce monastère de la « félicité tranquille » a été construit entre 1727 et 1736, à la mémoire du Bogd Khan Zanabazar, dont il devait accueillir la dépouille (il le fera en 1778). Au plus fort de son activité, près de 8 000 moines habitaient dans ce monastère, qui fut fermé et partiellement détruit en 1937. Seuls les bâtiments centraux ont résisté aux destructions soviétiques. Inscrit au patrimoine mondial de l'Unesco en 1996, le monastère a été partiellement restauré.

Le monastère ayant été bâti au cours d'une période de domination mandchoue, sa structure est un classique des constructions chinoises : les bâtiments sont alignés sur un axe nord-sud, orientés vers le sud. Ils se succèdent autour de quatre cours, autour desquelles se trouvent des petites bâtisses d'importance secondaire.

▋ **L'entrée principale** s'ouvre sur un mur destiné à empêcher les mauvais esprits de pénétrer dans le monastère (dans la tradition chinoise, les esprits ne peuvent se déplacer qu'en ligne droite ; on accède donc aux temples ou aux maisons en contournant un premier mur de protection). La première petite cour est encadrée par la tour de la Cloche et la tour du Tambour, et s'ouvre au fond sur le pavillon des gardiens du temple.

▋ **La seconde cour** accueille le temple principal, dont la pièce maîtresse est une statue grandeur nature de Rinpoche Gurdava. C'est dans ce temple, baptisé Tsogchin Dugan, que les moines se rassemblaient pour prier. De part et d'autre de ce bâtiment principal se trouvent deux pavillons dont les murs sont couverts d'inscriptions racontant l'histoire du monastère.

▋ **Deux petites cours de moindre importance** s'ouvrent derrière le temple principal. Elles abritent un temple consacré à Sakyamuni ainsi que deux petits pavillons dédiés à Manal et Ayush. C'est également dans la première de ces cours que se trouve le tombeau de Zanabazar ainsi que celui du quatrième Bogd Khan. Enfin, tout au fond de l'ensemble se trouvent le lieu de résidence des Bogd Khan en visite et les temples de Matreya et de Narkhajid.

▋ **En bordure de l'axe central, et au niveau de la troisième et la quatrième cour,** sont installées les ger où résident les moines (actuellement, à peine une cinquantaine).

Hébergement

▩ **AMARBAYASGALANT GER CAMP**
A 7 km du monastère
30 $ la nuit, repas compris, ou 20 $ sans les repas. Tenu par une famille accueillante, un camp de ger disposant de douches chaudes. Quelques chambres au confort basique sont parfois disponibles dans le monastère.

▤ AIMAG DE BULGAN

L'aimag (ou province) de Bulgan est caractérisé par ses denses forêts, qui s'étendent jusqu'à la Sibérie et abritent de très nombreux animaux sauvages. La région administrative couvre 48 700 km² ; sa population est évaluée à 63 000 personnes. C'est une zone très arrosée, puisqu'elle est traversée par les rivières Orkhon et Selenge et par une multitude de petits cours d'eau qui en sont les affluents. Grâce à cette irrigation, l'aimag a pu développer des activités agricoles et d'élevage (environ 1,5 million de têtes de bétail). Enfin, le sous-sol riche en divers minerais a permis aux villes de la région de développer une activité minière lucrative.

BULGAN

Cette capitale d'aimag de 13 000 habitants n'est pas la plus grande ville de la région ; d'autres agglomérations, bénéficiant de plus nombreuses ressources minérales, ont connu un développement plus rapide. Bulgan présente la caractéristique d'être presque exclusivement bâtie de maisons en bois, grâce à l'abondance des forêts environnantes.

Transports

▋ **Bus.** Quelques bus directs depuis Oulan-Bator, essentiellement des minivans privés qui partent une fois pleins. Il existe en revanche des liaisons régulières avec Erdenet, où l'on peut prendre le train jusqu'à Oulan-Bator.

Hébergement

▩ **HOTEL ARTSAT MOGOI**
Chambre dans un appartement, avec toilettes et lavabo.

▩ **HOTEL BULGAN**
L'hôtel se trouve dans le parc, au centre de la ville. De 4 000 à 7 000 T par personne pour une chambre avec salle de bains.

▩ **ANAG GER CAMP**
20 $ par personne.
A l'extérieur de la ville, à 13 km, ce camp de ger est une bonne alternative aux hôtels du centre.

▩ **BULGAN HOUSE**
℘ 96 34 44 44/55 55/34 66 66

@ *« De jolis chalets tout neufs, sanitaires parfaits, sauna, restaurant, à la sortie de la ville en direction de Mörön. Compter 12 $ le chalet, 900 T le plat, 2 500 T le sauna. » Claire I., Choisy-le-Roi.*

Restaurants

▋ **L'hôtel Bulgan** a un petit restaurant, et le camp de ger propose également des repas à ses clients.

▶ **Sinon, les guanz autour du marché** proposent des plats mongols classiques pour des sommes modiques.

Points d'intérêt

■ MUSEE DE L'AIMAG
Entrée 1 000 T. Un classique du genre, avec une collection, peut-être un peu limitée par rapport à bien de ses homologues, sur la faune et la flore locales.

■ MUSEE DES OBJETS ANCIENS
A côté du musée de l'Aimag. Entrée 1 000 T. Objets, outils, ustensiles de la vie quotidienne locale…

Dans les environs

■ RESERVE NATURELLE D'URAN ULL ET DE TOGOO ULL
A une soixantaine de kilomètres au nord-ouest de Bulgan. L'Uran Uul est un ancien volcan qui s'élève à 1 686 m au-dessus du niveau de la mer. Il est surmonté d'un cratère de 500 m de diamètre et de 50 m de profondeur, au fond duquel est niché un petit lac de 20 m de diamètre, entouré d'épaisses forêts. La réserve naturelle couvre une superficie de 8 km², mais cette petite zone abrite malgré tout une faune assez variée, puisqu'on y trouve des argali, des ibex de Sibérie ainsi que de nombreux canards migrateurs. Le volcan se trouve à mi-chemin entre Oulan-Bator et le lac Khövsgöl, et son accès relativement facile en fait une étape agréable sur la longue route entre la capitale et la « perle bleue de Mongolie ».

■ MONASTERE DASHCHOINKHORLON
A quelques kilomètres de la ville. C'était à l'origine un grand édifice qui abritait jusqu'à 1 000 moines mais, comme les autres, il a été détruit dans les années 1930. Le bâtiment actuel conserve encore quelques statues de Sakyamuni et de Tsongkhapa.

ERDENET
La ville a été récemment élevée au rang de municipalité autonome. Avec ses 74 000 habitants, c'est la troisième ville du pays, dont l'économie repose essentiellement sur les mines de cuivre des environs. C'est la raison pour laquelle Erdenet est reliée depuis 1977 à la seule ligne de chemin de fer du pays, ce qui rend son accès plutôt aisé.

LA MONGOLIE CENTRALE

Aimag de Bulgan

Transports

Train

La présence de la voie ferrée entraîne l'absence d'aéroport dans cette ville pourtant très importante économiquement et démographiquement. Les trains entre Erdenet et Oulan-Bator passent par Darkhan, où ils font en général un arrêt. Le trajet dure 14h environ, mais des trains directs assurent la liaison le week-end en 10h. Les tarifs vont de 3 000 à 7 500 T en fonction de la classe.

Bus

Il y a un bus par jour au départ d'Oulan-Bator pour Erdenet, depuis les stations du Dragon Center et celle de Naran Tuul. Il y a également des connexions pour Mörön et Bulgan. Il faut se rendre au marché pour trouver les minivans et les Jeep.

Hébergement

▪ HOTEL ALADDIN

Dans la partie ouest de la ville
Chambre avec salle de bains individuelle 4 000 T par personne. Relativement moderne et d'un bon rapport qualité-prix.

▪ HOTEL CHANDMAN

Chambres avec salle de bains 4 500 ou 3 500 T par personne. Les chambres les plus chères sont spacieuses et confortables, les moins chères sont un peu plus spartiates et d'un style nettement soviétique.

▪ HOTEL SELENGE

Chambres de 4 000 à 8 000 T, de luxe de 12 000 à 40 000 T par personne. Un grand hôtel, à l'architecture également d'inspiration soviétique.

Restaurants

▶ **L'hôtel Selenge** dispose d'un restaurant de cuisine internationale, et **l'hôtel Aladdin** a une petite salle de restaurant.

▶ **Quelques cafés** le long de la rue principale servent de la cuisine mongole classique.

Points d'intérêt

▪ MUSEE DE LA MINE

Entrée libre. Propriété de la compagnie minière de la ville, le musée, situé au 2e étage du Palais de la culture, propose un aperçu du travail d'extraction et de la structure des mines de cuivre de la région. Instructif, si on s'y intéresse.

▪ PALAIS DE LA CULTURE

C'est le centre d'animation de la ville. C'est là que sont projetés des films, que se produisent des troupes de théâtre ou des groupes de musiciens. Et c'est également l'endroit qui fait office de discothèque les soirs de week-end.

LE NORD DE L'AIMAG

Deux sites intéressants au nord de la rivière Selenge. Le premier est un ensemble de ruines de la civilisation ouïgour.
Sur le site de Bai Bulag, dans le sum (ou département) de Khutag, se trouvait un important centre d'échanges commerciaux, très actif aux IXe et Xe siècles.
Plus tard, les Mongols ont construit un monastère sur les ruines de cette ancienne cité.
Un peu plus loin, dans le sum de Teshig, vit une importante population bouriate. La région est agréable, couverte de forêts, lacs et rivières.

RÉSERVE NATURELLE DE KHOGNOKHAN

Autour de cette montagne protégée, située au sud de l'aimag, on peut visiter un grand nombre de sites naturels et culturels intéressants. La réserve proprement dite couvre une superficie de 470 km^2 et présente deux types de végétation bien distincts : steppe et taïga.

Dans les environs

Un peu plus au nord se trouvent plusieurs ensembles de ruines qui méritent un petit détour.

▶ **Le premier ensemble,** Chin Tolgoin Khurem, présente les vestiges d'un fort du XVIIe siècle, où avait vécu la mère du prince Tsogt, un poète dont l'opposition à la domination chinoise appartient à l'histoire de la Mongolie.

▶ **Les ruines du « palais blanc »** de Tsogt font écho, à quelques kilomètres de là, à celles d'une ancienne garnison, qui avait été bâtie à partir d'une ville de l'Etat kidan du Xe siècle.

▶ **Un peu plus loin encore** se dressent les ruines de la forteresse de Khar Bukh, qui protégeait un monastère du XVIIe siècle, lui-même érigé sur le site d'une ancienne capitale de l'Etat kidan, datant du Xe siècle.

Hébergement

Les abords de la réserve naturelle offrent un grand nombre de camps de ger, qui sont tous situés dans le sum de Rashaant.

▓ **KHOGNOKHAN**
✆ (011) 312 392 – nattour@magicnet.mn

▓ **JMT**
✆ 9911 6804
gmtayar@magicnet.mn

▓ **KHOGNOGOBI**
✆ (011) 310 241
nuht@magicnet.mn

▓ **KHOYOR ZAGAL**
✆ (011) 454 383
oyorzagal@magicnet.mn

▓ **BATKHAAN**
✆ 9919 5468
khansofm@magicnet.mn

▄ AIMAG DE KHÖVSGÖL

Ce grand aimag de 100 600 km^2 est le plus septentrional de la Mongolie. Il est frontalier avec la Russie, et abrite une population de 120 900 habitants. Ses limites occidentales et orientales sont marquées par des chaînes de montagnes, souvent couvertes de forêts denses. Bien irrigué, l'aimag dispose de très gros troupeaux : avec 1,9 million de têtes de bétail, c'est la région administrative où les moutons sont les plus nombreux.

L'autre attrait de cet aimag est la diversité de sa population : Khövsgöl est en effet le lieu de résidence de plusieurs ethnies, dont les Bouriates, les Darkhad, les Khotgoid et surtout les Tsataan, cette ethnie vivant de l'élevage de rennes et dont il ne reste plus actuellement qu'une poignée de familles.

MÖRÖN

La capitale de l'aimag, comptant 28 000 habitants, présente tous les symptômes de la ville soviétique laissée quelque peu à l'abandon. Les banlieues de ger se sont étendues autour d'un centre-ville doté d'une place monumentale et désertique, et de quelques bâtiments administratifs ou commerciaux que guette un délabrement imminent.

Transports

Avion

MIAT et Eznis assurent des vols quotidiens entre Mörön et Oulan-Bator. Des vols supplémentaires ont lieu en saison touristique (juillet et août). Un aller simple coûte environ 120 $. Malgré la fréquence des liaisons, les avions sont souvent pleins et parfois en surbooking. Il vaut donc mieux arriver à l'avance pour récupérer au plus tôt un carton d'embarquement (l'aéroport est équipé d'une salle de ping-pong et d'un billard à l'étage,

ce qui rend l'attente un peu plus agréable). Aero Mongolia assure également des vols pour Mörön, mais les départs sont aléatoires, cette compagnie assure un vol le samedi pour Khovd.

Bus

Il existe des liaisons quotidiennes entre Mörön et Oulan-Bator. Les bus ou minivans partent de la gare routière (Dragon Center) de la capitale en fin de matinée (quand ils sont pleins). Le billet coûte 25 000 T et il faut compter 20h de piste. Depuis Mörön, les départs pour Oulan-Bator, Erdenet et Dharkan ont lieu du côté sud du marché. Des bus assurent également la liaison entre Mörön et Khatgal, la ville située au sud du lac Khövsgöl. Compter entre 4 et 5h de route, et 10 000 T pour le billet.

Pratique

▌ **La poste.** La banque de la poste permet de changer de l'argent et même de faire des retraits avec des cartes de crédit.

▌ **MIAT.** Le bureau de la compagnie aérienne mongole se trouve à côté de la poste (à droite). C'est le seul endroit où l'on peut changer les billets, on ne peut apparemment pas le faire à l'aéroport. Mais les horaires sont en pointillé : le bureau n'a qu'un seul employé, qui se rend à l'aéroport pour chaque départ et arrivée d'avion.

▌ **Banques.** Il y en a partout à Mörön, mais la banque à côté de la MIAT, au fond du couloir, accepte les cartes visas.

▌ **Internet.** La poste propose un service Internet pour 600 T de l'heure (quand il y a de l'électricité, ce qui n'est pas toujours le cas).

▓ **AERO MONGOLIA**
Bureaux à côté de la MIAT

Aimag de Khövsgöl

■	Ville principale
○	Ville secondaire
✈	Aéroport domestique
	Zone protégée
	Lac
	Altitude + 2000m.
	Altitude + 3000m.

0   65 km

RUSSIE

RUSSIE

3106 m.

Tsagaan Nuur

Shishkhed

Tsagaannüür

Turt

Zöölön

KHÖVSGÖL NUUR

Renchini-Khumbe

Sevsuul

Jiglegyn Am

Borsog

3351 m.

Parc national de Khövgöl Nuur

Tögöl

Jankhai

Khatgal

Khökhöö

Chuluut

Bulgan

Altraga

KHÖVSGÖL

Mankhan

Arig

Eg Gol

Eg Gol

Mandal

Bulag

2522 m.

Khalban

Sharga

Bayan

MÖRÖN

Tsengel

Badrakh

Jugnay Nuur

Tes Gol

Sangiyn Dalai Nuur

Selenge

Selenge Gol

Jargalant

Rashaant

2313 m.

BULGAN

Telten Nuur

Erdenet

Ider Gol

Ider

Orgil

ZAVKHAN

Terkhiyn Tsagaan Nuur

ARKHANGAI

Parc national de Khorgo-Terkhiyn Tsagaan Nuur

Réserve naturelle de Otgon Tenger Uul

TSETSERLEG

N

Hébergement – Restaurants

Bien et pas cher

▪ **GAN OYU GUESTHOUSE**
Indiquée depuis la place centrale
✆ (0138) 222 349
Dortoir 6 000 T. Douche 1 000 T. Dans le centre-ville, une guesthouse située à l'étage d'un immeuble d'habitation populaire.

▪ **BATA GUESTHOUSE**
✆ 91 38 70 80 (portable)
4 000 T par personne. A l'extérieur du centre-ville. Appelez pour que quelqu'un vienne vous chercher.

▪ **DUL JUULCHIN**
Sur la route de l'aéroport
Chambre simple 15 $, double 20 $. Ger de 3 personnes 20 $. 3 $ le petit déjeuner.

▪ **BAYGAL GUESTHOUSE**
✆ 9938 84 08 – baigal99mn@yahoo.com

@ *« Tenue par deux dames adorables parlant bien anglais, à la sortie de la ville, en direction de UB. Logement en ger, avec douche et repas. Compter 4 000 T pour le lit et 700 T pour la douche. » Claire I., Choisy-le-Roi.*

Hôtels

▪ **DUL HOTEL**
En centre-ville ✆ (0138) 222 206
Chambre simple 15 $, double de 25 $ à 45 $. C'est l'hôtel le plus central qui offre des chambres confortables.

▪ **HOTEL GOV TOURIST**
A l'entrée de la ville, du côté de l'aéroport
Chambres de 30 $ à 40 $. 15 $ en ger. Le logement qui se veut luxueux dans la ville de Mörön. Le rapport qualité-prix laisse cependant à désirer. Personne ne parle anglais.

Restaurants

Pas vraiment de choix en dehors des restaurants d'hôtel et des guanz. La plupart de ces derniers sont concentrés autour du carrefour au nord-est de la place centrale. C'est également à cet endroit que se trouvent la plupart des magasins où l'on peut faire des provisions avant de partir vers le parc national de Khövsgöl. Et, pour les noctambules, les discothèques et karaokés de la ville sont situés dans le périmètre délimité par la place centrale et le théâtre.

Points d'intérêt

▪ **MUSEE DE L'AIMAG**
Entrée 1 000 T. Comme tous ses collègues, il présente la faune et la flore locales, ainsi qu'une collection d'animaux empaillés. Mais, et c'est là son originalité, il expose également des photos illustrant le mode de vie des Tsaatan.

▪ **MONASTERE DANZANDARJAA**
A gauche en allant vers l'aéroport. Fondé en 1890, il abritait plus de 2 000 moines. Comme la plupart des monastères du pays, il a été détruit dans les années 1930 et reconstruit après le départ des Russes au début des années 1990. Une trentaine de moines y sont actifs actuellement. Le monastère a conservé une belle collection de tangka.

Dans les environs

▶ **A 20 km de Mörön, sur la route du lac** (en prenant un peu le chemin des écoliers) se trouve le site d'Uushigiin Uver. Il s'agit d'un regroupement de 14 pierres de rennes, datant de l'âge du bronze. L'aimag de Khövsgöl compte 74 pierres ainsi décorées, mais l'ensemble d'Uushigiin Uver est le plus intéressant. Les peintures sont bien conservées sur certaines pierres, et les couleurs sont mises en valeur par le vert de la steppe environnante. Une des stèles est surmontée d'une tête sculptée. *Entrée 3 000 T.*

▶ **Dans la même vallée qu'Uushigiin Uver, Hyadag** est une source sacrée vers laquelle convergent de nombreux nomades. La source, entourée d'écharpes bleues, est réputée pour ses eaux que l'on dit bénéfiques pour les maladies de reins. A quelques mètres de là, un petit cours d'eau est censé redonner toute leur vigueur aux cheveux, aussi les Mongols y viennent s'asperger la tête. Enfin, la boue locale est supposée soulager les articulations meurtries ; il est donc fréquent de voir des gens âgés couverts de boue au milieu de la steppe.

▶ **A une cinquantaine de kilomètres au sud de Mörön** se trouve la zone dite des Cinq Rivières. Il s'agit de la confluence des rivières Ider, Bugsei, Selenge, Delger Mörön et Chuluut, un site bien connu des amateurs de pêche. L'endroit est sauvage mais propice au camping. Les eaux de ces rivières sont souvent boueuses au début de l'été, à cause de la fonte des neiges et des orages fréquents dans la région. La meilleure saison pour profiter de la nature et de la pêche se situe ici en septembre et octobre.

▷ **A l'ouest de Mörön,** dans le sum (ou département) de Tsagaan Uul vivent environ 7 000 Khotgoid. On peut y voir, aux abords de la montagne Avdrant et de la rivière Tes, d'anciens monuments recouverts d'inscriptions turques.

PARC NATIONAL DU LAC KHÖVSGÖL

Entrée 3 000 T. Le parc national couvre une superficie de 8 381 km², largement occupée par le lac Khövsgöl, la « perle bleue de Mongolie », qui en couvre à lui seul 2 612 km². La rive ouest du lac est dominée par la montagne Khoridol Saridag, qui s'élève à 1 624 m et offre un splendide panorama sur le lac. Celui-ci est alimenté par 96 rivières, mais une seule en ressort, la rivière Egiin, un affluent de la rivière Selenge, qui se jette dans le lac Baïkal. Le lac Khövsgöl est le plus profond d'Asie centrale, puisqu'il peut atteindre 262 m de fond à certains endroits. Mais ses eaux très claires assurent sa transparence et offrent un spectacle étonnant en hiver. Les locaux prétendent que les personnes sujettes au vertige ne supportent pas de marcher sur le lac gelé car la glace est tellement transparente qu'on peut voir jusqu'à une centaine de mètres en profondeur ! Ce lac autrefois sacré est désormais ouvert à la baignade, à la pêche et à la navigation. Deux villes sont situées sur ses rives : Khatgal au sud, et Khankh au nord ; elles sont reliées par un service de ferry aux départs aléatoires.

Khatgal

Cette petite ville située au bord du lac, à l'embouchure de la rivière Egiin, est l'endroit idéal pour préparer un séjour autour du lac. Elle dispose en effet de logements confortables, et la plupart de ses guesthouses proposent des services d'agence de voyages, location de chevaux, organisation de randonnées, etc.

Transports

▷ **Avion.** La ville de Khatgal possède un petit aéroport qui ne fonctionne pas.

▷ **Bus.** Plusieurs liaisons quotidiennes depuis Mörön. Compter entre 4 et 5h de trajet. 10 000 T par personne.

▷ **Jeep.** Les Jeep sont le seul moyen motorisé d'atteindre la rive du lac et les camps de ger qui y sont installés. Deux chemins relient Khatgal au lac, l'un passant par les montagnes, l'autre plus proche du niveau du lac. On peut trouver des véhicules dans les hôtels et guesthouses de Khatgal.

▷ **Cheval.** C'est le moyen de locomotion privilégié de nombreux touristes à partir de Khatgal. Des randonnées de plusieurs jours, voire plusieurs semaines, peuvent en effet être organisées, pour découvrir le lac et ses environs. A Khatgal, il est facile d'organiser une randonnée équestre. Compter 5 000 T par jour pour 1 cheval et 10 000 T pour un guide. Ces tarifs sont plus intéressants que ceux pratiqués dans les ger camp.

Pratique

Il n'y a pas de banque à Khatgal. Les plus proches sont à Mörön.

■ LE CENTRE DES VISITEURS

Il est situé sur la place centrale et offre des informations sur le parc. Les explications sont un peu sommaires, mais on peut trouver des panneaux intéressants sur la faune et la flore locales. Les employés du centre aiment montrer aux touristes des vidéos de cérémonies chamanistes, qui restent un peu obscures avec leurs explications en mongol. L'entrée est libre. Fermé le dimanche.

▷ **Poste.** La poste de Khatgal dispose de téléphone, on peut faire des appels internationaux. On y trouve également des cartes postales.

▷ **Pêche.** En 2007, il était interdit de pêcher dans le lac. Pour toute information, se rendre dans le bâtiment du gouvernement (la maison où flotte le drapeau mongol).

▷ **Camping.** Il est possible de camper partout, à condition d'avoir son propre matériel et de ne laisser aucune trace de son passage.

Hébergement

■ MS GUESTHOUSE

℡ 99 79 60 30 (portable)
horseride_ms@yahoo.com
lake_hovsgol@yahoo.com.
Ouvert toute l'année. Nuit sous la ger à 5 000 T par personne, douche et petit déjeuner inclus. Repas 1 000 T. On peut également planter la tente dans l'enceinte de la guesthouse pour 500 T. La guesthouse organise des séjours pour les groupes ou les particuliers : chevaux pour 5 000 T par jour plus 8 000 à 10 000 T pour un guide anglophone ; bateau sur le lac pour 25 000 T de l'heure ou 30 000 T la journée ; location de Jeep à 500 T le kilomètre ou 50 000 T par jour avec chauffeur-guide. En hiver, découverte du mode de vie nomade, expéditions vers les camps tsaatan, conduite sur glace, pêche…

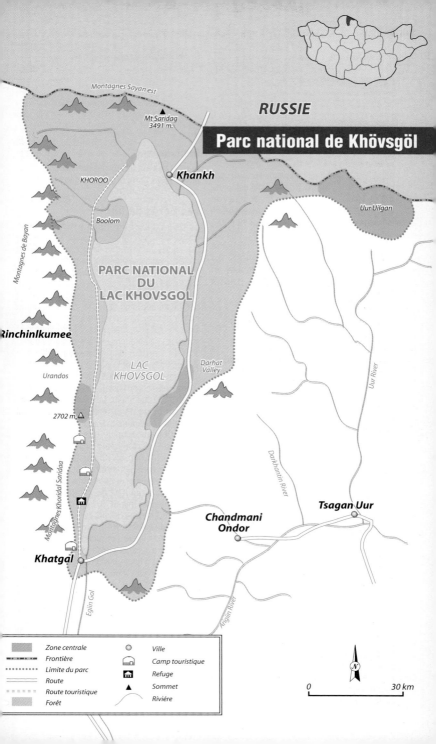

■ GARAGE 24

☎ (0138) 226 513 – www.naturesdoor.mn
naturesdoor@magicnet.mn

7 000 T par personne en dortoir ou 5 000 T en ger. Petit déjeuner inclus. Camping 2 500 T par personne. Une très grande guesthouse à proximité de la montagne, au nord de Khatgal. La salle commune est très agréable, avec de gros canapés, une petite bibliothèque, le piano et la cheminée. La guesthouse organise de nombreuses activités : chevaux à 5 000 T par personne, plus 5 000 T pour les chevaux de bât et 10 000 T pour un guide ; location de V. T. T. à 15 000 T la journée ; organisation de journées en kayak sur la rivière pour 15 000 T par personne ou 25 000 T pour deux. On peut également louer tout l'équipement nécessaire pour aller camper : tente, réchaud, GPS, sac de couchage… Le restaurant propose un choix très varié de plats internationaux, il faut commander 1h à l'avance.

■ BONDA-LAKE GUESTHOUSE

Au milieu du village, sur les rives du lac
☎ 99 96 39 94 (portable)
bond_lake@yahoo.com

3 000 T par personne dans une chambre, petit déjeuner de 1 000 à 2 500 T. De 4 000 à 6 000 T par personne en ger, petit déjeuner inclus. Quelques ger donnant sur le lac. La famille, très accueillante, parle anglais. Possibilité d'organiser des découvertes de la région à cheval ou à pied.

■ HOVSGOL INN

À l'entrée de la ville, sur la droite
☎ 99 11 59 29 – www.boojum.com

15 $ la nuit, 28 $ la nuit avec 3 repas. Nouveau ger camp au cœur de la ville. Les ger sont très confortables et l'accueil est sympathique.

■ SUNWAY GUESTHOUSE

5 $ par personne, petit déjeuner inclus. 1 000 T la douche. Au pied des collines, au nord de la ville, deux ger devant la maison familiale. Les douches ont l'air un peu spéciales (mécanisme à pied, il faut faire une séance de stepping pour que l'eau coule !) mais ont le mérite d'exister. La famille peut également aider à organiser des locations de chevaux. L'accueil est exceptionnel.

■ WHITE MOUNTAIN HOTEL

Ouvert de juin à septembre. 3 500 T la nuit. Trois chambres sans douche. Un peu sommaire, mais les gérants sont sympathiques et parlent bien anglais.

■ IDER GUESTHOUSE

☎ 99 38 70 75
tungaa_1230@yahoo.com

@ *« Structure familiale sympathique et conviviale disposant de deux yourtes pour les voyageurs. 3 000 T par personne avec le petit déjeuner, 1 500 T le repas. » J. C., Le Mans.*

Restaurants

Hormis les restaurants des guesthouses, il est possible de manger en ville dans les guanz sur la rue principale.

Les bords du lac

La rive la plus fréquentée est celle qui se trouve à l'ouest du lac. La piste y est mieux tracée, et c'est là que se trouvent tous les camps de ger. Les premiers camps sont grands et accueillent surtout des groupes de touristes. Mais plus on avance vers le nord du lac, plus les camps sont petits et agréables. La rive est, beaucoup plus sauvage, est sans camp de ger et avec beaucoup moins de touristes. Mais elle est également plus difficile d'accès et suppose une autonomie totale. Les rives du lac sont idéales pour les randonnées, pédestres ou équestres, pour la pêche et la découverte du mode de vie nomade. Une famille tsaatan (éleveur de rennes) est généralement installée à proximité du lac pendant l'été, et la plupart des campements organisent des journées en voiture ou à cheval pour aller leur rendre visite. Deux randonnées intéressantes parmi les possibilités innombrables du parc :

À partir du camp de Khirvesteg, un sentier s'enfonce dans les montagnes, traverse de très belles vallées et débouche sur un cirque majestueux, qui sert de camp d'hiver à la famille tsaatan vivant au bord du lac en été. Compter 3 heures de marche aller simple.

À quelques kilomètres au nord du camp d'Ongologt, un sentier pique tout droit dans la montagne. Il est très raide et permet d'atteindre en quelques kilomètres le sommet de la montagne, d'où une vue splendide se déploie sur l'intégralité du lac. Randonnée pour bons marcheurs, la pente est vraiment raide. Le sentier suit en fait la piste créée par des géologues russes qui s'étaient intéressés aux ressources minérales du lac Khövsgöl (sans suite, heureusement !).

Hébergement sur la rive ouest, du sud au nord

Il y a des dizaines de campements le long de la rive. Plus on s'éloigne, plus les camps sont sympathiques et moins densément agglomérés. Tous ces camps proposent des locations de chevaux, mais à des tarifs exorbitants par rapport à ceux que l'on peut trouver à Khatgal.

■ DUL TOUR CAMP
✆ (0138) 223 581
www.dul.mn – info@dul.mn
25 $ la nuit par personne, avec 3 repas. 10 $ la nuit, sans repas et 1 000 T la douche. A 5 km de Khatgal, c'est le premier camp que l'on rencontre. C'est un grand camp, surtout apprécié des groupes.

■ HOVSGOL DALAI
✆ 99 29 38 26 (portable)
25 $ la nuit par personne, avec 3 repas. 10 $ la nuit, sans repas. Mêmes caractéristiques que le précédent. Il est possible de planter sa tente pour 1 000 T par personne.

■ KHUVSGUL ECO TOUR
✆ (0138) 224 719
ww.khuvsgulecotour.mn
khuvsgul_ecotour@yahoo.com
26 $ par personne, 15 $ sans les repas. 20 ger et 6 chalets, restaurant, bar, sauna.

■ KHANGAR CAMP
30 $ la nuit, 50 $ avec les 3 repas ! Plus éloigné que les autres, on ne comprend pas vraiment les prix pratiqués, si ce n'est que ce campement est le seul dans la forêt, face au lac.

■ KHOVSGOL SOR CAMP
✆/Fax : (011) 300 150
kuvsgul_travel@yahoo.com
30 $ la nuit par personne, avec 3 repas. 5 $ la nuit, sans repas. Plus éloigné encore, ce camp est très agréable et l'accueil y est chaleureux.

■ NATURES DOOR
www.naturesdoor.mn
30 $ la nuit par personne en ger et 60 $ en lodge. 15 ger et 2 lodges, dans un très beau cadre.

■ JANKHAI
✆ (0138) 26 513
25 000 T la nuit. 2 km plus loin, un très gros camp, plutôt destiné aux groupes.

■ TOILOGT
✆ (0138) 460 368
35 $ par personne. Un camp très bien situé, sur une petite avancée de terre dans le lac. Il est également à proximité des « commerces » du lac, trois ger et une cabane en bois, qui vendent des produits de première nécessité et font office de bar et restaurant.

■ KHIRVESTEG
✆ 9938 8955 – undra_77@yahoo.com
Un petit camp avec une dizaine de ger, un bon restaurant, des douches et un sauna.

■ ONGOLOGT
Logement en ger ou petites cabanes en bois pour 5 000 T par personne. Repas 1 500 T, douche 1 000 T, sauna 1 500 T. Ce campement, le plus au nord de la rive ouest, se trouve sur une petite butte qui avance un peu sur le lac, ce qui fait que le restaurant a une jolie vue sur Khövsgöl.

Hébergement sur la rive est
Sur la berge est, il existe un ger camp, tout neuf.

■ ALAGTSAR
✆ 99 09 00 23 ou ✆ 91 91 71 61 (portables)
www.nominsky.com
alagtsarcamp@nominsky.com
30 $ par personne, les trois repas compris. Ce ger camp a été inauguré l'été 2007. Il faut s'y rendre en Jeep ou à cheval, car aucun transport public ne s'y rend. C'est un campement très agréable où l'on se croit facilement seul au monde, tellement l'environnement est calme. De nombreuses activités sont proposées : yak kart, cheval, bateau, pêche, sauna…

TSAGAAN NUUR
Situé à 50 km à l'ouest du lac Khövsgöl, et hors des limites du parc naturel, Tsagaan Nuur, le lac blanc, se trouve au cœur d'une vaste dépression autrefois recouverte d'un glacier. Autour du lac principal se trouvent donc d'innombrables petits lacs, vestiges de cette période glaciaire, et qui feront la joie des pêcheurs. La zone est très sauvage car difficile d'accès : c'est là que sont installés les principaux campements des Tsaatan, qui peuvent y préserver leur mode de vie traditionnel grâce aux faibles contacts avec le monde extérieur.

Transports

Avion
Le village de Tsagaan Nuur est doté d'une allée en terre qui sert parfois de piste d'atterrissage pour des avions charters affrétés par les agences de tourisme. Mais il n'y a pas de ligne régulière.

LA MONGOLIE CENTRALE

Jeep

On peut se rendre à Tsagaan Nuur en Jeep depuis Mörön, après un trajet bien chaotique d'environ 15h.

Cheval

C'est probablement le meilleur moyen de locomotion pour atteindre Tsagaan Nuur depuis Khatgal. Compter environ 15 jours aller-retour, en passant par les bords du lac Khövsgöl et en restant quelques jours sur place. Ce parcours nécessite d'être en autonomie totale. La plupart des guesthouses de Khatgal peuvent organiser l'expédition.

Hébergement

Un petit hôtel permet de se loger dans le village de Tsagaan Nuur, mais la meilleure solution, c'est encore de camper.

Points d'intérêt

▷ **Outre la pêche,** qui est une activité très prisée des touristes dans la région, les environs du lac Tsagaan Nuur sont surtout connus pour abriter **les campements de Tsaatan,** auxquels on peut prendre visite.
On ne compte plus aujourd'hui que 300 membres de cette ethnie dont le mode de vie est entièrement régulé par les rennes qu'ils élèvent et dont ils sont entièrement dépendants : ces animaux leur servent en effet de moyen de locomotion, de nourriture (pour le lait, le fromage et, plus rarement, la viande), et leurs peaux sont utilisées pour recouvrir les habitations. Les courses de rennes sont un rituel de passage à l'âge adulte pour les adolescents. Et la transhumance se fait également à dos de renne, vers les pâturages et l'eau nécessaires aux animaux. Contrairement aux autres ethnies du pays, les Tsaatan ne vivent pas dans des ger mais dans des tipis qui évoquent irrésistiblement les Indiens d'Amérique. Ils sont adeptes du chamanisme, et l'on peut avoir la chance d'assister à un rituel si l'on se trouve dans les campements les jours fastes. Les campements de Tsaatan changent selon les saisons, il est donc nécessaire de se renseigner auprès des locaux pour les localiser.

▷ **Le sum de Tsagaan Nuur** accueille également une importante minorité de Bouriates, qui sont réputés pour avoir donné au pays quelques lutteurs très célèbres.

▷ **La grotte de Dayan Derkhii,** sur la rive est de la rivière Tsagaan Nuur, était pendant longtemps un lieu de pèlerinage pour les Mongols, qui venaient y vénérer un chaman divinisé. Selon la légende, ce chaman, considéré comme le père des rites initiatiques chamanistes, serait devenu l'esprit des montagnes environnantes. La grotte, d'une trentaine de mètres de longueur, se divise en un dédale de salles secondaires avec, dans l'une d'elles, une source d'eau minérale.

▬ AIMAG D'ARKHANGAÏ ▬

Les Mongols aiment comparer cet aimag de 55 300 km² à la Suisse… L'Arkhangaï offre en effet de très beaux paysages alpins, avec ses forêts, ses lacs et rivières, sa nature verdoyante. Des montagnes du Khangaï descendent de nombreuses rivières très poissonneuses, particulièrement recommandées aux pêcheurs des mois d'août et septembre. Les vallées et les steppes accueillent des familles nomades, dont on peut découvrir le mode de vie traditionnel. L'aimag a également le mérite d'être sur le chemin du lac Khövsgöl depuis Oulan-Bator, et d'être situé à quelques kilomètres seulement de la ville de Karakorum.

TSETSERLEG

Située au pied de la montagne Bulgan, entourée de falaises de granit et bordée d'une rivière entourée d'arbres, la capitale de l'aimag est une agréable petite ville située à 1 691 m d'altitude.

Transports

▷ **Avion.** Comme la plupart des capitales d'aimag, Tsetserleg est pourvue d'un aéroport, mais, bizarrement, aucun vol régulier n'y atterrit. Seules des compagnies de tourisme l'utilisent ponctuellement pour des vols charters, mais le voyageur individuel ne peut généralement pas arriver dans cette ville par la voie des airs.

▷ **Bus.** Des lignes régulières relient Tsetserleg à Oulan-Bator en 8 heures de route. Les départs sont quotidiens. Quelques minivans ou Jeep assurent également la liaison avec Karakorum, mais il faut souvent les affréter spécialement pour ces destinations, ce qui suppose de s'entendre avec d'autres voyageurs.

Mariages funèbres

Marco Polo décrivait en ces termes une coutume locale relative aux pratiques funéraires.
« *Et encore vous dirai un autre merveilleux usage qu'ils ont et que j'avais oublié d'écrire. Sachez très véritablement que, quand ils sont deux hommes dont l'un ait eu un garçon, qui est mort – et il peut être mort à quatre ans, ou quand on veut avant l'âge du mariage – et un autre homme qui ait eu une fille, morte aussi avant l'âge nubile, ils font mariage des deux trépassés quand le garçon aurait eu l'âge de prendre femme. Ils donnent pour femme au garçon mort la fille morte, et en font dresser l'acte. Puis un nécromancien jette l'acte au feu, et le brûle ; et voyant monter la fumée, disent qu'elle va à leurs enfants en l'autre monde et leur annonce leur mariage ; et que dorénavant le garçon mort et la fille morte en l'autre monde le savent et se tiennent pour mari et femme. Alors ils font une grande noce, et des viandes répandent quelque peu çà et là, disant qu'elles vont à leurs enfants en l'autre monde, et que la jeune épouse et le jeune mari ont reçu leur part du festin. Et ayant dressé deux images, l'une en forme de fille, l'autre en forme de garçon, les mettent sur une voiture aussi bellement adornée que possible. Tirée par des chevaux, elle promène ces deux images avec grande réjouissance et liesse à travers tous les environs ; puis ils la conduisent au feu et font brûler les deux images ; avec de grandes prières, ils supplient leurs dieux de faire que ce mariage soit heureux en l'autre monde. Mais ils font aussi une autre chose : ils font des peintures et portraits sur papier à la ressemblance de cerfs et chevaux, d'autres animaux, d'habits de toutes espèces, de meubles et d'ustensiles, et de tout ce que les parents conviennent de donner en dot, sans le faire en effet ; puis font brûler ces images, et disent que leurs enfants auront toutes ces choses en l'autre monde. Cela fait, tous les parents de chacun des deux morts se tiennent pour alliés et maintiennent leur alliance aussi longtemps qu'ils vivent, tout comme si vivaient leurs enfants trépassés.* »

(*Le Devisement du monde,
Le Livre des merveilles 1,* Marco Polo, La Découverte, p. 172-173.)

LA MONGOLIE CENTRALE

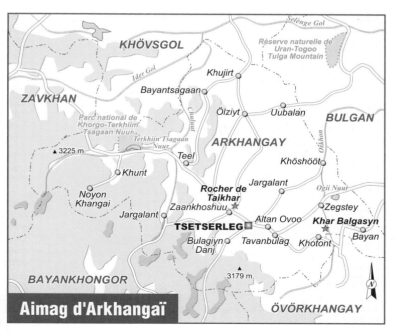

Aimag d'Arkhangaï

Hébergement

▧ HOTEL AR-SUNDER

✆ (0332) 222 359

Lits à 5 $ dans des chambres et dortoirs de 3 à 9 personnes, chambres de luxe avec douches 10 $, suite 30 000 T, petit déjeuner 500 T. L'hôtel semble un peu mort (ils font visiblement des économies d'électricité !), mais son bar karaoké (au 1er étage) à la décoration très kitsch vaut vraiment un coup d'œil.

▧ HOTEL NARAN TUV

Lits dans chambres de 2 ou 3 sans salle de bains 4 $ par personne, chambre double sans salle de bains 6 $, double ou simple avec salle de bains de 8 $ à 15 $ par personne. Dans le centre-ville, un hôtel moderne, propre et très agréable. Il dispose d'un petit restaurant, d'un magasin et d'un sauna. Le patron prévoit d'installer quelques ger pour les touristes sur le terrain situé derrière l'hôtel.

▧ UTSMURTEE GER CAMP

Nuit sous la ger 13 000 T par personne. Ce petit camp est situé à 5 km du centre-ville, tout à côté du monastère. Le confort est un peu sommaire puisqu'il n'y a pas de douches et que les toilettes sont limitées à une cabane en bois avec un trou dans le sol.

▧ HAVTGAI MOD

Nuit sous la ger 10 000 T par personne. Situé à 2 km de la ville, il présente les mêmes caractéristiques que le précédent.

▧ BAIGALIIN MUSIEM

Le musée est entouré de quelques ger où l'on peut également passer la nuit.

@ *« La guesthouse de Fairfield : tout le monde y va ! 12 000 T par personne avec le petit déjeuner. Les chambres sont très jolies et confortables. Les lits sont neufs. Il y a des douches chaudes à toute heure et même un service de laundry. » Annick S.-V., Thoiry.*

Restaurants

▧ FAIRFIELD

À côté de l'hôtel Naran Tuv

C'est un Anglais qui, dans cette guesthouse, propose également un restaurant et une petite boulangerie où l'on peut acheter du pain et des viennoiseries pour 2 à 3 $.

▷ **L'hôtel Ar-Sunder** dispose d'un restaurant dont l'activité semble plus que ralentie.

▷ **Les guanz de la ville** sont situés dans le centre et surtout autour du marché.

Points d'intérêt

▧ MUSEE CENTRAL

Ouvert en semaine de 9h à 16h. Entrée 2 500 T. 2 000 T supplémentaires pour les photos dans la cour et 5 000 T pour des photos dans le temple ! Un musée qui s'intéresse à l'histoire de la région, avec des salles consacrées au mode de vie nomade du VIIe siècle, à la religion, à l'artisanat local... Il est installé dans le monastère de Zayayn Gegeenii Süm, construit à la fin du XVIe siècle et agrandi à la fin du XVIIe. Constitué de 5 temples et abritant à la grande époque jusqu'à 1 000 moines, le monastère n'a dû son salut qu'à sa reconversion en musée.

Derrière le musée, au-dessus de la ville se trouve un petit temple en rénovation, qui offre une jolie vue sur Tsetserleg et les montagnes environnantes. Quelques rochers derrière le temple portent des inscriptions religieuses.

▧ MUSEE UGSAATNE ZUI

Pour tout savoir des coutumes funéraires locales. Cette thématique originale mérite une visite, pour mieux comprendre une tradition complexe qui avait déjà étonné Marco Polo.

▧ MONASTERE BUYANDELGERUULEK

Le monastère Buyandelgeruulekh est le principal monastère de la ville encore en activité. Il est constitué d'un temple et d'une ger, qui peuvent tous deux accueillir des cérémonies.

▷ Un peu à l'extérieur de la ville se trouve **un musée presque exclusivement consacré aux animaux empaillés.** Les mites s'en sont visiblement donné à cœur joie, et la collection n'est pas à la hauteur de celles présentées dans la plupart des musées d'aimag. *Entrée 1 000 T.*

Dans les environs

▧ LE ROCHER DE TAIKHAR

Le rocher de Taikhar se trouve à une vingtaine de kilomètres au nord-ouest de la ville. Haut de 16 m, ce roc est entièrement recouvert d'inscriptions en diverses langues et de diverses époques, les plus anciennes étant supposées dater de l'âge de pierre. On peut notamment distinguer les marques des clans, en rouge et noir, et des écritures runiques, datant de la période turque.

La légende locale raconte que ce rocher est le symbole de deux amants, forcément malheureux : l'amour de Tamir, une jeune fille de la région, et de Taikhar, aurait été empêché par le seigneur local, qui souhaitait épouser la belle Tamir. Cette dernière s'est enfuie dans la direction aujourd'hui indiquée par la rivière. Et son amant, interminablement posté le long du cours d'eau pour attendre son retour (qui n'a jamais eu lieu), a fini par se transformer en un rocher, campé pour l'éternité le long de la rivière sans jamais pouvoir la rejoindre… Il est également dit que si l'on arrive à lancer une pierre au sommet, on devient riche…

Il est possible de camper dans les environs, et trois ger camp se trouvent au pied du rocher.

Hébergement

▪ **BUYANA**

✆ 99 19 85 12 – taihar_camp@yahoo.com
30 $ par personne, 10 $ sans repas. Camp de 20 ger de 2 à 4 personnes.

LES SOURCES D'EAU CHAUDE DE TSENKHER

A 25 km de Tsetserleg se trouvent des sources chaudes très réputées, qui attirent, parfois le temps d'un week-end, des gens qui viennent même d'Oulan-Bator. Le site est agréable, dans une vallée boisée également adoptée par quelques familles de nomades. Le sum de Tsenkher abrite en outre un site paléolithique de 12 000 à 40 000 ans d'âge.

A proximité de la source (marquée par un gigantesque övöo), on trouvera deux camps de ger, qui y ont installé des bains permettant de profiter de l'eau thermale sans s'ébouillanter (l'eau sort de terre à 86 °C).

▪ **TSENKHER JIGUUR**

✆ 9914 5520
admin@ajnewtour.mn

Ouvert d'avril à octobre. Bains ouverts de 7h du matin à 1h du matin. 45 $ par personne en pension complète bains inclus, 12 $ par personne sans les repas mais avec accès aux bains ; bains seuls 5 $ de l'heure et 8 $ la journée. Une vingtaine de ger, plus quelques maisons en bois. Les bains sont bien mieux aménagés que dans le campement précédent. A la fois intérieurs et extérieurs, ils sont beaucoup plus grands et arrangés avec davantage de goût. Le camp organise des journées à cheval dans la vallée. Le restaurant présente des concerts de musique traditionnelle mongole quand des groupes viennent passer la nuit au camp.

La sépulture des rois

« *Pour dire toute la vérité sur le compte des Tartares, nous devons ajouter que leurs rois usent parfois d'un système de sépulture qui est le comble de l'extravagance et de la barbarie : on transporte le royal cadavre dans un vaste édifice construit en briques, et orné de nombreuses statues en pierre, représentant des hommes, des lions, des éléphants, des tigres, et divers sujets de la mythologie bouddhique. Avec l'illustre défunt, on enterre dans un large caveau, placé au centre du bâtiment, de grosses sommes d'or et d'argent, des habits royaux, de pierres précieuses, enfin tout ce dont il pourra avoir besoin dans une autre vie. Ces enterrements monstrueux coûtent quelquefois la vie à un grand nombre d'esclaves : on prend des enfants de l'un et de l'autre sexe, remarquables par leur beauté, et on leur fait avaler du mercure jusqu'à ce qu'ils soient suffoqués ; de cette manière, ils conservent, dit-on, la fraîcheur et le coloris de leur visage, au point de paraître encore vivants. [...] Pour garder ces trésors enfouis, on place dans le caveau une espèce d'arc pouvant décocher une multitude de flèches à la file les unes des autres. Cet arc, ou plutôt ces arcs nombreux unis ensemble sont tous bandés, et les flèches prêtes à partir. On place cette espèce de machine infernale de manière à ce qu'en ouvrant la porte du caveau, le mouvement fasse décocher la première flèche sur l'homme qui entre. Le décochement de la première flèche fait aussitôt partir la seconde, et ainsi de suite jusqu'à la dernière ; de sorte que le malheureux, que la cupidité ou la curiosité porterait à ouvrir cette porte, tomberait percé de mille traits dans le tombeau même qu'il voudrait profaner.* »

(*Souvenirs d'un voyage dans la Tartarie et le Thibet*, Père Huc, Editions Omnibus, p. 86.)

LA MONGOLIE CENTRALE

▦ SHIVEET MANKHAN

✆ 99 16 51 45

www.shm-tour.mn – info@shm-tour.mn

30 $ la nuit avec les 3 repas et l'accès aux bains, 10 $ sans les repas, 5 $ par personne pour le seul accès aux bains. Le camp, d'une vingtaine de ger, organise également des excursions à la journée dans la vallée : location d'un cheval 3 $ de l'heure, 10 $ pour la journée. Les bains sont en partie intérieurs, en partie extérieurs, ce qui permet d'en profiter par tous les temps. Leur taille est en revanche un peu réduite.

OGII NUUR

Très poissonneux (perches et brochets), ce petit lac de 25 km² est situé à 1 337 m d'altitude, au nord-est de Tsetserleg. On estime que l'on peut en extraire 50 t de poissons par an sans nuire à son équilibre ! Ogii Nuur est également une étape pour quelques oiseaux migrateurs, parmi lesquels les pélicans dalmatiens et les oies sauvages sont les plus nombreux. Sur la rive ouest du lac se trouvent les ruines du monastère Chilin, un édifice en pierre datant du XVIIe siècle. Le monastère, ou ce qu'il en reste, est actuellement entouré d'eau, ce qui empêche de le voir à moins d'un kilomètre de distance. Une légende locale raconte qu'une vache sauvage vit dans le lac. Elle porte bonheur à quiconque est capable de la voir. Trois camps de ger se trouvent sur les rives du lac.

▦ OGII NUUR GER CAMP

✆ 99 11 22 25

30 $ la nuit. Avtivité de bateau, de pêche, de cheval et même de chameau !

KHAR BALGAS

Fondée sous l'Empire ouïgour, en 751, cette ville aujourd'hui en ruine était une capitale administrative et un centre d'échanges commerciaux. Le site, surnommé « les ruines noires », en raison de la couleur des pierres utilisées pour sa construction, laisse deviner par son ampleur la puissance de la citadelle originelle. Il n'en reste malheureusement aujourd'hui que quelques murs extérieurs, un stupa blanc et les vestiges du palais du kagan, le chef de clan local. Le sol conserve encore les traces d'un réseau d'irrigation élaboré, qui permettait d'acheminer l'eau depuis les rivières situées à plusieurs kilomètres de là. Les systèmes d'irrigation étaient une technique bien maîtrisée par les Ouïgour :

on peut notamment en voir un très élaboré en Chine, dans la région de Turfan.

Dans les environs

▦ MONUMENT DE KULTEGIN

A une vingtaine de kilomètres de Khar Balgas se trouvait une ancienne capitale, datant probablement de la période turque, au VIIIe siècle. Il ne reste de cette cité qu'une stèle de 3 m de hauteur, portant une inscription en chinois ainsi que le sceau de Kultegin, en l'honneur de qui le site avait été fondé. L'autre face de la stèle porte une inscription turque ainsi que la date du 1er août 732, ce qui permet de dater précisément le site.

La stèle faisait apparemment partie d'un ensemble funéraire composé d'une tombe, d'un temple ainsi que d'un groupe de statues représentant des hommes et des animaux (allée aux esprits dans la tradition chinoise). Autre marque très chinoise, une tortue de marbre portait sur sa carapace la stèle avec le récit de la construction du site. Cette tortue est aujourd'hui décapitée et a été privée de sa stèle.

Les fouilles menées sur le site ont permis la mise au jour de plusieurs fragments d'une statue qui semblait représenter Kultegin en personne. Plusieurs balbal, ces pierres-hommes d'origine turque, ont également été découvertes sur le site.

Un musée est en construction sur site. La stèle dédiée à Bilge, le frère de Kultegin, qui fut le dernier à régner sur le khanat turc, sera dorénavant visible dans le nouveau musée.

THERKHIIN TSAGAAN NUUR

Ce grand lac de 161 km² est le résultat de l'irruption volcanique du mont Khorgo : la lave a en effet bloqué la rivière Terkh au nord et au sud, entraînant la formation d'un barrage naturel, et donc de ce lac, situé à 2 060 m d'altitude.

Les rives du « grand lac blanc » sont boisées et entourées de cratères et de coulées de lave pétrifiées qui donnent au paysage une atmosphère très particulière. La zone sert d'étape à de nombreux oiseaux migrateurs, d'autant plus nombreux que le lac, le volcan et leurs environs sont désormais inclus dans le parc national de Khorgo Terkhiin Tsagaan Nuur.

Peu profond (entre 4 et 10 m de fond), le lac est propice à la pêche (perches et brochets surtout) mais également à la baignade.

Hébergement

On peut camper sur les bords de l'eau ou choisir l'un des multiples camps de ger des environs.

▪ KHORGO 1

✆ (011) 323 870 – www.tsolmontravel.mn
tsolomont@magicnet.mn
30 $ par jour en pension complète, 10 $ la nuit. Ouverte de juin à novembre. Ce camp de ger n'est pas sur les rives du lac, mais en direction du volcan Khorgo Uul. Situé dans un endroit superbe, ce camp dispose de 35 ger, dont 10 pour 4 personnes et 25 pour 2 ou 3 personnes. Les serviettes de toilette sont fournies et les ger sont bien aménagées. Cheval (*5 000 T/h*)

▪ TSAGAAN NUUR GER CAMP

✆ (011) 300 301 – enigma@magicnet.mn
Ouverte de juin à novembre. C'est le premier camp en arrivant aux abords du lac, sur la gauche. 10 $ par personne, 2 $ le repas. Ce charmant camp, un peu plus simple, propose 15 ger de 3 à 4 personnes. Douches chaudes, machine à laver, grand restaurant donnant sur le lac, terrasse extérieure. A côté du camp, il y a un magasin d'alimentation, qui pratique des prix un peu élevés. Cheval (*3 000 T/h*), pêche en bateau sur le lac (*5 000 T/h*).

▪ GER MOTEL

5 000 T par personne. Sur la gauche du lac. C'est un petit camp de 6 ger de 3 à 5 lits, tenu par une famille charmante qui ne parle pas anglais.

▪ MUKHGEREL

✆ 99 81 87 49
3 000 T la nuit, 1 000 T le repas. 8 ger tenues par une famille adorable. La nourriture est excellente. Possibilité de faire du cheval, de la pêche. La famille parle un peu anglais.

▪ MAIKHAN TOLGOI

30 $ en pension complète, 13 $ la nuit sans nourriture. 4 $ le petit déjeuner. Ouvert de mai à octobre. C'est le dernier camp de lac, sur une espèce de péninsule, donc donnant de chaque côté sur le lac. Il y a a 25 ger de 2, 3 et 4 personnes, serviettes fournies. Possibilité de faire du bateau sur le lac (*15 $/h*) et du cheval (*4 $/h*).

▪ AIMAG D'OVÖRKHANGAÏ

Cet aimag de 62 900 km^2 est l'un des plus visités du pays, puisqu'il inclut la ville de Karakorum et le célèbre monastère d'Erdene Züü. Le nord-est de la région administrative est barré par les contreforts de la chaîne du Khangaï, qui culmine à 3 019 m d'altitude avec le mont Kharyrkhan. Le sud est, pour sa part, recouvert par le désert de Gobi et des steppes semi-désertiques.

ARVAIKHEER

La capitale de l'aimag est située à 1 913 m d'altitude, au pied de la montagne et à proximité de la rivière Ongi. La ville en elle-même ne présente pas grand intérêt, si ce n'est d'avoir un aéroport qui facilite le transfert depuis Oulan-Bator.

Transports – Pratique

Avion

Deux vols par semaine depuis Oulan-Bator, le mardi et le samedi, avec la IAT. La ville sert aussi d'étape pour le vol entre Oulan-Bator et Bayankhongor, il doit donc être possible de gagner l'aimag de Bayankhongor depuis Arvaikheer par avion.

Bus

Depuis le marché, des minivans assurent la liaison avec Oulan-Bator. Les départs sont quotidiens mais les horaires aléatoires puisque les bus ne partent en principe qu'une fois pleins. Le trajet dure 7 heures. Quelques minivans se rendent également à Karakorum, mais les liaisons sont beaucoup plus irrégulières.

▶ **Une taxe de 500 T** est collectée à l'entrée de la ville, pour couvrir les frais de construction de la petite portion de route goudronnée qui arrive jusqu'à la capitale d'aimag.

Hébergement

▪ HOTEL BAYAN BULAG

Quelques chambres à 15 $ par personne, avec salle de bains, mais rarement de l'eau chaude.

▪ HOTEL ALT OVOO

Chambres de 3 lits avec salle de bains commune 15 $ par personne, chambres avec salle de bains entre 25 et 30 $ par personne.

LA MONGOLIE CENTRALE

■ **ORKHON HOTEL**

Lits en dortoir 4 000 T par personne, douches communes 500 T. L'hôtel se trouve à l'extérieur de la ville.

Restaurants

▶ **Les deux premiers hôtels** ont des petits restaurants qui ouvrent quand les clients se présentent.

▶ **Sinon, les guanz autour du marché** permettent de déguster des plats mongols classiques.

Points d'intérêt

■ **MUSEE DE L'AIMAG**

Ouvert de 9h à 18h. Entrée 1 000 T. Traditionnelles collections sur la faune et la flore locales, ainsi que quelques objets d'artisanat local.

■ **MEMORIAL DE ZANABAZAR**

Ouvert de 9h à 18h. Entrée 1 000 T. On peut y voir une série d'œuvres d'art, principalement statues et peintures, signées par Zanabazar et ses disciples, que l'on recense sur plusieurs siècles.

■ **MONASTERE GANDAN MUNTSAGLAN**

Reconstruit à l'emplacement d'un ancien monastère détruit dans les années 1930, le Gandan Muntsaglan a été rouvert en 1991. Il possède encore de beaux tangka, dont l'un permet de se faire une idée de l'architecture du monastère originel.

KHUJIRT

Cette petite ville, pourvue elle aussi d'un aéroport sur lequel n'atterrit aucune ligne régulière, est connue pour ses spa, qui attirent de nombreux touristes mongols.

▶ **Un centre d'information pour les touristes** a été ouvert récemment à proximité du spa. Le centre de tourisme de la vallée de l'Orkhon dispose de quelques panneaux d'informations et de prospectus sur la région.

▶ **Un grand centre de loisirs russe** vient d'être rénové pour permettre aux touristes de profiter des spa.

▶ **Un camp de ger** s'est également installé à proximité des sources chaudes :

■ **KHUJIRT TOUR**
✆ (011) 322 977

25 $ par personne avec les 3 repas ou 10 $ la nuit.

Dans les environs

▪ LES CHUTES DE L'ORKHON

Les chutes de l'Orkhon sont situées dans un invraisemblable paysage volcanique. Des irruptions successives ont recouvert la vallée de l'Orkhon de roches volcaniques noires, qui émergent au milieu d'une steppe verdoyante. Les chutes en elles-mêmes forment un site très agréable : la rivière creuse à cet endroit une gorge verdoyante d'une vingtaine de mètres de profondeur, et de grands övöo sont dressés en haut des falaises et au pied des chutes. En raison de la sècheresse, les chutes sont souvent sèches, mais en descendant la rivière, on trouve de plus petites chutes un peu plus loin.

De nombreuses familles de nomades viennent s'installer à proximité des chutes durant l'été, pour bénéficier de la constante fraîcheur de l'endroit. Certains nomades proposent aux voyageurs le gîte et le couvert contre une modeste contribution.

▷ **Un camp de ger et de petites cabanes en bois** a ouvert au-dessus de la gorge. Il peut accueillir une trentaine de personnes, pour 12 $ dans les ger et 5 $ dans les maisons, sans les repas. Un restaurant propose des petits déjeuners pour 3 $, déjeuners pour 5 $ et dîners pour 4 $. Le camp est ouvert de juin à septembre.

▪ LE MONASTERE TUVKHUN

Le monastère Tuvkhun se trouve sur le pic d'Undur Shireet, à la limite de l'aimag d'Arkhangaï. Situé à 2 312 m d'altitude, à une quarantaine de kilomètres de Khujirt, le monastère a été érigé par Zanabazar en 1654. Selon la légende, l'artiste mongol résidait dans ce monastère quand il a créé le Soyombo, qui allait devenir le symbole de la Mongolie.

▪ NAIMAN NUUR

Naiman Nuur est une zone regroupant huit petits lacs créés par des éruptions volcaniques et désormais intégrés dans une réserve naturelle. Les lacs se trouvent à 2 200 m au-dessus du niveau de la mer et sont entourés de forêts percées de cratères de volcans. L'endroit est très beau mais d'un accès difficile et, surtout, les nuits y sont très fraîches, même en été.

▪ MONASTERE SHANKH

A mi-chemin entre Karakorum et Khujirt. Entrée

1 000 T, photos 1 000 T. Ce monastère a miraculeusement survécu aux purges des années 1930. Il doit sa réputation à ses liens avec Zanabazar, qui y a passé son enfance. On dit également que, pendant un temps, le temple avait protégé la bannière noire de Chinggis Khaan, celle qui symbolisait la puissance militaire du grand khan.

Seul le temple central du monastère a été restauré après la réouverture au culte en 1990. *Les cérémonies ont lieu le matin, à partir de 9h.*

KARAKORUM

C'est en 1220 que Chinggis Khaan a décidé d'installer sa capitale à Karakorum. Ce qui ne ressemblait alors qu'à un vaste camp de ger a été partiellement construit en dur par le fils de Chinggis Khaan, Ogödeï. Karakorum a servi de capitale administrative, commerciale et culturelle pendant une quarantaine d'années, jusqu'à ce que Kubilaï Khan installe sa capitale sur le site de la future Beijing, en Chine.

Il ne reste presque rien de la capitale de l'Empire mongol du XIIIe siècle. Des fouilles archéologiques menées depuis quelques années n'ont permis de mettre au jour qu'une infime portion de cette vaste cité dont les murs d'enceinte couvraient un carré de 4 000 m de côté. Pour l'instant, trois des quatre statues de tortues portant les stèles de la ville ont été retrouvées : l'une est aujourd'hui exposée au musée d'Oulan-Bator, l'autre se trouve sur une colline qui surplombe la ville moderne et la troisième est visible à l'extérieur de l'enceinte du monastère d'Erdene Züü. Quant à l'étonnante fontaine qui trônait au centre de Karakorum, et que l'on connaît grâce aux descriptions qu'en ont faites les voyageurs reçus à la cour d'Ogödeï, aucune trace n'en a été retrouvée à ce jour.

Si la ville attire malgré tout un très grand nombre de visiteurs, elle le doit évidemment au monastère d'Erdene Züü, le premier lieu de culte bouddhiste construit en Mongolie au XVIe siècle sur les ruines de la cité du XIIIe.

Transports

Avion

Karakorum dispose d'un petit aéroport, mais les lignes régulières sont rares et opèrent exclusivement durant le pic de la saison touristique. En revanche, des agences de voyages peuvent affréter des charters pour cette destination.

LA MONGOLIE CENTRALE

Bus

Des minivans font la liaison tous les jours avec Oulan-Bator. Le trajet dure 8 heures, mais devrait être plus rapide à l'avenir puisqu'une route goudronnée est en cours de construction sur toute la longueur du trajet.

Voiture

Pour les voitures individuelles, une taxe de 500 T est collectée sur la route à l'entrée de Karakorum.

Hébergement – Restaurants

Très peu d'hôtels sont ouverts à Karakorum, qui préfère visiblement loger ses touristes dans des camps de ger. La plupart se trouvent à l'extérieur de la ville, le long de la rivière où il est possible de camper.

▪ **TSEGUUN HUREE**
✆ 99 08 59 48
12 $ la nuit, douche 2 $. 19 ger à proximité du monastère. Le restaurant est situé dans une énorme ger avec bouddha géant à l'intérieur.

▪ **CROWN CAFE GUESTHOUSE**
5 000 T par personne. Derrière le restaurant, 3 petites ger, en centre-ville.

▪ **ANAR CAMP**
✆ 99 19 80 43
Ouvert d'avril à octobre. Nuit à 15 $ par personne, petit déjeuner 4 $, déjeuner 7 $, dîner 5 $. À côté de la rivière, un très gros camp de 44 ger qui accueille surtout des groupes mais reste ouvert aux particuliers. Le camp dispose de sanitaires bien équipés, avec douche chaude toute la journée. Des spectacles sont organisés le soir après le dîner, dont des chants diphoniques et de la musique traditionnelle, pour 5 000 T par personne. Le camp organise également des randonnées à cheval pour 5 000 T par jour, et des mini Naadam lorsque les groupes de touristes le demandent. Des démonstrations de construction de ger sont également proposées aux groupes.

▪ **RIVERSIDE TOURIST CAMP**
✆ 9911 8200 – eastline@magicnet.mn
17 ger pour 25 $ par nuit, repas inclus, ou 10 $ sans les repas. Un camp, sur un joli terrain boisé le long de la rivière. Il propose des randonnées équestres pour 5 000 T par personne.

▪ **KHUBILAI KHAN TOURIST CAMP**
khansolm@mongol.net

Situé sur la colline qui surplombe le temple, le camp offre une très belle vue.

▪ **MUNGUN MOD**
✆ (011) 311 637
20 $ par personne. Un peu plus loin sur la route en direction de Shank Khiid.

▶ **D'autres camps de ger** se situent dans la région.

Le palais du Grand Khan à Karakorum

« Le palais est comme une église, avec une nef médiane, et deux collatéraux derrière deux ordres de colonnes, et trois portes au sud ; devant la porte du milieu, à l'intérieur, se dresse l'arbre. Le Chan siège au chevet, à l'extrémité nord, en un lieu élevé, si bien qu'il peut être vu de tous. Deux escaliers montent vers lui : l'échanson qui lui apporte une coupe monte par l'un et redescend par l'autre. L'espace qui est au milieu, entre l'arbre et les escaliers par où l'on monte jusqu'à lui, est libre. Là en effet se tiennent celui qui lui présente la coupe et aussi les ambassadeurs qui apportent des présents. Lui-même est assis là-haut comme un dieu. Du côté droit, c'est-à-dire à l'occident, sont les hommes, à gauche les femmes. Le palais s'étend du nord vers le sud. Près des colonnes, du côté droit, se trouvent des sièges élevés sur une sorte de terrasse où sont assis son fils et ses frères. En est de même du côté gauche où sont assises ses épouses et ses filles. Une seule femme est assise en haut près de lui, mais cependant sur un siège moins élevé que le sien. »
(*Voyage dans l'Empire mongol, 1253-1255*, Guillaume de Rubrouck, Editions de l'Imprimerie Nationale, p. 169.)

Restaurants

Les camps de ger sont tous équipés d'un restaurant, ce qui est souvent la solution la plus pratique.

▶ **Le Naran Restaurant et le Crown Café,** dans la rue principale de la ville, peuvent être une bonne alternative pour déjeuner.

▶ **Quelques guanz,** aux alentours du marché, servent des plats classiques mongols.

Points d'intérêt

■ MONASTERE ERDENE ZÜÜ

*Entrée 3 $ par personne, avec un guide. 5 $
pour un appareil photo, 10 $ pour une caméra.
Ouvert en été, de 9h à 18h et en hiver, de
10h à 17h.* La construction du monastère
a débuté en 1586, suivant les instructions
d'Avdaï Sain Khan, afin d'abriter des tangka
qui avaient été offerts par le dalaï-lama au
grand khan de Mongolie. Tout d'abord, trois
temples ont été érigés, puis des bâtiments
sont venus enrichir l'intérieur de l'enceinte
au fur et à mesure que les générations de
moines et de grands khans se succédaient.
Plus de 62 grands temples s'élevaient ainsi
dans l'enceinte du monastère en 1872,
et leur nombre a continué à augmenter
jusqu'au début du XXᵉ siècle, époque où les
Soviétiques ont pratiquement rasé l'ensemble
du monastère.

▌ **Le plus grand temple encore debout**
est d'une architecture typiquement chinoise,
avec des bâtiments construits autour d'une
grande cour. Le premier temple sur la gauche
présente de belles peintures murales ainsi
qu'une collection de tangka. Celui situé au
fond de la cour à gauche, appelé Baruun
Züü, abrite trois statues de Bouddha :
Kasyapa, Sakyamuni et Matreya.

▌ **Le temple principal,** à la façade
entièrement restaurée, se trouve au fond
de la cour. Ses trois statues principales
représentent Amitabba, Sakyamuni
et Manal, le Bouddha de la médecine.
L'entrée du temple est encadrée par
deux imposantes statues des divinités
protectrices du lieu, Gombogur Dhrama et
Baldanlham. Derrière elles, sur les côtés,
se trouvent les statues représentant les
disciples du Bouddha.

▌ **Le temple situé au fond de la cour à
droite** est tout simplement appelé Temple
Züü de l'Est. Il abrite trois statues, celles
d'Aryapala, de Sakyamuni et de Je Zonkhapa,
reconnaissable à son bonnet jaune. Le
premier temple sur la droite possède une
fresque murale, plusieurs statues de divinités
bouddhiques et des tangka.

▌ **A l'est de ce temple chinois se
trouve le seul temple encore en
activité du monastère.** Son architecture
est typiquement tibétaine. Construit en
1760, il servait de résidence au Bogd Khan
lorsque celui-ci se rendait à Erdene Züü.

Karakorum au XIIIᵉ siècle

L'ancienne cité de Karakorum avait été bâtie
sur les ruines d'une petite ville de l'Empire
hun, dont on avait repris et restauré quelques
bâtiments. L'architecture de Karakorum
était un véritable patchwork d'influences
orientales et occidentales. Le palais le plus
somptueux était celui de grand khan, que
l'on appelait Tumen Amgalan. Construit
sous le règne d'Ogödeï, son édification
avait nécessité la contribution des artistes
et artisans de Mongolie mais également
de Russie, de Chine, d'Angleterre, de
Perse, du royaume Ouïgour, du Tibet et du
Népal. Le palais s'élevait sur trois étages.
Sa façade extérieure était recouverte de
briques rouges et vertes, entièrement
décorées de peintures représentant
des paysages ou des personnages. Des
fouilles archéologiques ont permis de
déterminer que la principale salle du palais
était soutenue par 64 colonnes, alors que
8 colonnes supplémentaires marquaient
l'entrée du bâtiment. Le sol de la salle de
réception était recouvert de briques vertes,
et le toit était également surmonté de tuiles
rouges et vertes. La construction du palais
s'est achevée en 1235.

Plus tard, le successeur d'Ogödeï s'est
également fait construire un somptueux
palais dont les façades étaient incrustées
de calcédoine, de coraux et de perles.
Son trône, réalisé par un artisan russe,
était en ivoire, et couvert d'or et de pierres
précieuses.

La cité était entourée d'un mur d'enceinte
interrompu par quatre portes. La ville était
structurée selon une répartition sociale
bien définie, puisqu'on pouvait y trouver les
quartiers réservés aux khans, aux princes et
aux nobles mongols ; un autre était réservé
aux reines et aux princesses ; les officiers
militaires, les représentants des missions
étrangères, les commerçants européens et
asiatiques, les artisans avaient également
tous leur quartier. La ville était ouverte
à de nombreuses religions, puisqu'elle
comptait dans ses murs douze monastères
bouddhistes, deux mosquées et une église.
Le plus grand monastère bouddhiste a été
construit sur ordre d'Ogödeï et terminé
sous le règne de son successeur, en 1256.
A son sommet s'élevait une pagode de cinq
étages en forme de ger mongole.

Seul le rez-de-chaussée, une petite salle de prière, est accessible. La partie supérieure, consacrée à Mahâkala, est fermée aux visiteurs.

▷ **A l'ouest du temple chinois se trouve le temple du dalaï-lama,** édifié en 1675. Couvert de céramiques couleur brique et or, il est composé de petites chapelles de prière et protégé au nord par des barrières de bois destinées à éloigner les mauvais esprits.
La cour du monastère comprend encore quelques stèles, dont l'une présente le Soyombo, des écritures turques sur une face et des écrits en tibétain, sanskrit et mongol sur l'autre face.
Un peu plus loin se trouve le Stupa d'or, édifié en 1799 en l'honneur du quatrième Bogd Khan.

Entouré de huit petits stupas, il mesure 10,5 m de hauteur et renferme 100 000 statues de bouddhas. Les tombes d'Avtaï Sain et de son fils Tusheet Khan Gombodorj se trouvent également dans l'enceinte du temple.

▷ **Il reste quelques traces de l'impressionnante ger (ou yourte)** qui avait été installée au cœur de l'enceinte en 1657, par Zanabazar. Appelée Bat Ulziit, cette ger mesurait 45 m de diamètre et environ 15 m de hauteur et nécessitait 35 murs démontables et 1 700 perches pour le toit ! Par la suite, elle a été déplacée, et son premier emplacement avait été reconverti en scène pour les cérémonies tsam. On peut voir aujourd'hui l'emplacement des 7 poteaux sur les huit originels.

La fontaine de Karakorum

De nombreux invités à la cour du grand khan ont rapporté des descriptions de cette étonnante fontaine, cet arbre d'argent conçu par un artisan français, Guillaume Boucher. Plus de 50 ouvriers auraient contribué à la réalisation de cet ouvrage, achevé en 1254 et placé devant le palais d'Ogödeï. Au pied de l'arbre étaient couchés quatre lions, orientés vers les quatre points cardinaux. Les branches, les feuilles et les fruits de l'arbre étaient en argent massif. De la gueule de chaque lion coulaient, dans des jarres en argent somptueusement décorées, des breuvages alcoolisés : vin, airag, boisson au miel et une bière appelée terracine. Guillaume de Rubrouck décrit avec précision cette fontaine dans le récit de son voyage à la cour de Mangou :

« A l'entrée de ce grand palais, comme il était honteux d'y introduire des outres de lait et d'autres boissons, maître Guillaume le Parisien lui fit un grand arbre en argent, aux racines duquel sont quatre lions d'argent, chacun avec un conduit, et vomissant tous du lait blanc de jument. A l'intérieur de l'arbre, quatre conduits vont jusqu'à la cime, d'où leur extrémité s'ouvre vers le bas. Sur chacun d'eux est un serpent doré dont la queue s'enroule au tronc de l'arbre. L'un de ces conduits verse du vin, l'autre du caracomos, un autre de la cervoise de riz, que l'on appelle terracine. Pour chaque boisson une vasque d'argent est disposée au pied de l'arbre, où elle recueille le liquide de chacun des conduits. Au sommet de l'arbre il a fait un ange qui tient une trompette, et sous l'arbre un caveau où un homme peut se cacher. Un conduit interne s'élève au cœur de l'arbre jusqu'à l'ange. Il avait d'abord fait des soufflets, mais ils ne donnaient pas assez de vent. En dehors du palais se trouve un cellier où sont emmagasinées les boissons : des serviteurs s'y tiennent, prêts à les distribuer quand ils entendent l'ange sonner de la trompette. L'arbre porte des rameaux d'argent, avec des feuilles et des fruits.
Donc, quand le chef des échansons a besoin de boisson, il crie à l'ange de sonner de la trompette. En l'entendant, celui qui est caché dans le caveau souffle vigoureusement dans le conduit qui mène à l'ange, l'ange embouche sa trompette et la trompette sonne très haut. Alors, en l'entendant, les serviteurs qui sont dans le cellier versent chacun la boisson dans le conduit qui lui est propre, et les tuyaux les déversent, en haut et en bas, dans les vasques disposées à cet effet. Les échansons les puisent alors et les portent à travers le palais aux hommes et aux femmes. »
(*Voyage dans l'Empire mongol,1253-1255*, Guillaume de Rubrouck, Editions de l'Imprimerie Nationale, p. 168-169.)

D'autres récits rapportent que 500 chariots de victuailles venaient approvisionner la ville tous les jours, suivis de 105 chariots exclusivement consacrés au transport d'airag.

▶ **L'enceinte** est délimitée par un mur blanc hérissé de 108 stupas. Mesurant 400 m de côté et formant un carré, ce mur a été élevé un siècle après le monastère original : sa construction a débuté vers 1730 pour s'achever en 1808.

■ **MONUMENT DE CHINGGIS KHAAN**

L'entrée coûte 500 T. A la sortie de la ville se trouve ce nouveau monument érigé à la mémoire de Chinggis Khaan, tout en haut de la colline. En tournant dans le sens des aiguilles d'une montre, on découvre 3 cartes de l'Empire mongol, datant d'avant et d'après Chinggis Khaan. Il y a des vendeurs de toutes sortes de souvenirs.

Dans les environs

■ **MONGOL ELS (DUNES DE SABLE)**

A la frontière avec l'aimag de Töv. Ceux qui n'auront pas prévu de poursuivre leur exploration de la Mongolie vers le sud auront ici un bon aperçu des dunes telles qu'on peut les voir dans le désert de Gobi. A deux pas de là, dans un cirque formé par de hautes falaises de granit se trouve un petit monastère, l'Erdene Khan. Le temple initial avait été construit en 1600, et l'on peut encore voir ses imposantes ruines à côté du petit temple restauré en 1990. Quelques moines animent ce monastère, où ont lieu des cérémonies tous les matins à 10h. Un petit camp de ger est relié au monastère et compte concurrencer le camp Batrag, installé dans la même vallée, et qui propose des nuits en ger pour 10 000 T.

■ **MONGOL ALTAI CAMP**

Nuit sous la ger 15 $. Repas non compris, menu à la carte. Situé au pied des dunes, ce camp permet de profiter d'un site qui combine dunes, steppes, falaises de granit, et même un réseau de trois petits lacs. Des concerts de musique traditionnelle sont organisés le soir. Et le camp propose des excursions à cheval dans les environs.

■ AIMAG DE ZAVKHAN

D'une superficie totale de 82 500 km^2 et avec une population d'environ 87 000 habitants, l'aimag de Zavkhan est largement montagneux. La chaîne de la montagne Khangaï culmine à 4 021 m d'altitude avec le pic Otgon Tenger, autour duquel a été créée une zone strictement protégée.

Les pentes de la montagne sont couvertes de forêts, alors que l'ouest de l'aimag est désertique et présente même quelques dunes de sable : les Bor Khar Els. Séquelle d'un violent séisme, une gigantesque faille de 400 km de longueur traverse tout le nord de l'aimag. Cette faille, la plus longue faille active du monde, a été créée par la secousse sismique du 23 juillet 1905, dont l'amplitude était évaluée entre 8,2 et 8,7 sur l'échelle de Richter.

Des fissures de 60 m de profondeur et jusqu'à 10 m de largeur sont ouvertes ce jour-là, et on peut encore en voir les traces près d'un siècle plus tard. La faille court du lac Sangiin Dalai Nuur, dans l'aimag de Khövsgöl, jusqu'à la source de la rivière Khangilstag, dans la chaîne de Khankhukii.

ULIASTAÏ

La capitale de l'aimag est située à 1 760 m d'altitude. Entourée de montagnes sur trois côtés et coupée en son centre par la rivière Chigistei, c'est une petite ville un peu endormie mais relativement agréable du fait de sa situation géographique. Il ne subsiste malheureusement rien des origines de la ville, qui avait été fondée par les Mandchous pour servir de base militaire à la région. Côté architecture, elle présente aujourd'hui un mélange de bâtiments soviétiques et de ger et cabanes en bois mongoles.

Transports

Avion

Il n'y a plus de desserte par l'avion.

Bus

Un bus relie Uliastaï à Oulan-Bator une fois par semaine, et des minivans font également le trajet avec une fréquence un peu plus élevée, mais des départs aléatoires. Il faut compter 45 heures de route... Possibilité de rallier Khovd.

Hébergement – Restaurants

■ **HOTEL TEGSH**

Chambres de 5 000 à 8 000 T, avec douches communes 500 T. L'hôtel dispose également d'un sauna et d'une salle de billard.

Aimag de Zavkhan

HOTEL ULIASTAI

Chambres de 10 $ à 25 $. Chambres avec toilettes et lavabo.

▶ **Restaurants.** Les deux hôtels sont dotés d'un petit restaurant. Les guanz situés autour du marché sont toujours une valeur sûre pour un repas simple.

Points d'intérêt

MUSEE D'HISTOIRE

Ouvert de 9h à 18h. Entrée 1 000 T. C'est l'équivalent des musées d'aimag que l'on trouve dans toutes les capitales administratives du pays. Faune et flore, objets religieux, masques tsam.

MUSEE DES GENS CELEBRES

Ouvert de 9h à 18h. Entrée 2 000 T. L'aimag est très fier d'avoir vu la naissance d'Orchibat, le premier président démocratiquement élu du pays. Les autres personnalités présentées dans le musée, toutes originaires de l'aimag, sont un peu plus obscures, et le manque d'explications n'aide pas à se faire une idée des raisons de leur célébrité.

JAVKHLANT TOLGOÏ

Une colline située à proximité de la rivière, qui offre un beau panorama sur la ville.

DECHINDARJAA KHIID

Ce petit temple, situé à l'extérieur de la ville vers le nord, a été remis en service en 1990 et accueille aujourd'hui une cinquantaine de moines. Les cérémonies ont lieu le matin.

Dans les environs

▶ **Les dunes de sable de Bor Khar** figurent parmi les plus vastes du pays. Elles mesurent 180 km de longueur sur 15 km de largeur et couvrent une aire totale de 2 500 km². Elles offrent un paysage d'autant plus attrayant qu'elles sont bordées, au nord, par le lac d'eau salée Bayan Nuur (qui attire des oiseaux rares durant les migrations du printemps et de l'automne, mais est très difficile d'accès) et, au sud, par la rivière Khungui.

▶ **Une source chaude, aux vertus curatives,** jaillit dans la vallée de la rivière Rashaan, à une altitude de 2 510 m. Elle se ramifie en une trentaine de petits cours d'eau, dont la température atteint 50 °C. Une station thermale a été créée à une vingtaine de kilomètres au sud du pic Otgon Tenger. On y traite les maladies nerveuses, cardio-vasculaires et digestives.

OTGON TENGER UUL

L'entrée dans la zone strictement protégée coûte *3 000 T par personne.* Situé à une soixantaine de kilomètres à l'est d'Uliastaï, le pic Otgon Tenger Uul, culminant à 4 021 m d'altitude et toujours recouvert de neige, est l'une des montagnes sacrées du pays. Il est protégé depuis 1992, afin de préserver son fragile écosystème. La zone strictement protégée s'étend sur 955 km² ; elle comprend le pic Otgon Tenger mais également ses contreforts et le lac Badar Khundaga.

TOSONTSENGEL

C'est la deuxième plus grande ville de l'aimag, située dans une vallée du nord, coincée entre la chaîne du Khangaï et celle de Bulnayn. L'économie locale repose sur l'industrie du bois, grâce aux vastes forêts qui recouvrent les montagnes des alentours. La ville dispose d'un aéroport où font escale les avions qui relient Oulan-Bator à Olgiy, une fois par semaine. On peut donc considérer Tosontsengel comme une base de départ commode en direction de Khövsgöl ou d'Uvs.

Tosontsengel détient le record de la ville la plus froide du pays, avec un glacial - 52,9 °C enregistré un mois de janvier.

LA MONGOLIE CENTRALE

Couple dans l'Aimag de Zavkhan

LE DÉSERT DE GOBI

Désert de Gobi,
parc national
du Gobi, dune de
Khongoryn-Els,
caravane de
chameaux

© ICONOTEC

Le désert de Gobi

Les immanquables du Gobi

» **Monter à dos de chameau.**
» **Chercher des œufs et des ossements de dinosaure** à Bayanzag.
» **Marcher sur de la glace** dans le canyon de Yolyn Am, en plein été.
» **Grimper sur les dunes de sable** de Khongoryn Els.
» **Admirer les paysages désertiques** aux couleurs surprenantes.

Regroupant cinq aimag (ou provinces), la région du Gobi, qui signifie « zone semi-désertique » en mongol, présente une grande diversité géographique : plaines, montagnes et dunes de sable. Elle couvre à peu près un tiers de la Mongolie et reste le plus grand désert du monde. Cette région est également la moins peuplée de Mongolie. En revanche, elle recense bon nombre d'animaux rares tels que chameaux, ânes sauvages, ours, gazelles, ibex, argali…

Les paysages arides sont sublimes et offrent une variété de couleurs digne des palettes de peinture : vert, ocre, rose, jaune, brun sous le ciel bleu se mélangent à chaque coup d'œil. C'est un régal pour peintres et photographes.

Cette région est extrêmement visitée par les voyageurs férus de reg et d'erg. Voyager dans le Gobi n'est pas chose facile. Il est préférable de disposer d'un véhicule, car les transports sont rares. En été, les températures peuvent grimper jusqu'à + 50 °C, il ne faut pas oublier de s'hydrater, alors qu'en hiver, elles atteignent - 25 °C, et le Gobi est alors recouvert de glace.

AIMAG DE DUNDGOV

L'aimag de Dundgov assure la transition entre les steppes centrales et le désert qui commence déjà à couvrir le sud de cette région. Cet aimag jouit d'un climat un peu plus clément que le reste du pays, puisque la moyenne annuelle y est de 11 °C. En revanche, c'est la région la plus ventée de Mongolie, ce qui est particulièrement pénible dans la partie sud, où le vent provoque facilement des tempêtes de sable.

MANDALGOV

La capitale de l'aimag de Dundgov est une petite ville de 11 000 habitants, endormie dans la torpeur du désert naissant. La ville est récente, puisqu'elle n'a commencé à ressembler à une zone urbaine qu'en 1942. Mais elle souffre, depuis quelques décennies, de la désertification qui a déjà fait fuir près de la moitié de la population locale en quinze ans.

Transports

Avion

Un vol hebdomadaire depuis Oulan-Bator avec la compagnie MIAT. La ville constitue en fait une étape entre Oulan-Bator et Dalazadgad.

Bus

Des minibus relient Mandalgov à Oulan-Bator, depuis la gare routière de la capitale. La distance entre les deux villes est de 260 km, mais la route n'étant pas goudronnée, on dépasse rarement les 40 km/h.

Hébergement

■ **GOBI HOTEL**

Chambres de 5 à 10 $. C'est un peu la bonne surprise de Mandalgov. Ce petit hôtel situé à deux pas du musée se trouve dans une jolie maison avec un jardinet devant et une grande

terrasse au 1er étage. Il est très bien entretenu et dispose en outre d'un tout petit restaurant où l'on sert des plats traditionnels mongols.

■ HOTEL MANDALGOV

Chambres de 3 000 à 4 500 T par personne, sans salle de bains pour les premières, avec toilettes individuelles pour les secondes. L'hôtel dispose d'un restaurant très correct.

Points d'intérêt

■ MUSEE DE L'AIMAG

Ouvert tous les jours de 9h à 18h. Entrée 1 000 T. Faune et flore locales, ainsi que les inévitables animaux empaillés. On manque un peu d'explications, mais on y découvre une collection de coquillages assez étonnante (et qui rappelle que le désert était, il y a très longtemps, recouvert d'une mer) et, surtout, de beaux bijoux de l'époque xiongnu (dans le couloir du rez-de-chaussée).

■ TEMPLE DASHGIMPELIIN

C'est un petit monastère qui a été reconstruit après le départ des Soviétiques.

■ MANDALIN KHAR OVOO

Cette colline qui surplombe Mandalgov au nord de la ville permet une vue d'ensemble de l'agglomération. Un monument à la gloire de l'amitié entre la Mongolie et l'Union soviétique trône au sommet.

Dans les environs

■ BAGA GAZRIN CHULUU

Au nord-ouest de Mandalgov, Baga Gazrin Chuluu est une étonnante formation de granit au cœur de la steppe. D'immenses rochers de couleur ocre y forment des dédales naturels, dans lesquels on découvre quelques sites étonnants, dont les ruines d'un vieux temple niché dans une vallée de quelques mètres de largeur. Des arbres recouverts de khatag bleus ombragent le site. Sur les rochers surplombant le temple, d'innombrables övöo (empilements de cailloux et autres matériaux placés là en offrande) de toutes tailles pointent vers le ciel.

▶ **Tout près, dans la grande vallée,** on pourra voir un rocher perforé d'un trou étroit et profond. Selon les autochtones, l'eau de pluie qui y stagne aurait le pouvoir de soigner les maladies oculaires. Une petite louche au long manche est posée sur le rocher, afin que les gens puissent se baigner les yeux avec l'eau sacrée. Quatre petits övöo permettent de repérer l'endroit.

Hébergement

Deux camps de ger sont installés dans ce superbe paysage (mais on peut aussi camper!).

■ BARATZAR GER CAMP

En face du trou d'eau sacrée
10 000 T la nuit, 15 000 T avec les 3 repas. Un petit camp de huit ger, récemment ouvert, équipé de douches chaudes fonctionnant avec des panneaux solaires.

■ BAYANBULAG TOURIST CAMP

✆ 99 89 83 38 – www.bayanbulag.mn info@bayanbulag.mn
15 $ la nuit, 30 $ avec les 3 repas. Dans une autre vallée, un camp entouré d'une dizaine de petites maisons en bois et pierre, qui le font ressembler à un village désaffecté. Douches chaudes grâce aux panneaux solaires.

■ SANGIYN DALAI NUUR

Ce petit lac est surtout réputé parmi les observateurs d'oiseaux. Aigles et cygnes y convergent, notamment en automne. Une petite île au centre du lac abrite les ruines d'un monastère du Xe siècle. Au XIXe, le monastère avait accueilli des représentations théâtrales d'œuvres du dramaturge et peintre Danzan Rabjai.

■ LE MONASTERE GIMPIL DARJAALAN

Le monastère Gimpil Darjaalan se trouve au sud du lac, mais il est plus facilement accessible depuis Mandalgov. Construit au XVIIIe siècle pour célébrer la première visite en Mongolie d'un dalaï-lama, il a survécu aux purges des années 1930, durant lesquelles il a été reconverti en entrepôt. Rouvert en 1990, le temple a été consacré par la visite du dalaï-lama en 1992. Le monastère est plutôt calme. A l'heure actuelle, il n'est pas toujours habité par des moines, alors qu'il en abritait 500 avant le début du XXe siècle.

■ TSOGT TAIJ CHULUU

A 75 km au sud du lac, ces rochers sont célèbres pour leurs inscriptions en mongol ancien, datées du XVIe siècle.

■ UUSH MANKHAN

Uush Mankhan, au sud-ouest de Mandalgov, est une zone couverte de dunes de sable. A proximité se trouvent les ruines de Sair Us Urtuu, qui était une étape sur la route entre Pékin et Urga au temps de la domination mandchoue sur la Mongolie (du XVIIe au XXe siècle).

ERDENDALAÏ

Cette ville ne constitue pas une étape incontournable dans la région, mais elle abrite le cinquième monastère de Mongolie Gimpil Darjaalan Khiid, qui mérite la visite (*1 000 T*) lorsque l'on est dans la région. Construit à la fin de XVIIIᵉ siècle, il abritait 500 moines. Après avoir été transformé en magasin lors de la révolution, le monastère a rouvert en 1990. En 1992, le dalaï-lama venait en visite.

MONASTÈRE ONGIYN KHIID

Entrée 2 000 T, pour prendre des photos 1 $, pour les vidéos 2 $. A l'ouest de l'aimag, pratiquement à la frontière de l'aimag d'Ovörkhangaï, se trouve le monastère Ongiyn, ou du moins ce qu'il en reste. Situé de part et d'autre de la rivière du même nom, à l'entrée d'une très belle gorge ombragée, ce monastère avait été construit en deux phases, la rive gauche en 1760, la rive droite un siècle plus tard. Le monastère a accueilli jusqu'à 1 000 moines, avant d'être entièrement détruit par les Russes en 1937. Ne restent aujourd'hui qu'un stupa blanc d'origine et un petit bâtiment de la rive droite, qui a été restauré en 2002. Ce dernier sert de lieu de culte pour le lama et ses 12 étudiants qu'abrite actuellement le site en été. Les cérémonies ont lieu le matin, mais des petits moinillons sont en général désignés volontaires pour aller jouer des instruments de musique religieux lorsque les touristes viennent visiter le temple.

La ger devant le temple abrite un petit musée qui expose une collection de vieilles pierres sculptées, rescapées de la destruction du monastère. On y trouve également quelques objets de culte ainsi qu'une poignée de fossiles. Un deuxième musée se trouve au-dessus du temple restauré, rive droite. Un panneau de bois peint y représente le monastère du temps de sa splendeur.

Le site dégage une atmosphère étonnante, notamment à la tombée du jour, quand le soleil couchant allume les couleurs ocre des imposantes ruines du monastère. La rivière apporte une touche de fraîcheur appréciable quand on arrive du désert ou que l'on songe à y aller. De belles balades sont possibles sur le site des ruines et dans les collines environnantes.

Hébergement

■ **ONGI TOUR GER CAMP**
A côté du monastère, sur la gauche
☏ 91 91 61 84 (portable)
Nuit simple 15 $, nuit en pension complète 30 $. Douches chaudes par panneau solaire, salle de tennis de table et de billard.

■ **TSAGAN OVO GER CAMP**
☏ 99 71 93 92 (portable)
25 $ en pension complète, 10 $ la nuit. Collé au premier, ce camp compte 30 ger sur les rives asséchées de la rivière.

■ **ONGIYN KHIID GUESTHOUSE**
Tugslai_1972@yahoo.com
20 $ en pension complète, 10 $ la nuit. Un peu plus loin encore se trouvent 8 ger de 2 à 4 lits. L'accueil est agréable, mais ici on parle allemand et russe.

■ **BURKHAN TOUR CAMP**
☏ 99 86 80 13 ou 99 73 63 44 (portables)
5 000 T la nuit, 2 000 T le repas. En empruntant la piste en face du monastère se trouve ce petit camp de 9 ger, tenu par une famille accueillante, qui ne parle pas anglais. Le confort est un peu plus limité, mais l'endroit est très agréable.

▷ **Un camp à l'allure sympathique,** avec vue directe sur le monastère, était en cours de construction à l'été 2004.

■ **MONGOL PALACE GER CAMP**
www.khans-of-mongolia.de
Nuit en pension complète sous la ger 35 $. Dans la même direction que le précédent, mais plus loin, se trouve ce camp aux tarifs outranciers, surtout fréquenté par les groupes.

▤ AIMAG DE DORNOGOV

Cet aimag situé à l'est du désert de Gobi se limite à une vaste étendue plate et désolée. Il présente relativement peu d'intérêt par rapport aux autres régions du désert de Gobi, si ce n'est un ou deux musées dans sa capitale.

SAYNSHAND

La capitale de l'aimag de Dornogov est située à proximité de la frontière chinoise. Elle se trouve sur la voie ferrée qui relie Pékin à

Oulan-Bator, ce qui la rend relativement facile d'accès par rapport à d'autres villes du désert de Gobi. Fondée dans les années 1930, la petite capitale occupait une position stratégique pour le commerce, qui lui permet de faire vivre aujourd'hui encore ses 20 000 habitants.

Transports

Saynshand est l'une des rares capitales d'aimag à ne pas avoir d'aéroport. La présence de la voie ferrée explique l'absence de liaison aérienne ainsi que celle de bus réguliers entre Oulan-Bator et Saynshand.

▶ **Train.** Une ligne quotidienne relie Saynshand à Oulan-Bator, par un trajet d'environ 10h (463 km). On peut aussi poursuivre plus au sud, jusqu'à la ville frontière de Zamyn-Uüd. Le Transmongolien passe également à Saynshand, où il marque un arrêt pour le réapprovisionnement. Il est cependant très difficile de prendre un billet à partir de cette ville, que ce soit pour aller vers le nord ou vers le sud.

Hébergement

◼ **HOTEL IKH GOVIIN NARAN**
6 000 T par personne. L'hôtel se trouve dans le bâtiment du Parti révolutionnaire du peuple mongol. La présence de salles de bains dans les chambres ne garantit pas que l'eau y soit chaude…

◼ **OD HOTEL**
6 000 T par personne. Logement en dortoir avec salles de douches communes. L'hôtel est situé dans le bâtiment du gouvernement local.

Restaurants

▶ **L'Ergeliin Zoo Restaurant** peut être une bonne solution de remplacement aux restaurants des hôtels de la ville.

▶ **Les guanz** restent une valeur sûre pour les plats mongols traditionnels.

Points d'intérêt

◼ **MUSEE DE LA VILLE**
Ouvert tous les jours de la semaine de 9h à 13h et de 14h à 18h. Entrée 1 000 T. Faune et flore, animaux empaillés, collection de coquillages et fossiles marins… Mais la pièce vraiment unique de ce musée est une vièle à tête de cheval (morin khuur), fabriquée en 1940 et décorée de portraits de Lénine et de Sükhbaatar !

◼ **MUSEE DE DANZAN RABJAR**
Ouvert de 9h à 13h et de 14h à 18h. Entrée 1 000 T. Appareil photo 5 000 T. Consacré au peintre et dramaturge mongol du XIXe siècle (1803-1856), le musée expose les costumes créés pour ses représentations, ses peintures, ainsi que des cadeaux qui lui avaient été offerts par des personnalités politiques ou religieuses.

◼ **MONASTERE KHAMARYN**
Le monastère a été construit en 1821 sur l'initiative de Danzan Rabjar, à qui il est désormais consacré. Les bâtiments actuels ne sont plus ceux d'origine : le grand temple et son théâtre de trois étages ont été détruits dans les années 1930. C'est dans ce théâtre qu'en 1830 Danzan Rabjar avait présenté l'une de ses pièces les plus célèbres, Saran Khukhuu.

TSAGAAN TSAVYN

Se trouve à 200 km à l'ouest de Saynshand. C'est un site où l'on peut découvrir de nombreux arbres pétrifiés au milieu d'un désert de sable et de cailloux.

CHOYR

Cette ville tout à fait au nord de l'aimag, est devenue en 1994 la capitale d'un nouvel aimag, celui de Gobi Sumber. Située sur la voie ferrée, la ville a été déclarée zone de libre-échange, ce qui ne semble pas avoir eu une quelconque influence sur son développement…

Elle est intéressante cependant pour se ravitailler et pour la proximité des sources de Khalzan Uul et de Burgasan Amny Raschaan, dont les vertus curatives attirent les foules.

TSONJIIN CHULUU

Cet étonnant site se trouve à l'extrémité nord-est de l'aimag. Il s'agit de formations de basalte qui se présentent comme des colonnes hexagonales à la forme géométrique presque parfaite.

BURDENE BULAG

C'est ici que se trouve les plus larges dunes de sable du pays, au sud-ouest de Saynshand, en se rapprochant de la frontière chinoise. Ici encore, le sable est supposé avoir des vertus curatives, et un sanatorium s'est ouvert dans les parages.

LE DÉSERT DE GOBI

AIMAG D'OMNOGOV

Cet aimag cumule les records. Il est le plus vaste (165 000 km²), le moins peuplé (47 000 habitants, soit une densité inférieure à 0,3 habitant au km²), il est également le plus chaud en été, le moins arrosé du pays, et le lieu de prédilection des chameaux domestiques (on en compte plus de 80 000). Il est balayé de vents violents, notamment au mois de mai, où les rafales atteignent 5,6 m par seconde, provoquant de grandes tempêtes de sable. Et, pourtant, cet aimag est l'un des lieux privilégiés des touristes qui désirent découvrir le désert de Gobi, grâce notamment à la présence, dans le centre ouest de la région, du parc national de Gurvan Saykhan.

DALANZADGAD

La capitale d'aimag est une bonne base de départ pour l'exploration du désert. Cette ville d'environ 12 000 habitants est en effet dotée d'un aéroport et d'un marché plutôt bien approvisionné. On y trouve également des connexions Internet et des bureaux de change.

Transports

Avion

Plusieurs vols hebdomadaires pour Oulan-Bator sur MIAT et un vol quotidien sur Eznis. Un aller simple coûte environ 120 $.

Bus

Liaison quotidienne entre Oulan-Bator et Dalanzadgad. Les 563 kilomètres de piste qui séparent les deux villes nécessitent environ 24h de trajet. Le billet coûte dans les 15 000 T.

Pratique

▦ ITI BANK

Ouvert de 9h à 13h et de 14h à 18h. On peut y changer des dollars.

▦ COMMUNICATION CENTER

Ouvert 24h/24. Communications nationales et internationales.

▦ POSTE

Ouverte tous les jours, sauf le dimanche, de 9h à 13h et de 14h à 18h. Outre les services postaux, le bureau propose aussi de bonnes connexions Internet à 600 T de l'heure.

▦ BUREAU DES REGIONS STRICTEMENT PROTEGEES

Au sud-ouest de la ville
✆ (0153) 3615 – gtzgobi@magicnet.mn
Ouvert en semaine de 9h à 18h. Le bureau délivre les permis pour le parc de Gurvan Saykhan ainsi que quelques fascicules d'informations. Le détour par ce bureau n'est plus vraiment nécessaire, puisque toutes les informations et les permis peuvent désormais être achetés aux différentes entrées du parc.

Hébergement

▦ GURVANSAIKHAN HOTEL

✆ (0153) 3830
Chambres à 10 $ par personne sans salle de bains, 20 $ avec.

▦ DEVSHIL HOTEL

✆ (0153) 3786
Chambres à 15 $ par personne sans salle de bains, 20 $ par personne avec.

▦ TUVSHIN HOTEL

✆ (0153) 3394
Deux chambres seulement à 15 $ chacune, avec salle de bains.

Restaurants

Les deux premiers hôtels indiqués ci-dessus ont également des restaurants, dont les prix varient entre 500 T et 1 500 T par personne.

▦ SIMBO BAR

✆ (0153) 3207
Ouvert de 12h à 2h. Au sud de la ville, un bar qui propose également un menu assez varié.

▦ MAZZALA BAR

✆ (0153) 3040
Ouvert de 12h à 2h. Au centre de la ville. Le menu est à peu près équivalent à celui du Simbo.

Dans les environs

La ville est un point de départ pour l'exploration du désert. La destination principale est le parc national de Gurvan Saykhan, mais quelques sites intéressants se trouvent également en dehors du parc.

BAYANZAG

C'est l'endroit où a été découverte une grande partie des squelettes et d'œufs de dinosaure exposés dans les musées du pays ou à l'étranger.

On ne voit plus à l'heure actuelle de chantier de fouilles, mais le site reste intéressant pour ses falaises de couleur ocre qui s'élèvent au cœur d'une vaste étendue plate. Les locaux prétendent qu'en creusant le sol on peut encore y trouver des fossiles, voire des œufs de dinosaure.

D'autres sites réputés pour la présence de fossiles et pour leurs paysages souvent très impressionnants sont situés plus à l'ouest de l'aimag : Khermen Tsav, Bugiin Tsav, Ulaan Tsav et les montagnes de l'Altan et du Nemegt.

Hébergement

Plusieurs camps de ger se trouvent au beau milieu du désert, inscrits dans un triangle reliant Yolyn Am, Dalanzadgad et Bayanzag. Ils proposent une bonne solution de remplacement aux hôtels souvent peu reluisants de la capitale d'aimag.

■ BAYANZAG TOURSIT CAMP

A quelques centaines de mètres des falaises de Bayanzag. 10 $ la nuit, avec douche chaude, plus 18 $ pour les trois repas. Le camp organise des journées à dos de chameau (*10 $ par jour*) et a créé une activité de recherche d'œufs de dinosaure.

■ GOBI DESERT CAMP

℘ (011) 315 556

Ouvert de mai à septembre. 30 $ en pension complète. Douches chaudes par panneaux solaires. Le camp organise des voyages à la journée ou plus vers les sites des environs et le parc national. Il dispose d'un restaurant à l'architecture un peu étonnante : initialement conçu pour ressembler à un œuf de dinosaure, le bâtiment n'a pas résisté aux vents violents qui balaient la plaine et se présente aujourd'hui sous le double et étrange aspect d'un phare et d'une mosquée. Au 1er étage du restaurant se trouve un petit musée privé, très bien présenté.

■ JUULCHIN GOBI CAMP N° 1

A 38 km de Yolyn Am, 56 km de Bayanzag
www.juulchin-gobi.mn

Nuit en ger tout compris 35 $, sans les repas 16 $. Douches chaudes par panneaux solaires. Massages des pieds 5 $, du corps 15 $. Le camp organise des journées touristiques dans les environs, des locations de chevaux et des promenades à dos de chameau. Un petit aéroport, baptisé Juulchin Gobi, jouxte le camp : en saison touristique, il accueille des vols charters de la MIAT et d'Aero Mongolia.

■ TOVSHIN TOUR CAMP

De 30 à 35 $ la nuit, avec les 3 repas. Douches chaudes par panneaux solaires. Le camp propose des promenades à dos de chameau et la visite de familles d'éleveurs. Des concerts de chant traditionnel sont organisés tous les soirs.

■ THREE CAMEL LODGE

℘ (011) 313 396/325 786
info@threecamellodge.com
www.threecamellodge.com

70 $ par personne avec les 3 repas, 35 $ sans les repas. Le camp de ger de luxe de Mongolie : les seules ger avec lit king size et sanitaires collectifs, certes, mais entièrement construits en ardoise ! Le site est magnifique, adossé à une falaise et ouvert sur le désert. Le camp dispose d'un restaurant à la cuisine savoureuse, d'un bar bien fourni baptisé Dizzi Camel, d'une salle commune équipée de télévision, de DVD et de nombreux jeux de société. Des concerts de musique traditionnelle sont organisés tous les soirs. Durant Tsaagan Sar, le camp reste ouvert et accompagne des groupes pour la fête du chameau : trois journées de festivités consacrées aux courses de chameaux et aux compétitions de polo (à dos de chameau !).

PARC NATIONAL DE GURVAN SAYKHAN

Certaines zones sont accessibles en voiture, d'autres non. Situé à l'ouest de Dalanzadgad, ce parc s'étire jusqu'aux contreforts de l'Altaï, couvrant une superficie de deux millions d'hectares.

Moins de 5 000 personnes habitent dans le parc, qui abrite de ce fait de nombreux animaux protégés (léopards des neiges, gazelles, argali…) ainsi qu'une flore très variée (600 espèces dont 38 spécifiques à cette zone).

Les paysages y sont extrêmement variés, allant du désert plat aux gorges étroites de Yolyn Am, en passant par les falaises ocre de Bayanzag où ont été découverts de nombreux squelettes de dinosaure.

LE DÉSERT DE GOBI

Parc national de Gurvan Saykhan

YOLYN AM

Située à 60 km à l'ouest de Dalazadgad, la gorge de Yolyn Am est protégée depuis 1965, bien avant la création du parc national. Elle est aujourd'hui une zone strictement protégée dans l'enceinte du parc national. Située à une altitude de 2 500 m, elle est réputée pour le glacier qui se forme autour de son cours d'eau et qui est censé résister toute l'année. En pratique, les visiteurs des mois de juillet et août ont assez peu de chances d'apercevoir le moindre bout de glaçon. L'exploration de la gorge est une promenade très agréable, ponctuée d'övöo et surplombée par les Trois Beautés, les sommets des montagnes Zuun Saykhan, qui ont donné leur nom au parc (le plus haut est à 2 825 m d'altitude). Quant au nom de Yolyn Am, il vient des nombreux vautours que l'on peut apercevoir dans la montagne : yol, en mongol, désigne en effet ce rapace de grande envergure.

Les voitures s'arrêtent à environ un kilomètre de la gorge proprement dite, après quoi on continue à pied. Des Mongols louent aussi leurs chevaux, 5 $ aller simple, 6 $ aller-retour. Un pauvre chameau a également été mis à contribution pour trimballer les touristes jusqu'à la gorge. Outre celle de la gorge de Yolyn Am, de nombreuses promenades

sont possibles dans la montagne, où la faune et la flore sont très riches. On peut notamment y apercevoir près de 240 espèces d'oiseaux, dont le très rare coq des neiges de l'Altaï, mais aussi des léopards des neiges (il en reste entre 500 et 900 dans toute la Mongolie), des argali (3 000 dans tout le parc), des ibex (19 000 dans l'ensemble du parc) et même des khulan, ces petits ânes sauvages (2 000 dans la zone protégée) qui ont trouvé refuge dans le parc, et qui sont plus difficiles à observer.

■ ADMINISTRATION DES REGIONS PROTEGEES DU SUD DU GOBI

✆ (0153) 223 615 – Fax : (0153) 222 501
Entrée 3 000 T. A l'entrée du parc du côté de Yolyn Am se trouve le bureau des rangers.

Hébergement

▶ **Une petite guesthouse** très sommaire à côté de la ger des rangers, à l'entrée du parc. 4 000 T la nuit, sans douches ni sanitaires.

▶ **A 2 km du musée se trouve un autre petit camp,** qui ressemble davantage à un logement chez l'habitant. *8 000 T la nuit pour une personne, 5 000 T par personne au-delà de 2 personnes.*

Forêt de saxaul

C'est une des spécificités botaniques du désert de Gobi. Les forêts de saxaul n'existent qu'en Asie centrale et sont particulièrement présentes en Mongolie, notamment dans les zones désertiques et semi-désertiques. Avec leurs racines horizontales, les saxaul sont très efficaces dans la prévention de l'érosion, alors que de profondes racines verticales leur permettent de trouver l'eau nécessaire à leur croissance. Les arbres les plus anciens peuvent atteindre 4 m de hauteur, mais ceux du parc sont plus jeunes et ont une taille moyenne de 1,5 m. Les saxaul sont très prisés des chameaux, mais également des rares habitants du désert qui s'en servent comme combustible, ce qui explique que très peu d'arbres atteignent leur taille maximale.

L'une des plus grandes forêts de saxaul se trouve à Gaschuun Zuncheg (que les Mongols appellent également Zon Schurguul), au nord-ouest des dunes de sable de Khongoryn.

Point d'intérêt

▪ MUSEE

Entrée 2 000 T, photo 5 000 T, vidéo 10 000 T. Musée plutôt bien présenté, décrivant la faune et la flore locales et exposant quelques œufs de dinosaure. L'attrait de ce petit musée ce sont les animaux empaillés endémiques : chacal, ibex, argali, loup gris... Un grand tronc d'arbre pétrifié est visible à l'extérieur du musée, entre les ger transformées en magasins.

KHONGORYN ELS

C'est l'une des destinations incontournables du parc. Ces dunes de sable, qui sont les plus hautes du pays et dont certaines atteignent 200 m de hauteur, couvrent une superficie de 900 km².

Elles s'étendent sur 100 km de longueur, mais restent relativement étroites (de 6 à 12 km de largeur) puisqu'elles sont contenues par une chaîne de montagne.

Les Mongols ont baptisé ces dunes du nom de « sable chantant », en raison du bruit produit par le sable lorsque les dunes sont balayées par le vent.

Au pied des dunes se trouve un petit cours d'eau, le Khongoryn Gol, qui irrigue la plaine et contribue à la beauté du paysage : plaine verdoyante au premier plan, dunes de sable au second et chaîne de montagne escarpée au troisième...

Cette source d'eau permet aux nomades d'entretenir quelques têtes de bétail, notamment des chameaux.

On peut également apercevoir des gazelles à proximité des dunes.

Hébergement

▪ JUULCHIN GOBI II
A 5 km des dunes
Ouvert de mai à octobre. Nuit en ger avec 3 repas 30 $, sans repas 12 $. Douches chaudes par panneau solaire. Le camp dispose d'une agréable terrasse couverte où l'on peut se rafraîchir en contemplant les dunes.

▪ DUUT MANKHAN
A quelques dizaines de mètres du précédent (mais nettement moins fréquenté)
duut_mankhan@magicnet.mn
Ouvert de juin à octobre. 30 $ la nuit en ger avec les 3 repas, 13 $ sans les repas. Organise des promenades à dos de chameau (*5 $ de l'heure*) ou à cheval (*3 $ de l'heure*).

▬ AIMAG DE BAYANKHONGOR

Ce grand aimag qui s'étire en longueur du nord au sud présente une géographie contrastée.
Le nord est barré par la chaîne du Khangaï, d'où partent de nombreux cours d'eau, avec des canyons et des torrents tumultueux. Le centre de l'aimag est une dépression ponctuée de lacs et de dunes de sable, alors que le sud est occupé par le désert de Gobi et une petite partie de la réserve naturelle de Gobi Altaï Sud. L'extrême sud s'élève de nouveau avec les contreforts de l'Altaï : c'est là que se trouve le point culminant de l'aimag, le pic Ikh Bogd, à 3 957 m d'altitude.

Réserve naturelle de
Otgon Tenger Uul

ARKHANGAÏ

ZAVKHAN

▲ 3506 m.

TSETSERLEG

Khöviyn Arn

Jargalant

Zag
**Canyon de
Galuut**

Bayanbulag

3539 m.

Ötziyt Gol

Bayankhoshuu

Delgermörön
▲ 3012 m.

Erdenetsogt
3483 m.

Khökhbürd
**Sources de
Shargaljuut**

Zadgay

Bayrag

Buyant

BAYANKHONGOR

Ulaan Uul

Böön Tsagaan
Nuur

Bayansayr

Tuy Gol

GOV'-ALTAY

Bodi

3452 m.
Bayan Tsagaan

Khoriult

Bayanbulag

▲ 3957 m.

Orog
Nuur

Bulgan

Orgon

Zalaa

Khatansuudal

Aimag de Bayankhongor

	Ville principale
	Ville secondaire
✈	Aéroport domestique
	Zone protégée
	Lac
	Altitude + 2000m.
	Altitude + 3000m.

Parc national de
Gurvan Saykhan

ÖMNÖGOV

Parc national de
Gobi Sud

N

0   85 km

CHINE

BAYANKHONGOR

La capitale de l'aimag a été fondée en 1942, sur les rives de la rivière Tuin. Elle est cernée au nord par la chaîne du Khangaï, qui surplombe cette ville de 23 000 habitants, située à plus de 1 800 m d'altitude.

Transports

Avion

La compagnie Eznis assure quatre vols par semaine de Bayankhongor à Oulan-Bator. Compter environ 120 $ l'aller.

Bus

De nombreuses liaisons, par bus réguliers ou minivans, existent entre Oulan-Bator et Bayankhongor. Le trajet, qui passe également par Arvaïkheer, dure environ 12h, sur une piste un peu chaotique qui contourne la chaîne du Khangaï par le sud.

Depuis Bayankhongor, des minivans privés peuvent aller jusqu'à Altaï et Khovd, à condition qu'ils aient suffisamment de passagers. Tous les départs se font autour de la place du marché.

Hébergement – Restaurants

Les logements sont rares dans cette petite ville finalement peu touristique.

■ NEGDELCHIN HOTEL

Chambres de 3 personnes avec toilettes mais sans salle de bains 6 400 T par personne, chambres avec salle de bains 9 000 T par personne.

▶ **Restaurants.** L'hôtel Negdelchin a un petit restaurant qui n'ouvre que lorsque les clients pointent le bout de leur nez. Les guanz autour du marché constituent une bonne solution pour les faims urgentes.

■ Points d'intérêt

MUSEE D'HISTOIRE NATURELLE

Ouvert de 9h à 17h du lundi au vendredi. Entrée 1 000 T. Il présente la collection classique d'animaux empaillés et d'herbiers, avec, en plus, quelques exemplaires de fossiles de dinosaure.

■ MUSEE DE L'AIMAG

Ouvert de 9h à 17h du lundi au vendredi. Entrée 1 000 T, photos 1 000 T. Intéressante collection d'art religieux, avec notamment des statues, des tangka, des masques tsam et des costumes de cérémonie.

■ MONASTERE LAMYN GEGEENII DEDLEN

Dans la rue principale de la ville. Il porte le nom d'un important monastère autrefois implanté à une vingtaine de kilomètres de la capitale administrative, et où avaient officié jusqu'à 10 000 moines. Le premier monastère a été rasé durant les purges des années 1930, et la plupart des moines ont été supprimés ou renvoyés à la vie civile. Le monastère actuel se limite donc à un bâtiment en pierre, mais adoptant néanmoins la forme d'une ger, animé par une quarantaine de moines. On peut y voir une statuaire intéressante.

SHARGALJUUT

A une soixantaine de kilomètres au nord de la capitale de l'aimag se trouvent les sources minérales d'eau chaude et froide de Shargaljuut. Sur une superficie de 2 ha environ, plus de 300 sources jaillissent dans cette zone encastrée entre les montagnes Myangan Uul et Shargaljuut Uul, avant d'aller se jeter dans le lit de la rivière Shargaljuut. Les plus chaudes d'entre elles atteignent une température de 90 °C. L'endroit est réputé dans tout le pays, et un sanatorium s'est installé dans la vallée. Il comprend un hôtel et un camp de ger, où l'on peut dormir et se nourrir pour 10 $ par jour et par personne. Le site des sources est également considéré en Mongolie comme la zone de permafrost la plus proche du désert. La limite sud du permafrost se trouve à quelques kilomètres au nord-ouest de Shargaljuut.

GALUUT

A 85 km au nord-ouest de Bayankhongor, dans le sum de Galuut, se trouve un canyon de 100 à 150 m de profondeur mais seulement 10 m de largeur, avec des endroits mesurant à peine plus d'un mètre. Galuut Khavtsgal est un entrelacs de plusieurs canyons et gorges d'ampleurs diverses, entrecoupés par la rivière Baidrag et ses affluents. Au printemps, de nombreux oiseaux migrateurs, et notamment des canards sauvages, viennent nicher dans cette zone. Dans une vallée plus au nord, on pourra visiter les ruines du monastère Khiidiin Dugui, construit au XVIIe siècle, entre de hautes falaises de granit.

LE CENTRE DE L'AIMAG

De nombreux sites, principalement naturels, valent la peine que l'on passe une ou deux journées dans la dépression du centre de l'aimag.

LE DÉSERT DE GOBI

BÖÖN TSAGAAN NUUR

Ce grand lac d'eau salée accueille de très nombreux oiseaux, qui viennent faire étape ou sont sédentarisés dans ce paysage de volcans, de canyons et de grottes dont certaines sont ornées de peintures rupestres.

OROG NUUR

Ce lac d'eau salée est également une bonne base d'observation des oiseaux. Situé à proximité de la petite agglomération de Bogd, il est surplombé par le mont Ikh Bogd Uul (3 957 m) et entouré par les dunes de sable d'Ikh Els. Plusieurs sites intéressants se trouvent à quelques dizaines de kilomètres de là.

LE MONT IKH BOGD

Il présente quelques stèles couvertes d'écritures anciennes.

LE LAC KHOLBOOLJ NUUR

Situé à une vingtaine de kilomètres du centre du sum de Jinst, il présente la caractéristique de contenir des cristaux de sel rouge. Des fossiles ont été trouvés à proximité.

LA FAILLE D'IKH BOGD

Une impressionnante faille sismique, séquelle d'un tremblement de terre de 8,3 sur l'échelle de Richter, qui avait violemment secoué la région en 1957. Elle s'étend sur 270 km de longueur, depuis le lac Orog jusqu'à la montagne Bayan Tsagaan, à l'ouest. Certaines cassures mesurent 7 à 8 m de largeur pour 9 m de profondeur.

▶ **Un peu plus au sud, Tsagaan Agui** est un ensemble de grottes dans le massif du Ikh Bogd, qui abrite des peintures rupestres et autres traces de présence humaine que l'on estime dater de plus de 700 000 ans. L'entrée dans les grottes coûte 1 000 T.

▶ **Dans la même zone, la forêt pétrifiée d'Ulaan Shand** présente un étonnant paysage de branches, troncs et racines en pierre.

Hébergement

Plusieurs camps de ger sont situés dans la région, à proximité de Bogd, du lac Orog ou de la petite ville de Bayangovi.

GOBI CAMELS

Pension complète à 35 $ ou nuit à 15 $. Au nord-ouest de Bayangovi, un camp constitué d'une poignée de ger.

ALTAN GOBI

✆ (069) 2445
Un petit camp à proximité de la ville de Bogd.

BAYAN TOUR

✆ (069) 2913/2262
A côté de Bogd.

IBEX

✆ 99 19 3270
Dans le sum de Jinst, pas très loin de la ville centrale.

◼ AIMAG DE GOV'ALTAÏ

Dans cet aimag se rejoignent, comme son nom l'indique, les contreforts de la chaîne de l'Altaï et les marches du désert de Gobi. Sur une superficie de 141 000 km² vit une population d'environ 64 200 personnes, concentrées dans le nord-est de l'aimag, le mieux irrigué de la région. L'aimag possède plusieurs zones protégées, dont certaines débordent sur les régions voisines : les réserves naturelles de Shanga, d'Eej Khayrkhan et de l'Altaï Gobi Sud (qui déborde un peu sur l'aimag de Bayankhongor), ainsi qu'une toute petite partie de la réserve naturelle de Dzungarian Gobi (située pour l'essentiel dans l'aimag de Khovd).

ALTAÏ

La capitale de l'aimag se trouve dans les montagnes, entre la chaîne de Tayshiryn et celle de Khasagt Khayrkhan. Perchée à 2 181 m

d'altitude, cette ville de 17 500 habitants est la plus élevée du pays.

Les steppes du père Huc

« Alors, quand on se trouve dans ces vertes solitudes, dont les bords vont se perdre bien loin dans l'horizon, on croirait être, par un temps calme, au milieu de l'Océan. L'aspect des prairies de la Mongolie n'excite ni la joie ni la tristesse, mais plutôt un mélange de l'une et de l'autre, un sentiment mélancolique et religieux, qui peu à peu élève l'âme, sans lui faire perdre entièrement la vue des choses d'ici-bas : sentiment qui tient plus du ciel que de la terre. »

(*Souvenirs d'un voyage dans la Tartarie et le Thibet,* Père Huc, Editions Omnibus, p. 52.)

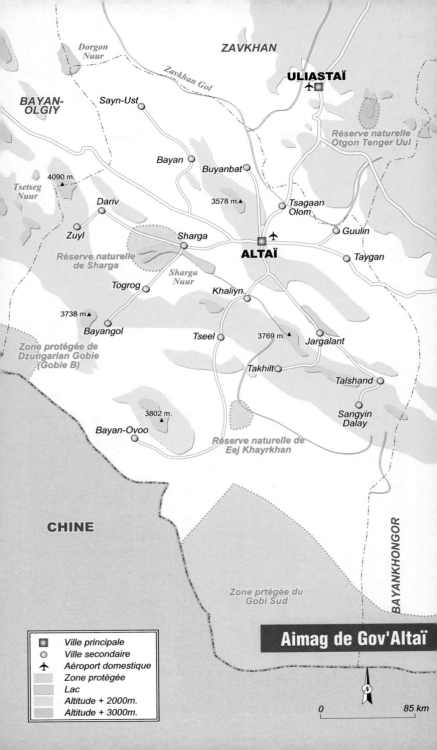

Transports

Avion

MIAT assure trois vols par semaine entre Altaï et Oulan-Bator, les mardi, jeudi et samedi, et Eznis devrait ouvrir une ligne.

Bus

Des minivans font la liaison entre Oulan-Bator et Altaï, mais également vers Khovd. Les départs sont quotidiens, mais les véhicules ne démarrent qu'une fois pleins, ce qui rend leurs horaires très aléatoires.

Hébergement – Restaurants

■ HOTEL ALTAI

Chambre simple avec toilettes et lavabo 6 000 T, chambre avec salle de bains 15 000 T.

■ HOTEL BIRJ

Chambres sans douche et avec toilettes communes 5 000 T.

■ JUULCHIN ALTAI CAMP

✆ (0148) 358 658
La compagnie de tourisme Juulchin a un camp de ger à la sortie de la ville.

▶ **Restaurants.** Les hôtels et le camp de ger proposent tous une cuisine mongole classique : buuz et khuushuur. On peut également trouver des petits guanz dans le centre-ville.

Points d'intérêt

■ MUSEE DE L'AIMAG

Ouvert en semaine de 9h à 13h et de 14h à 18h. Entrée 1 000 T. Il présente une collection originale de statues de bronze, peintures religieuses, instruments de musique, ainsi qu'un impressionnant costume de chaman.

■ MONASTERE DE DASHPELJEELEN

Reconstruit en 1990, il accueille aujourd'hui une trentaine de moines.

ZONE STRICTEMENT PROTÉGÉE DU GOBI SUD

Divisée en deux parties, la zone protégée couvre une superficie totale de 53 117 km², ce qui en fait l'une des plus grandes réserves naturelles au monde. Elle comprend des régions désertiques mais également des parties montagneuses, puisqu'une des portions de la zone protégée se trouve sur les contreforts de l'Altaï.

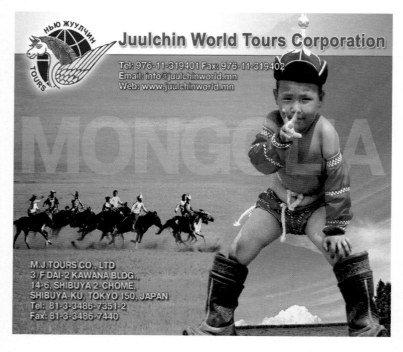

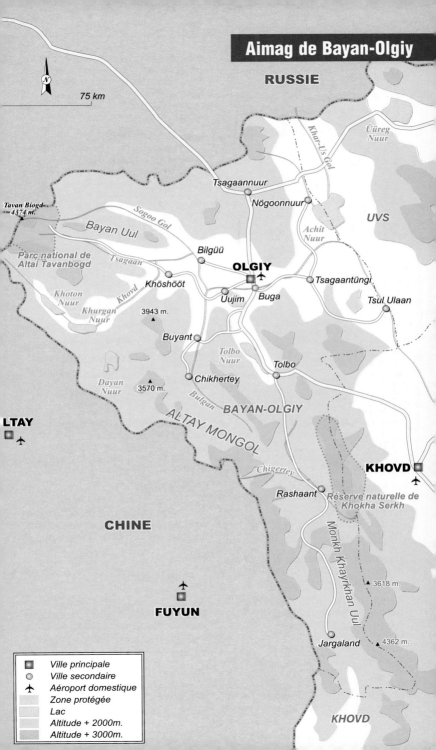

OLGIY

La capitale de l'aimag, à 1 636 km d'Oulan-Bator, se trouve à 1 710 m d'altitude. Elle est essentiellement peuplée de Kazakhs, et son atmosphère est très influencée par l'Asie centrale : de nombreux panneaux indicateurs et publicités écrits en arabe, des mosquées pointant leurs coupoles vers le ciel.

Transports

Avion

Comme la plupart des capitales d'aimag, Olgiy est dotée d'un aéroport, mais celui-ci est international. L'avion est le moyen le plus simple pour atteindre cette région à plus de 1 600 km de la capitale. Seule la compagnie Eznis assure quatre vols par semaine depuis Oulan-Bator. Une compagnie kazakh assure une liaison entre Bayan-Olgiy et Almaty, mais l'avion est très souvent plein longtemps en avance. Se renseigner à l'aéroport. En été, 2 vols par semaines et 1 vol en hiver. L'aéroport est situé à 7 km du centre-ville.

Bus

Cette ville est reliée par des minibus à la capitale, compter 60 000 T par personne et 4 jours au minimum de trajet. Le minibus ne part que lorsqu'il est plein. Liaison plus régulière avec Khovd, compter 5h à 7h de trajet et 10 000 T.

Pratique

Tourisme

■ **BUREAU DES GARDES FRONTIERES D'OLGIY**
Pour obtenir le permis spécial des zones frontières avec la Chine, rendez-vous vers les soldats à la sortie de la ville avec une photocopie du passeport. C'est gratuit, et cela ne prend pas beaucoup de temps. Vous devrez vous le procurer pour entrer dans le parc d'Altaï Tavanbogd.

■ **BUREAU DES ZONES SPECIALEMENT PROTEGEES D'ALTAÏ NURUU**
Au coin de la place centrale
✆ (0142) 223 518
ou ✆ 99 44 96 96 (portable)
Ouvert du lundi au vendredi de 9h à12h et de 13h à 16h. On peut faire le déplacement pour obtenir des informations sur les permis nécessaires dans les différents parcs de l'aimag. Certaines zones situées à proximité

des frontières russe et chinoise nécessitent également des autorisations spéciales. Il vaut mieux se renseigner à Olgiy que de rester bloqué au milieu de nulle part faute de permis et d'avoir une amende. Le bureau fait également office de tourisme.

■ **BLUE WOLF TRAVEL**
✆ (0142) 227 72 ou ✆ 99 11 03 03
✆ 96 65 26 37 (portables)
www.travelbluewolf.com
mongol_altai@yahoo.com
Canat et son équipe accueillent les visiteurs depuis 14 ans et peuvent organiser un séjour dans l'Altaï haut en couleur.

■ **ALTAI TOUR**
www.goldeneagleexpeditions.com
Pour tout savoir sur le festival des aigles qui a lieu début octobre.

■ **ALTAI'S PEAK**
✆ 99 42 70 03 (portable)
beku800@yahoo.com
Bekebolat est un très bon guide qui connaît très bien sa région.

Poste et télécommunications

■ **LA POSTE**
Dans le bâtiment, vous trouverez également Internet.

■ **JARAG INTERNET CAFE**
A côté de la poste
Ouvert de 11h à 21h. 600 T de l'heure.

Argent

■ **ANOT BANK**
On peut y changer des euros et des dollars, ainsi que des traveller's chèques en dollar et en euro. La banque prend 1,5 % de commission. Seules les Mastercard sont acceptées.

Utile

■ **BAINS PUBLICS**
Sur l'avenue principale
Douche avec eau chaude (*1 000 T*), sauna (*3 000 T*), barbier et coiffeur. Une adresse incontournable lorsque la plupart des hôtels ne proposent pas, ou très peu, de douche… L'endroit est très propre.

Hébergement

Au vue du petit nombre de touristes en visite dans la région, la ville ne manque pas de logements pour les visiteurs de passage.

Quelques hôtels se situent dans le centre et quelques ger camps, aux abords de la ville. On peut facilement camper à l'extérieur. Quoi qu'il en soit, ici les douches sont rares et l'eau chaude réservée aux chambres les plus coûteuses. Heureusement, il y a les bains publics.

Hôtels

■ HOTEL TAVAN BOGD

En face du théâtre,
dans le centre de la ville
✆ (0142) 223 046
ou 99 42 88 77 (portable)
En dortoir de 5 lits, avec WC et lavabo, de 4 800 à 6 500 T par personne. Chambre simple de 8 000 à 15 000 T, double de 13 000 à 24 000 T. L'eau chaude n'est disponible que dans les chambres deluxe, ainsi que la télévision. Les semi-deluxe ont une salle d'eau avec lavabo et des toilettes individuelles. Le manager parle anglais. Restaurant et bar au rez-de-chaussée. Tarifs spéciaux pour longs séjours.

■ DUMAN HOTEL

Derrière le théâtre
Dortoir 5 000 T par personne, WC collectifs et douche froide. Chambre simple 12 $. Chambre double 30 $ avec la douche chaude.

■ BASTAU HOTEL

✆ (0142) 223 629
Dortoir 5 000 T, WC collectifs et douche froide. Chambres de 8 000 à 10 000 T. Il y a un restaurant-bar dans l'hôtel.

Ger Camp

■ SNOW PEAK TOURIST CAMP

✆ (0142) 221 160
ou ✆ 99 82 12 38 (portable)
snowpeak_tour@hotmail.com
35 $ par personne, avec les trois repas compris. A 3 km de la ville, ce camp de 5 ger, tout neuf, propose des logements de 1 à 4 lits par ger, ainsi que des sanitaires avec eau chaude. Le transfert à l'aéroport est gratuit.

■ ALTAI TOUR

✆ 99 42 88 58 (portable)
5 $ par personne. Ger de 2 ou 4 lits. Il n'y a pas de douche.

■ AULUM SAYAJIM

Green Garden derrière le square
8 000 T par personne. 5 ger en centre-ville, au cœur d'un jardin qui fait également office de bar et qui est donc relativement bruyant. Il

y a possibilité de prendre une douche chaude le matin. Un sauna était en construction lors de notre passage.

■ BLUE WOLF TRAVEL

✆ (0142) 227 72
ou 99 11 03 03 / 96 65 26 37 (portables)
www.travelbluewolf.com
mongol_altai@yahoo.com
5 000 T avec la douche, 3 000 T sans la douche. En centre-ville, 3 grandes ger et 3 petites ger. Les douches sont en construction.

■ AKHYIKH GER CAMP

A 5 km d'Olgiy et à 2 km de l'aéroport
✆ 99 19 82 17
ou 96 42 05 01 (portables)
akhyikh_tourism@yahoo.com
28 $ par personne, avec 3 repas compris. Logement en ger de 4 à 5 lits, sauna et douche chaude. L'akhyikh est l'aigle aux plumes blanches originaire de l'Altaï. Possibilité de louer un cheval (*4 $ par jour*).

@ « *EAGLE TOUR. Un camp touristique près de l'aéroport, indiqué par des pancartes sur la route. Se rassurer : il n'y a qu'un vol par jour et l'on n'entend rien. Il est tenu par une famille kazakh très sympa. C'est propre, il y a des douches. Possibilité de location de chevaux. Compter 12 $ pour un lit, 3 $ pour un cheval, 5 $ le repas et 3 $ le petit déjeuner.* » Claire I., Choisy-le-Roi.

Restaurants

▶ **L'hôtel Tavanbogd** dispose d'un restaurant correct.

▶ **Une bonne solution** consiste à essayer les restaurants situés autour du marché et de la place centrale. Ces guanz version kazakhe servent une nourriture locale et des mélanges de cuisines kazakhe et mongole.

■ PAMUKKALE

Ouvert de 10h à 22h30 tous les jours. Plats de 1 500 à 7 500 T. Café turc 2 000 T. Le restaurant de la ville, situé à côté du poste de police, propose de la nourriture turque excellente telle que soupe, kebab, salade. Le service est rapide. Le restaurant ne sert pas d'alcool.

■ BLUE WOLF RESTAURANT

Petit déjeuner 3 500 T. Plats kazakhs, mexicains et français ! Compter environ 2 000 T le plat. Possibilité de goûter le beesbarmak pour 9 000 T par personne, mais sur commande uniquement.

Points d'intérêt

▨ MUSEE DE L'AIMAG

Entrée 3 000 T. Ouvert du lundi au vendredi de 9h à 11h30 et de 13h30 à 17h, le samedi et le dimanche de 10h à 16h30. Outre les classiques collections consacrées à la faune et la flore locales, le musée propose une bonne introduction à la culture kazakhe. Deux magasins d'artisanat se trouvent dans le musée.

▨ MOSQUEES

La mosquée principale mérite également un coup d'œil.

Hovd, nœud de communications

« *La ville de Hovd (Kobdo) avait été jusqu'au début du siècle le siège de la principale garnison chinoise sur ces marches et comptait alors plusieurs centaines d'hommes. C'était aussi une place commerciale d'importance où marchands russes et chinois échangeaient leurs produits et rivalisaient pour acheter laines et fourrures. Venus du bassin de l'Ob où ils tenaient leurs comptoirs, les Russes organisaient chaque année, juste avant l'arrivée de l'hiver, d'imposantes caravanes de chameaux qui emportaient leurs chargements vers les monts Sayan et la Sibérie. Les Chinois descendaient vers le Xinjiang et la route postale passait par Boulgan. Les Mongols "extérieurs" profitèrent de la chute de l'Empire mandchou, à partir de 1911, pour se débarrasser de la présence chinoise. L'élimination, par expulsion ou le plus souvent par massacre, se fit par vagues dont les dernières accompagnèrent, au début des années soixante, les détériorations des relations sino-soviétiques. Depuis cette époque, il n'y a pour ainsi dire plus un Chinois dans l'ouest de la Mongolie.* »

(*Le Réveil des Tartares*, Michel Jan, Petite Bibliothèque Payot, p. 33.)

Shopping

▨ ALTAI CRAFT

Derrière le marché se trouve ce magasin d'artisanat et broderie.

Dans les environs

▷ **Le site de Tsagaan Salaa,** au nord-ouest d'Olgiy, a été classé au patrimoine mondial de l'Unesco en 1996. Il rassemble près de 10 000 peintures rupestres, en séquences réparties sur une longueur de 15 km.

▷ **Plus proche de la capitale, le site d'Ereen Khargant** permet de découvrir des stèles portant des inscriptions turques. Ces stèles ne valent pas le détour à elles seules, mais elles peuvent justifier un petit crochet sur la route de Tolboo.

▷ **A Sagsai** se trouvent un hôtel et un ger camp.

Hébergement

▨ BLUE WOLF GER CAMP

A l'entrée de Sagsai ✆ (0142) 227 72 ou 99 11 03 03 / 96 65 26 37 (portables) www.travelbluewolf.com mongol_altai@yahoo.com
30 $ en pension compète, 5 $ le lit. Camp de 5 petites ger de 2 et 3 lits et de 4 grandes ger de 5 lits. Elles sont toutes décorées, avec un lavabo dans la ger. Douche chaude.

▨ SAYABAKH

www.sayabakh.mn
5 000 T en ger, chambre de 5 000 à 10 000 T. Sauna 2 000 T. A côté de Blue Wolf, il y a 3 ger de 4 lits, dans un jardin avec tables et bancs. Les 12 chambres standards disposent de la TV, d'un petit salon et de lits jumeaux. Les sanitaires sont en communs et il n'y a pas de douche. Les 3 chambres de luxe ont une salle de bains avec eau chaude.

PARC NATIONAL D'ALTAÏ TAVANBOGD

Récemment créé le long de la frontière chinoise, ce parc national regroupe de très hauts sommets, dotés de glaciers et de neiges éternelles. Il comprend notamment le point le plus haut de la chaîne de l'Altaï, le pic Khuiten Uul, qui appartient à la montagne Altaï Tavan Bogd et qui culmine à 4 374 m d'altitude. Le parc inclut également trois beaux lacs d'altitude : le Khoton Nuur, le Khurgan Nuur et le Dayan Nuur.
L'endroit est idéal pour la randonnée. On peut aussi faire du rafting sur la rivière Dayan, mais il faut l'organiser depuis Oulan-Bator. Les lacs offrent de très bons sites pour la pêche, laquelle n'est pas autorisée en été afin

Brève histoire des Kazakhs de Mongolie

Le premier afflux massif de Kazakhs vers la partie mongole de l'Altaï remonte à 1844. Deux chefs kazakhs, suivis par 500 familles, se sont alors implantés dans le pays qui se trouvait à cette époque sous domination mandchoue. En 1913, les Kazakhs se sont vu attribuer la nationalité mongole, par une décision du huitième Bodg Khan. A l'heure actuelle, les Kazakhs sont encore les seuls en Mongolie à disposer du statut de minorité linguistique et religieuse.

L'effondrement du bloc soviétique et l'indépendance du Kazakhstan voisin a conduit plusieurs milliers d'entre eux à tenter un retour vers leur pays d'origine. L'expérience s'est souvent soldée par une déception, le chômage étant très sévère au Kazakhstan et le mode de vie nomade moins accepté qu'en Mongolie. Actuellement, on compte environ 300 000 Kazakhs en Mongolie, et ils représentent jusqu'à 80 % de la population de certains sum des aimag de Khovd et de Bayan-Olgiy.

de respecter les périodes de reproduction. A côté du lac Dayan se trouve le site historique de Khu-Yui, dont les pierres-hommes sont protégées depuis 1998. Le parc et notamment ses zones enneigées sont l'habitat naturel du léopard des neiges.

Transports – Pratique

▶ **Transports.** Le véhicule individuel est le seul moyen d'atteindre le parc. On peut passer par la petite ville de Tsengel ou par le col du Tsengelkhaykhan Uul.

▶ **Pratique.** L'entrée dans le parc coûte 3 000 T par personne. Le permis de pêche coûte 500 T supplémentaires, mais il faut prendre en compte les restrictions de dates susmentionnées. D'autre part, comme le parc s'étend jusqu'à la frontière chinoise, il est nécessaire de se pourvoir d'un permis spécifique pour les zones frontalières. Celui-ci doit être obtenu auprès du bureau des gardes frontières d'Olgiy.

Hébergement

▶ **A part le camp de base de Tavan Bogd** (*5 000 T par personne, renseignements auprès du bureau des zones protégées à Olgiy*), il n'y a pas d'hôtel dans le parc. On peut néanmoins trouver quelques logements chez l'habitant, selon le concept d'écotourisme de plus en plus en vogue dans les parcs mongols. Sinon, la meilleure solution consiste à camper : les sites propices au camping ne manquent pas.

TOLBOO

Cette petite ville située à 76 km d'Olgiy est habitée presque exclusivement par des populations kazakhes. Elle est encadrée par un grand lac et une chaîne de montagne qui portent tous deux le même nom que la ville. La route depuis Olgiy est bordée de moraines glaciaires. Dans les environs, on peut facilement observer, surtout en hiver, les populations locales en train de chasser avec leurs aigles, une spécialité kazakhe qui semble bien résister au temps. La tradition remonte en effet à plus de 2 000 ans, et permet aux chasseurs d'attraper des marmottes, des renards et même parfois des loups, sans trop endommager leur fourrure.

Le lac Tolboo est un lac salé de 185 km², situé à un peu plus de 2 000 m d'altitude. Il fut le témoin de violents combats entre Mongols et Russes blancs en 1921 : un monument au sud du lac commémore cette bataille, et la victoire des Mongols épaulés par des troupes de l'Armée Rouge.

L'OUEST

AIMAG DE KHOVD

Cet aimag de 76 100 km² et de 90 000 habitants présente une étonnante diversité ethnique, puisqu'il abrite des Khalkha (Mongols), Torguut, Uriankhai, Zakhchin, Bayad, Uuld et Myangad. La géographie de l'aimag est tout aussi pointilliste : on y trouve, du nord au sud, de grands lacs à faible altitude, des pics de l'Altaï à près de 4 000 m et la pointe occidentale du désert de Gobi. Pour toutes ces raisons, l'aimag de Khovd est une destination touristique intéressante. Il compte d'ailleurs plusieurs zones protégées : les réserves naturelles de Bulgan Gol et Mankhan, les zones strictement protégées du grand Gobi et de Khokh Serkh, et les parcs nationaux de Khar Us Nuur et de Tsambagarav Uul.

KHOVD

Portant le même nom que l'aimag, la ville de Khovd est située au nord de la chaîne de l'Altaï et à proximité du grand lac de Khar-Us. Elle se trouve à 1 405 m d'altitude, à 1 425 km d'Oulan-Bator et compte une population d'environ 35 000 habitants. C'est la ville la plus développée de l'ouest du pays, puisqu'elle dispose de quelques industries légères. Le sum de Khovd est un fort bon endroit pour découvrir les us et coutumes des populations kazakhes, qui y sont largement majoritaires.

Transports

Avion

MIAT propose deux vols par semaine pour Khovd, Eznis en propose quatre. Le trajet dure 3h et coûte environ 200 $ l'aller.

Bus

Des minivans russes font la liaison avec Oulan-Bator (50 000 T, 3 à 4 jours de trajet), mais ce ne sont pas des lignes vraiment régulières, et les véhicules ne partent qu'une fois pleins, ce qui peut prendre un certain temps. Il existe également des liaisons avec Altaï en 10h (capitale de Gov'Altaï), Bayankhongor en 20h (capitale de l'aimag du même nom) Ulaangom en 7h (1 200 T). Tous les départs se font depuis la place du marché.

Jeep

On peut également louer des Jeep à Khovd, au tarif classique de 500 T le kilomètre.

Les alentours du marché sont en général le meilleur endroit pour trouver un véhicule.

Pratique

INTERNET
A côté de l'hôtel Tushig
400 T l'heure.

BAINS PUBLICS
A côté du marché
Ouvert de 9h à 22h. 1 000 T la douche.
Absolument nécessaires pour ceux qui souhaitent se doucher dans une ville, où bizarrement très peu d'hôtels ont des douches.

Hébergement

Les hôtels à Khovd sont limités et quelque peu rebutants.

HOTEL BUYANT
Jargalant district
✆ (0143) 223 860 ou ✆ 99 43 90 43
buyanthotel@chinggis.com
5 000 T par personne en dortoir de 5 lits, 6 000 T par personne en dortoir de 3 lits, chambre double de 15 000 à 20 000 T.
A proximité du théâtre, les dortoirs à l'étage doivent utiliser les toilettes du rez-de-chaussée, mais il n'y a pas de douche. Les chambres disposent de lavabo mais sans eau chaude. Le personnel ne parle pas anglais et n'aime pas les voyageurs qui veulent dormir en dortoir : ils vous diront que l'hôtel est plein ! Insister donc. Il y a un restaurant dans l'hôtel.

HOTEL KHOVD
En face du précédent
Chambres de 3 000 à 4 000 T par personne, avec lavabo et toilettes communs. Chambre double avec une douche froide 8 000 T.
Dans un hôtel à l'architecture soviétique, les chambres sont simples mais pas toujours très propres. Là aussi, on vous dira que l'hôtel est plein lorsque vous demandez les chambres les moins chères et l'on vous demandera certainement le double du prix réel. Pas de restauration possible sur place. Personne ne parle anglais.

ALTAM KHUMI
A côté de Buyant
En cours de construction lors de notre passage. A voir.

TUSHIG HOTEL

6 000 T en dortoir, double de 12 500 à 25 000 T. Hôtel le plus récent de Khovd. Le dortoir ne dispose pas de salle de bains commune. Les chambres ont la TV, Internet et la douche chaude.

Restaurants

La meilleure solution, ce sont encore les petits guanz le long de la rue principale ou dans les environs du monastère.

IKH MONGOL

Derrière l'hôtel Khovd
Il faut arriver avant 21h, car après c'est uniquement karaoké! Nourriture locale et occidentale et bar-karaoké.

Points d'intérêt

RUINES DE SANGIIN KHEREM

Situés au nord de la ville, ce sont les restes de murs construits sous la dynastie Qing, au milieu du XVIIIe siècle. Le complexe abritait une garnison chinoise d'environ 1 500 hommes, active jusqu'à ce que les Mandchous soient expulsés du pays en 1912. L'enceinte couvrait à l'origine une zone de 40 000 m², dans laquelle se trouvaient également quelques temples dont les traces ont pratiquement disparu.

MUSEE DE L'AIMAG

Il comporte les habituelles présentations de la faune et de la flore locales, ainsi qu'une collection d'animaux empaillés. Il présente cependant l'intérêt de faire découvrir les différentes ethnies de l'aimag et des reconstitutions des peintures rupestres de Tsenkheriin Agui, situées à près de 100 km de la ville. Le musée était en cours de rénovation lors de notre passage.

MONASTERE TÜREELMEL MARJUULAGAI

Entrée 2 000 T. En centre-ville, à côté de la place centrale.

MOSQUEE AKHMET ALI

Tout au bout de la rue du monastère

Shopping

KAZAKH EMBRODERY SHOP

✆ (042) 225 86
Berdiguli parle très bien anglais, elle est traductrice, et vous propose ses propres créations kazakhes. Très belles broderies, sacs, chapeaux, tentures, à des prix intéressants.

Dans les environs

PARC NATIONAL DE HHAR US NUUR

A une quarantaine de kilomètres de Khovd, le « lac de l'eau noire » s'étend sur une superficie de 1 153 km² : c'est le deuxième lac d'eau douce du pays. D'une profondeur moyenne de 4 m, avec une grande île en son centre, il est un lieu de rassemblement privilégié pour de nombreux oiseaux migrateurs comme les canards sauvages, ou pour des oiseaux sédentaires tels les coqs de bruyère ou les perdrix.

A proximité de ce grand lac, une étendue d'eau plus petite, le Khar Nuur, accueille de nombreux pélicans migrateurs.

Un peu plus loin se trouve un troisième lac, encore plus petit et contenant de l'eau salée, le Dorgon Nuur, entouré de dunes de sable.

Le parc national réunit de larges zones de steppes désertiques et semi-désertiques, encadrées de sommets enneigés. Son équilibre écologique très spécifique et la multitude d'oiseaux qui y trouvent refuge ont contribué à faire classer le site dans la liste de la convention Ramsar en 1999 (convention relative aux zones humides d'importance internationale, particulièrement comme habitat des oiseaux d'eau).

A l'entrée du parc, le long de la rivière Khovd, dans le sum (ou département) de Myangad, réside une importante communauté ethnique, les Myangad : 6 100 individus, selon le recensement de l'année 2000.

Enfin, au sud du parc, le sum de Chandmani est réputé pour être le berceau des célèbres chanteurs de khoomi.

TSENKHERIIN AGUI

Ces grottes situées à une centaine de kilomètres de Khovd et à une vingtaine de kilomètres du parc national de Khar Us Nuur sont célèbres pour les peintures rupestres datées d'environ 15 000 ans. Ces peintures représentent des animaux, dont des autruches et des mammouths, ce qui témoigne de leur ancienne présence dans la région. Les pigments sont réalisés à partir de terre rouge et brune. Des traces de fumée dans la grotte de près de 20 m de hauteur semblent attester qu'elle servait déjà d'abri aux populations du paléolithique.

Les grottes se trouvent tout près de l'entrée de la réserve naturelle de Mankhan, qui protège une vaste steppe. C'est l'un des rares endroits du pays où l'on peut encore observer l'antilope saïga.

▶ **Un camp de ger se trouve à proximité des grottes.** Il s'agit du Gurvan Tsenkher ✆ (043) 2348.

PARC NATIONAL DE TSAMBAGARAV UUL

Situé à la frontière entre l'aimag de Khovd et celui de Bayan-Olgiy, le mont Tsambagarav a été élevé au statut de parc national en 2000, afin de protéger ses glaciers et les quelques léopards des neiges qui y vivent. Le sommet culmine à 4 202 m d'altitude et reste couvert de neige tout au long de l'année.

La légende (étayée d'ailleurs par un article publié dans une revue scientifique !) raconte que cette zone servait d'abri à quelques « hommes des neiges », baptisés Alma par les locaux !

On peut y découvrir des peintures rupestres représentant des guerriers xiongnu en armures, montés sur des chevaux également protégés par de lourdes plaques de métal. Enfin, le parc abrite une petite communauté ethnique, les Uuld.

RÉSERVE NATURELLE DE BULGAN GOL

Située au sud-ouest de l'aimag, à la frontière avec celui de Bayan-Olgiy, la réserve naturelle couvre une superficie de 77 km². Elle est protégée depuis 1965, notamment en raison de la présence de quelques spécimens du très rare castor des rivières. La réserve abrite également des gazelles à queue noire, des argali, des ibex de Sibérie, ainsi que quelques grands cormorans.

Avant d'atteindre la réserve, si l'on vient de Khovd, on peut admirer l'övöo de Kharuul. Perché à 1 941 m d'altitude, c'est l'un des 13 övöo sacrés élevés par l'ethnie des Torguut (descendants des Oïrat). Haut de près de 25 m, il a 50 m de diamètre !

◼ AIMAG D'UVS

D'une superficie de 69 000 km², cet aimag abrite le plus grand lac de Mongolie, le lac d'eau salée d'Uvs Nuur, qui est également l'endroit le plus froid du pays (avec des températures moyennes de - 33° C en janvier !). Une vaste dépression qui s'étend jusqu'aux aimag de Khovd et de Bayan-Olgiy est constellée de lacs plus petits et ponctuée de zones désertiques avec des dunes de sable, et de steppes verdoyantes. La population de l'aimag est majoritairement dörvöd, une ethnie d'ascendance oirat, parlant un dialecte qui lui est propre. Cette ethnie est à l'origine de la danse bielgee, dans laquelle seule la partie supérieure du corps est en mouvement, et qui mime des scènes de la vie quotidienne.

ULAANGOM

Cette capitale d'aimag de 30 000 habitants est toute proche de la frontière russe. C'est une ville agréable, qui peut constituer une bonne base de départ pour l'exploration de l'aimag, peu visité malgré ses très beaux paysages.

Transports

Avion

Seule Eznis assure quatre vols par semaine entre Ulaangom et Oulan-Bator, les lundi, mercredi, vendredi et le dimanche. Le billet coûte environ 200 $.

Bus

Il existe quelques liaisons avec Oulan-Bator, située à 1 336 km de là (50 000 T, 3 à 4 jours de voyage). De très rares liaisons existent avec Olgiy, mais il faut avoir de la chance et attendre que les bus soient pleins, ce qui peut prendre un certain temps. Plus nombreux, des minivans se rendent à Khovd, ce sont des lignes régulières (7h de trajet, 1 200 T). Les départs ont lieu dans les environs du marché.

Jeep

Il est possible de louer des Jeep pour parcourir l'aimag, au tarif habituel de 500 T le kilomètre. Les chauffeurs attendent les clients autour du marché.

Pratique

■ **ECO GER**
A côté de l'aéroport
Ouvert à l'arrivée des vols. C'est ici que vous trouverez les informations touristiques nécessaires à la découverte de la région. Les jeunes filles sont d'une aide incroyable. Elles peuvent vous trouver un chauffeur, un hôtel et répondre à bon nombre de questions.

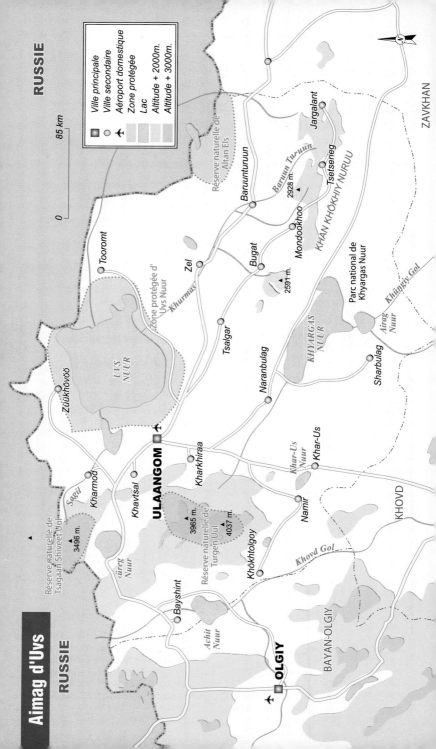

Aimag d'Uvs

RUSSIE

RUSSIE

RUSSIE

ZAVKHAN

KHOVD

BAYAN-OLGIY

Légende :
- Ville principale
- Ville secondaire
- Aéroport domestique
- Zone protégée
- Lac
- Altitude + 2000m.
- Altitude + 3000m.

0   85 km

Tooromt

Baruunturuun

Zel

Bugat

Mondookhoo

Jargalant

Tsetseg

2928 m.

Réserve naturelle de Altan Els

Khurmas

Tsalgar

2591 m.

KHAN KHÖKHIY NURUU

Parc national de Khyargas Nuur

Khüngiy Gol

Naranbulag

KHYARGAS NUUR

Airag Nuur

Sharbulag

Zone protégée d' Uvs Nuur

UVS NUUR

Züükhövöö

Kharmod

Khavtsal

ULAANGOM

Kharkhiraa

Khar-Us Nuur

Khar-Us

Namir

Sagil

Réserve naturelle de Tsagaan Shiveet Uul

3496 m.

Üüreg Nuur

3965 m.

4037 m.

Réserve naturelle de Turgen Uul

Khökhtolgoy

Khovd Gol

Bayshint

Achit Nuur

OLGIY

L'Alma, homme des neiges mongol

Moins connu que le Yeti tibétain ou le Bigfoot américain, l'Alma a pourtant fait son apparition à plusieurs reprises dans la chaîne de l'Altaï. Le premier témoignage écrit date du début du XVe siècle, lorsqu'un Bavarois nommé Hans Schiltberger, prisonnier en Chine, a pu observer un couple d'Alma capturé par ses geôliers. « *Une fourrure couvrait entièrement le corps de ces créatures, seules les mains et la figure étaient dénuées de poils* », écrit-il à l'issue de son séjour forcé dans la région. Quelques siècles plus tard, l'explorateur russe Przewalski, à son retour de Mongolie, affirmait à son tour avoir aperçu un Alma dans les montagnes du pays.

Ce sont les Russes qui se sont le plus intéressés à cette créature, mi-singe mi-homme, caractérisée par sa corpulence, ses longs poils rouquins et sa mâchoire protubérante. A tel point que l'Académie des sciences de Moscou a créé, dans les années 1950, une Commission pour l'étude de la question de l'homme des neiges ! Le professeur Boris Fedorovitch Porshnev, auteur de plusieurs articles sur la question dans les années 1950 et 1960, reste à l'heure actuelle la référence en ce qui concerne l'étude des Alma. Un de ses ouvrages a d'ailleurs été traduit en français en 1974, sous le titre : *L'homme de Neandertal est toujours vivant*. C'est en effet la thèse défendue par le professeur russe : l'Alma serait le lointain descendant de l'homme de Neandertal, qui aurait traversé les siècles dans les montagnes reculées de l'Altaï.

■ OFFICE DES FRONTIERES

En face du marché, pour obtenir un permis de circulation dans les zones frontalières.

■ INTERNET

A côté de la place centrale, 400 T de l'heure.

■ OFFICE DES ZONES STRICTEMENT PROTEGEES

Ouvert de 9h à 17h du lundi au vendredi. A l'ouest de la ville, s'y rendre pour obtenir les permis d'entrée des parcs de la région.

▶ **Frontière russe.** Tsagaanuur est une frontière ouvert aux étrangers. Il faut être en possession d'un visa pour la Russie. Se renseigner, car cette frontière n'est pas toujours ouverte.

Hébergement

■ HOTEL BAYALAG OD

Chambres simple de 10 $ à 25 $, double de 20 $ à 35 $. Petit déjeuner inclus. L'hôtel a un petit restaurant. La douche est le plus souvent froide.

■ UVS NUUR CENTER

En face de la place principale
© (0145) 224 214
Chambre simple de 9 000 à 16 000 T, chambre double de 17 000 à 22 000 T. Petit déjeuner inclus. Les chambres sont propres et agréables. Douches chaudes le soir. Le personnel est extrêmement sympathique et prêt à vous aider. La meilleure adresse

de la ville. L'hôtel a un bon restaurant et un karaoké.

Restaurants

Outre les restaurants des hôtels et les habituels guanz de la ville, **on peut tenter le Khankhokhii,** dont la cuisine est un peu plus intéressante que celle des hôtels.

■ IKH MONGOL

Plats de 800 à 2 500 T. A côté de l'hôtel Uvs Nuur, restaurant agréable avec une terrasse. C'est aussi un incontournable pour le karaoké.

■ CHINGGIS STEAK HOUSE

A côté du précédent, il propose une bonne nourriture.

Points d'intérêt

■ MUSEE DE L'AIMAG

Entrée 2 000 T. Il présente la faune et la flore locales, ainsi que les traditions, les vêtements et les instruments de musique spécifiques à la région.

■ MONASTERE DECHINRAVJAALIN

A côté de l'aéroport
Il a été fondé en 1757, époque où ses sept temples accueillaient jusqu'à 2 000 moines. Il a été presque entièrement détruit en 1937, et les moines ont été exécutés ou rendus de force à la vie civile. Il ne reste aujourd'hui que deux ger transformées en temples, mais l'activité religieuse y a néanmoins repris.

L'OUEST

Dans les environs

▶ **La montagne Chandmani,** à proximité de la capitale d'aimag, abrite une cinquantaine de tombes des VIIe et VIIIe siècles. La région possède également quelques stèles recouvertes d'inscriptions en turc et en ouïgour.

▶ **Les sum de Khyargas, Zuungobi, Tes et Malchin,** situés à l'est de l'aimag, sont peuplés en grande partie par l'ethnie des Bayad, qui compte 51 000 représentants selon le recensement de l'année 2000.

▶ **Des populations de l'ethnie des Dörvöd** vivent dans les sum situés au sud-ouest et au nord de l'aimag (dans le sum de Davst). On compte environ 67 000 Dörvöd dans ces régions.

▶ **Au nord du lac Uvs,** dans le sum de Davst, se trouve une étonnante montagne de sel. Shuden Uul atteint 300 m de hauteur, et l'on estime qu'elle contient une réserve de 50 millions de tonnes de sel. Les mines de sel sont ouvertes à la visite.

LA ZONE STRICTEMENT PROTÉGÉE D'UVS NUUR

Protégée depuis 1994, cette zone de 7 125 km² comprend quatre entités distinctes : le lac proprement dit, la montagne Tsagaan Shuvut, la montagne Turgen et les dunes de sable d'Altan. Le lac Uvs Nuur se trouve à 743 m au-dessus du niveau de la mer et couvre approximativement une surface carrée de 80 km de côté. C'est une véritable petite mer intérieure, puisque le plus grand lac du pays est un lac d'eau salée. Il attire des milliers d'oiseaux, répartis en plus de 220 espèces, dont des orfraies, des aigles à queue blanche, des cigognes noires ou des spatules eurasiennes, qui trouvent souvent refuge dans les marais qui bordent le lac au nord. Le sommet Turgen culmine à 3 965 m d'altitude, au sud-ouest du lac Uvs Nuur. La fonte des neiges et de ses glaciers alimente le lac durant l'été. A la frontière russe s'élève le mont Tsagaan Shuvut, qui surplombe de ses 3 496 m le lac Üüreg Nuur, un site recommandé pour les amateurs de pêche. A côté du lac, le site de Mojoo est connu pour ses peintures rupestres représentant les animaux locaux, ibex et chameaux, ainsi que des scènes de la vie quotidienne.

A l'est du lac se dressent les dunes de sable d'Altan, de couleur dorée comme l'indique leur nom (altan signifie « or ») et dont certaines atteignent 30 m de hauteur. Elles se trouvent à l'extrémité de la zone désertique de Böörög Deliyn Els, qui est le désert le plus septentrional du monde et couvre une superficie de 4 000 km².

Il n'y a qu'un seul camp de ger à proximité du lac :

■ **TSOGGEPEL**
✆ 99 15 20 42 (portable)
De 10 $ à 12 $ la nuit par personne. A 27 km d'Ulaangom, petit camp de ger. Les plus chères sont avec la TV, et le petit déjeuner est inclus ! les autres sont plus simples, mais agréables. Il n'y a pas de douche sur le site et le personnel ne parle pas anglais.

PARC NATIONAL DE KHYARGAS NUUR

Ce lac, plus petit que le précédent et protégé depuis l'année 2000, couvre néanmoins une superficie de 1 406 km², et sa profondeur peut atteindre 80 m en certains endroits. Situé à 1 028 m d'altitude, il héberge des ombres mongols, un poisson extrêmement rare. La rive nord-ouest du lac est dotée de sources chaudes, qui jaillissent de rochers en schiste et pierre de sable. Le site s'appelle Khar Termesiin Rashaan en mongol. Un peu plus au sud de ce lac, mais toujours dans le parc national, l'Airag Nuur est un petit lac relié au précédent par une large rivière. Les deux étendues d'eau sont propices à l'observation des oiseaux, puisqu'on y trouve à peu près les mêmes espèces que celles présentes autour du lac Uvs Nuur. Le seul problème de ce parc est son accès relativement difficile.

Hébergement

Un camp de ger se trouve au sud du lac Khyargas, pratiquement à l'embranchement de la rivière qui part vers l'Airag Nuur.

OLGIY NUUR

Sur la route de Khovd, ce lac de 20 km de longueur est magnifique. Il est propice à la pêche, car ses eaux sont poissonneuses. C'est une bonne étape entre les deux villes. Si vous souhaitez camper, mieux vaut s'éloigner des rives ventées et infestées de moucherons.

ACHIT NUUR

Achit Nuur est le plus grand lac de l'aimag, sur la route d'Olgiy. Il est propice à la pêche et au camping, pour ceux qui disposent de leur propre moyen de transport.

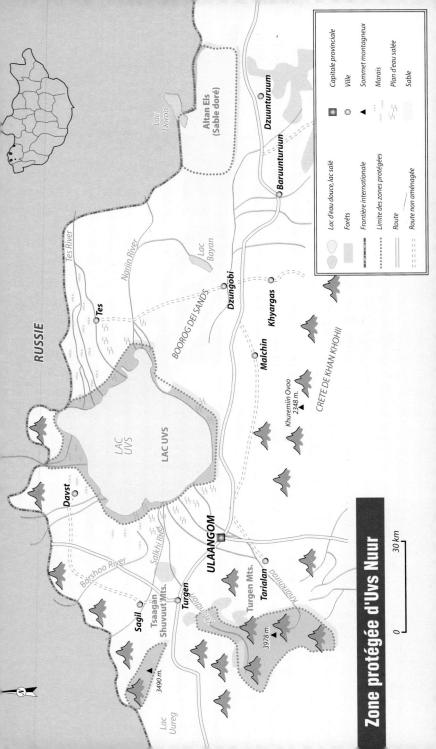

Zone protégée d'Uvs Nuur

RUSSIE

Lac Doroo

Altan Els
(Sable doré)

Dzuunturuum

Baruunturuun

Tes River

Nariin River

Lac Bayan

Tes

Dzungobi

BOOROG DEI SANDS

Khyargas

Malchin

Khureniin Ovoo
2348 m.

CRETE DE KHAN KHOHII

LAC
UVS

LAC UVS

Davst

Salkhi River

Borshoo River

Tsaagan
Shuvuut Mts.

Sagil

Turgen

ULAANGOM

Turgen Mts.

Tarialan

3978 m.

3490 m.

Lac Uureg

Légende

Lac d'eau douce, lac salé	
Forêts	
Frontière internationale	
Limite des zones protégées	
Route	
Route non aménagée	

■	Capitale provinciale
○	Ville
▲	Sommet montagneux
	Marais
	Plan d'eau salée
	Sable

0   30 km

Aimag de Khentiy
© ICONOTEC

L'Est

Cette vaste région présente très peu de sites culturels, à l'exception de ceux hypothétiquement reliés à la naissance de Chinggis Khaan. En revanche, elle est dotée de très belles forêts et surtout de steppes immenses, où l'on peut s'initier au mode de vie nomade.
C'est une région encore délaissée par les touristes, donc propices aux curieux qui veulent s'éloigner des flux.

■ AIMAG DE KHENTIY

Cet aimag (ou province) de 80 300 km^2 abrite une population de 71 000 habitants, mais nourrit un impressionnant troupeau de 1,3 million de têtes de bétail. L'aimag est largement montagneux, puisqu'une grande portion de son territoire est occupée par la chaîne de montagne du même nom, qui culmine à 2 362 m d'altitude. La célébrité de cette région administrative vient de son lien avec Chinggis Khaan, que l'on suppose être né, avoir grandi, et peut-être même avoir été enterré dans les plaines très irriguées au pied des montagnes.

ÖNDÖRKHAAN

La capitale d'aimag étire sa population de 17 000 habitants sur les berges de la rivière Kherlen. Les habitations sont plus souvent des petites maisons en bois que des ger traditionnelles des autres régions du pays, le Khentiy disposant de vastes forêts progressivement exploitées. La ville, relativement peu étendue, s'articule autour d'un parc central qui concentre toutes les commodités.

Transports

▶ **Bus.** De nombreux bus réguliers et minibus font le trajet entre la capitale et Öndörkhaan. Les départs ne sont pas nécessairement quotidiens, mais ils se multiplient en été en fonction du nombre de passagers. Le trajet dure entre 10 et 12h.

Hébergement

■ **KHERLEN HOTEL**
L'hôtel est situé en plein centre-ville, à deux pas du monastère principal. Lit en dortoir 3 500 T par personne, chambre double 6 000 T par personne.

■ **ENERGY STAR HOTEL**
L'hôtel se trouve au bout du parc, contre le bâtiment du gouvernement. Chambre standard 3 000 T par personne, de luxe 6 000 T par personne.

Restaurants

■ **TIGER CAFE**
Au 2e étage d'un immeuble de la rue principale. Ce café sert également quelques plats très corrects à connotation internationale.

■ **MORON CAFE**
A côté du grand magasin. Un café qui fait également restaurant.

▶ **Les guanz** sont situés dans la rue principale mais aussi à l'extérieur de la ville, à côté du marché couvert.

Points d'intérêt

▨ MUSEE ETHNIQUE
Ouvert de 8h à 13h et de 14h à 18h. Entrée 500 T. C'est le plus intéressant musée de la ville. Les locaux l'appellent également Tsetsen Palace Museum, car il est installé dans l'ancien palais de Tsetsen Khan, un prince mongol qui a régné sur une grande partie de l'est du pays sous la dynastie mandchoue (au XVIIIᵉ siècle). On y trouve une belle collection de costumes et jouets locaux, ainsi que des peintures, objets et livres religieux.

▨ MUSEE DE L'AIMAG
Ouvert de 9h à 16h. Entrée 1 000 T. Outre la traditionnelle collection sur la faune et la flore locales, quelques armures du temps de Chinggis Khaan.

▨ MONASTERE GUNDGAVIRLAN
Fondé en 1660, il est connu pour avoir abrité la première école de philosophie bouddhiste du pays. C'était autrefois un grand monastère qui accueillait plus de 1 000 moines, dont la grande majorité a été victime des purges des années 1930. Le monastère lui-même a été presque intégralement rasé dans les années 1950. Il a été partiellement reconstruit au début des années 1990, sous la forme d'une ger, où vit aujourd'hui une trentaine de moines. Seule une peinture nous permet de contempler le monastère tel qu'il était à l'origine, au XVIIᵉ siècle.

BAYAN OVOO

C'est dans les environs de cette ville, située à la jonction des rivières Onon et Balj, que, selon *L'Histoire secrète des Mongols*, est né Chinggis Khaan. Quoi qu'il en soit, c'est une belle région de rivières, lacs et forêts, aujourd'hui inscrite dans le parc national d'Onon Balj. La ville de Bayan Ovoo est parfois désignée sous le nom de Dadal, ce qui évite de la confondre avec une petite bourgade homonyme, située beaucoup plus au sud de l'aimag, au pied du mont Tumen Tsogt.

Transports

Avion
Bayan Ovoo possède un petit aéroport qui n'accueille aucune ligne régulière. Seuls quelques vols charters atterrissent sur cette piste en terre.

L'EST

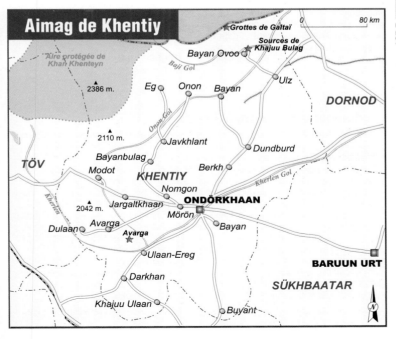

Bus

Des minivans ou des Jeep se rendent à Bayan Ovoo depuis Oulan-Bator lorsqu'ils ont suffisamment de passagers. Le trajet dure entre 15 et 20 heures, selon l'état de la route, et le tarif varie entre 15 000 et 20 000 T, selon le véhicule et son taux de remplissage.

Hébergement

La ville est trop petite pour avoir des hôtels, mais quelques camps de ger se sont installés à proximité de Bayan Ovoo et aux portes du parc naturel situé non loin de là.

▓ **ONON BALJ**
✆ (011) 457 242
Nuit à 30 $ sans les repas, 40 $ avec. Un camp de ger tout proche de la ville de Dadal.

▓ **GURVAN NUUR**
Sur les bords du lac du même nom, à quelques kilomètres de Dadal. Logement dans des cabines en bois 3 000 T par personne, repas 1 000 ou 1 500 T.

Dans les environs

▷ **Deluun Bodog** est une chaîne de montagne qui entoure Bayan Ovoo au nord. Le sommet porte une inscription datée de 1990, qui commémore le 750e anniversaire de la rédaction de *L'Histoire secrète des Mongols*. La stèle mentionne également la date de naissance de Chinggis Khaan, en 1162, bien que les historiens situent plutôt l'événement en 1167.

▷ **Les sources d'eau minérale de Khajuu Bulag** sont situées à deux pas du camp Gurvan Nuur. La légende raconte que Chinggis Khaan en personne aurait bu à cette source. Une statue du grand khan a d'ailleurs été dressée dans le camp de ger, à l'occasion du 800e anniversaire de sa naissance.

▷ **A la frontière russe précisément se trouvent les grottes de Galtaï,** une succession d'ouvertures dans la chaîne de Tsagaan Chuluut. La montagne est sacrée, et les grottes, dont la principale s'étend sur plus de 80 m de profondeur, passent pour avoir été utilisées à des fins médicales par les chamans locaux. En raison de leur proximité avec la frontière russe, un permis spécial est nécessaire pour se rendre aux grottes.

AVARGA

Situé à l'est de l'aimag, le long de la rivière Kherlen, ce centre de district ne présente pas grand intérêt en soi, mais il permet de rayonner dans cette zone historiquement riche.

Hébergement

▓ **AVARGA RESORT**
2 500 T par personne, avec accès aux bains chauds alimentés par la source voisine.

▓ **ONGOR GIVANT**
30 $ par personne.

▓ **KHUDUU ARAL**
✆ (011) 311 463

Le tombeau de Chinggis Khaan

« Les funérailles achevées, le lieu devint tabou et on laissa la forêt le recouvrir pour en dissimuler l'emplacement. L'arbre au pied duquel il avait voulu reposer se confondit parmi les autres arbres et rien aujourd'hui n'en révèle le site.
C'est sous ce manteau de cèdres, de sapins et de mélèzes que le Conquérant dort son dernier sommeil. D'un côté, vers le Grand Nord, s'étend l'immensité de la taïga sibérienne, la forêt impénétrable, prise, les deux tiers de l'année, sous la neige et le gel. De l'autre côté, au midi, la steppe mongole déroule à l'infini son moutonnement parsemé, au printemps, de toutes les fleurs de la prairie, mais qui, à mesure qu'on pousse plus loin encore vers le sud, se perd dans les sables immenses du Gobi. Dans les airs, passant en quelques coups d'ailes d'une zone à l'autre, l'aigle noir aux yeux d'or, prince du ciel mongol, image même de la carrière du Héros dont la course s'était étendue des forêts du Baïkal à l'Indus, des steppes de l'Aral à la Grande Plaine chinoise. D'autres conquérants le sommeil sera éternellement troublé par les foules accourues interroger sur leur tombe le secret de leur destin. Lui, il repose là-haut, inaccessible, ignoré de tous, défendu, caché et repris tout entier par cette terre mongole avec laquelle il s'identifie à jamais. »
(*Gengis Khan, conquérant du monde,* René Grousset, Editions de Crémille, p. 371-372.)

Points d'intérêt

■ LA PLAINE DE KHUDUU ARAL

Mesurant environ 30 km de longueur sur 20 km de largeur, elle se déroule le long de la rivière Kherlen, à 1 300 m au-dessus du niveau de la mer. C'est là que se trouve le site d'Ikh Aurag, qui passe pour avoir abrité un palais de Chinggis Khaan. Ce serait également à cet endroit qu'aurait été achevée *L'Histoire secrète des Mongols*. Un grand monument y a été érigé en 1990, pour célébrer le 750e anniversaire de la rédaction de ce classique de la littérature mongole.

▶ **De nombreuses tombes sont également visibles dans cette plaine.** Certaines d'entre elles datent de l'âge de pierre et sont protégées depuis 1998.

■ LES SOURCES MINERALES D'AVARGA TOSON

Près de l'Avarga Resort. Leurs vertus curatives sont vantées par les Mongols, qui affirment que cette eau peut guérir quelque 13 maladies, dont les hépatites ou les ulcères. Selon la légende locale, Chinggis Khaan lui-même aurait été guéri d'une maladie d'estomac grâce aux vertus de cette source.

▶ **Cette même plaine accueille également les ruines de la cité d'Avarga.** Les livres d'histoire mongole nous disent que Chinggis Khaan y a rassemblé ses armées avant de partir à la conquête de l'Asie centrale. C'est également là qu'Ogödeï, le fils et successeur de Chinggis, a été proclamé grand khan de Mongolie. Des fouilles sont en cours pour mettre au jour les restes de cette cité, qui aurait compté dans son enceinte jusqu'à neuf temples, ainsi que le palais de la femme de Chinggis.

KHOKH NUUR

Celui qui allait devenir Chinggis Khaan est supposé avoir vécu sur les bords de ce lac, entouré par des montagnes boisées. Les ruines d'une ger en pierre d'un diamètre de 15 m sont encore visibles sur les berges du lac, et l'on suppose que ces ruines marquent l'emplacement où Temujin a été proclamé khan en 1189, au début de son entreprise d'unification de tous les clans mongols.

Non loin de ce premier lac se trouve un deuxième, le Khangal Nuur. Ce petit lac de 1,5 km² accueille un camp de ger où l'on peut loger.

■ BAYANGOL TOURIST CAMP

✆ (011) 329 564

▶ **A une dizaine de kilomètres au nord-est du lac Khangal, on peut voir les ruines du monastère de Bereveen.** Construit avec des pierres granitiques en 1777, le Bereveen possédait une statue de Manzshir de 3 m de hauteur et de 2 m de largeur, sculptée dans la falaise de granit rouge située au sud-est du monastère. Ce dernier s'élevait sur trois étages, soutenus par 32 colonnes de granit. Il n'en reste malheureusement plus rien, sauf une portion du mur extérieur. Le monastère est actuellement en cours de restauration, grâce à un programme d'aide internationale.

AIRE STRICTEMENT PROTÉGÉE DE KHAAN KHENTIY

Cette vaste zone de 1,2 million d'hectares est partagée entre les aimag du Khentiy et de Töv. Elle est recouverte de forêts denses (10 % des forêts mongoles), de terres très irriguées, de toundras et de neiges éternelles, accrochées aux sommets de la chaîne du Khentiy, dont le pic le plus élevé culmine à 2 800 m.

L'aire protégée compte de nombreux sites historiques, et notamment des pierres-hommes turques datant du Ve siècle ou des stèles et obélisques écrits en chinois et en turc, que l'on estime dater d'à peu près la même période. Quelques pierres de rennes sont également disséminées dans la région. Des fouilles archéologiques sont actuellement menées dans cette zone, pour tenter d'identifier le site de la sépulture de Chinggis Khaan. A l'heure actuelle, plus de 800 tombes ont été mises au jour dans les environs de la montagne Khentiy Khaan, ce qui semble accréditer l'hypothèse que le site a servi pendant très longtemps de nécropole. Mais l'emplacement de la tombe de Chinggis Khaan est encore inconnu.

L'EST

AIMAG DE DORNOD

Ce grand aimag de 123 600 km² est chichement peuplé de 74 500 habitants. L'essentiel de la superficie de la région administrative est occupé par une vaste steppe connue sous le nom de steppe du Grand Dornod (du Grand Est) et dont certaines parties sont protégées : Dornod Mongol au sud-est de l'aimag, à la frontière chinoise ; Nomrog, dans la pointe située à l'extrémité orientale ; Mongol Daguur, à la frontière russe, et Ugtam, un peu plus au sud de la zone précédente. Ces aires protégées sont des réserves naturelles ou zones strictement protégées, destinées à préserver une flore et surtout une faune très particulière, parmi laquelle on compte de nombreuses gazelles et antilopes.

CHOIBALSAN

Cette grande ville a connu une période faste du temps où elle était un centre d'échanges entre la Chine, la Russie et la Mongolie. Son économie a décliné depuis, et elle a particulièrement souffert du départ des Russes au début des années 1990. Ses 47 000 habitants sont particulièrement touchés par le chômage, et la ville s'en ressent : décrépite, mal remise d'un tremblement de terre qui a endommagé de nombreuses habitations, elle présente un visage pauvre et fatigué.

Transports

Avion

La ville est dotée d'un petit aéroport, que seule la compagnie Eznis dessert.

Bus

Une bonne route permet aux bus et minivans de relier Choibalsan à Oulan-Bator en une vingtaine d'heures (655 km). Les départs sont quotidiens de la place du marché à Choibalsan et de la gare routière d'Oulan-Bator. Des minivans ou des Jeep collectives assurent également la liaison entre Choibalsan et Ondörkhaan ou Baruun Urt. Les véhicules partent lorsqu'ils sont pleins.

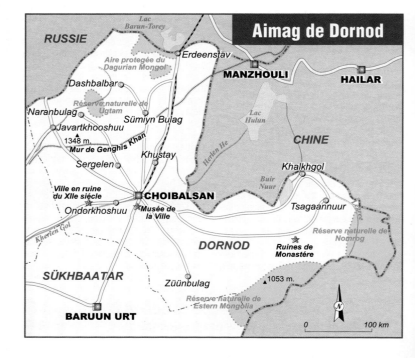

Train

Une ligne de chemin de fer part de Choibalsan et pique droit au nord vers la Russie. Héritage de la période soviétique mongole, elle a été construite en 1939, pour faciliter les efforts de guerre de l'URSS et de la Mongolie, alliées contre le Japon. Il est possible de se rendre jusqu'à la frontière russe, où se trouve, côté mongol, la ville d'Erdeentsav. Les départs ont lieu deux fois par semaine ; le trajet dure 7 heures.

Hébergement – Restaurants

■ **HOTEL KHERLEN**
Chambres à 7 700 T et 11 600 T, avec douche commune.

■ **HOTEL TOVAN**
Chambres avec douche de 16 $ à 25 $.

■ **HOTEL STERK**
Chambres doubles à 14 000 T. C'est l'hôtel de luxe de la ville : il est doté d'une piscine, d'un sauna et d'une salle de billard.
Tous les hôtels sont situés dans la rue principale, à proximité du monastère.

▶ **Restaurants.** Tous les hôtels sont équipés de restaurants. Les guanz de la ville se trouvent le long de la rue principale et à proximité du marché.

Points d'intérêt

■ **MUSEE DE L'AIMAG**
Ouvert de 9h à 18h. Entrée 1 000 T. Il présente une intéressante collection de photographies anciennes du temps de sa splendeur ainsi que des différents temples et monastères que possédait l'aimag (une carte indique leur localisation). Le musée expose également un étonnant chaudron où l'on pouvait faire cuire de la viande pour 500 personnes !

■ **MONASTERE DANRAG DANJALAN**
Construit au milieu du XIXᵉ siècle, il a été détruit dans les années 1930. Il ne reste aujourd'hui que deux petits temples, reconstruits dans les années 1990, et où officie une petite trentaine de moines.

Dans les environs

A 90 km à l'ouest de la ville se trouvent les ruines d'une cité de l'Etat kitan, datant du XIIᵉ siècle. Une tour de 3 m de hauteur marque aujourd'hui encore l'emplacement de la ville de Kherlen Bar Khod.
Un petit rocher commémore également à cet endroit le passage de Chinggis Khaan, qui y aurait séjourné pendant un certain temps. Des pierres-hommes (les balbal) turques se trouvent à proximité de ce site, qui a visiblement été un point de ralliement de populations pendant plusieurs siècles.

AIRE STRICTEMENT PROTÉGÉE DE DORNOD MONGOL

Cette steppe sèche est entièrement vierge de présence humaine, sur 5 704 km². La zone protégée est composée de deux parties, Menengiin Tal et Lagiin Khooloi, qui déborde un peu sur l'aimag de Sükhbaatar. La steppe ressemble à une véritable mer d'herbes hautes, parsemée de plantes rares, qui représentent 10 % de la flore protégée dans le pays. La protection de cette zone a été décidée en 1992, pour préserver l'un des écosystèmes de steppes le plus vierge du monde, mais également pour assurer la sauvegarde de la gazelle mongole. Les troupeaux, parfois forts de 40 000 têtes, migrent à travers la réserve, et peuvent facilement être observés durant la période de reproduction.
De nombreuses espèces d'oiseaux rares trouvent également refuge dans cette zone : grue à crête blanche, aigle des steppes et grands busards. Quelques loups, renards roux et blaireaux vivent dans cette immense steppe.

Dans les environs

▶ **Le lac de Buir Nuur** est situé au nord de l'aire strictement protégée. C'est le plus grand lac de l'est du pays, puisqu'il couvre une superficie de 615 km², et déborde même un peu côté chinois. Le lac est extrêmement poissonneux, et l'on estime que près de 300 t de poissons peuvent en être extraites tous les ans. On y trouve notamment des carpes miroir, des taïmen, des perches, des brochets, des poissons-chats…

▶ **Le lac est alimenté par la rivière Khalkh,** qui coule sur 233 km depuis les montagnes Ikh Khingan, avant de se jeter dans le lac Buir Nuur. Les berges de la rivière portent les marques d'implantations humaines anciennes. On peut notamment y voir une pierre d'un dieu, Khalkh To-van, érigée au XIXᵉ siècle. Dans le bassin de la rivière Khalkh se dressent des pierres sculptées datant du Paléolithique (de 12 000 à 40 000 ans d'âge).

L'EST

Plus récemment, les abords de la rivière Khalkh ont été le théâtre d'affrontements violents entre la Mongolie, alliée à l'URSS, et le Japon. Plusieurs monuments commémorent ces batailles qui se sont déroulées en mai 1839 et se sont soldées par une défaite du Japon. Un petit musée à Tsagaannuur relate les événements qui ont agité la région à la fin des années 1930. L'emplacement de ces batailles se trouve tout près de la frontière avec la Chine : une autorisation spéciale doit donc être obtenue à Choibalsan avant de se rendre dans la région.

AIRE STRICTEMENT PROTÉGÉE DE NOMROG

Cette zone de 3 112 km² regroupe des montagnes boisées, des steppes humides et de nombreux cours d'eau, comme les rivières Degee et Numrug. Les caractéristiques naturelles de cette aire sont très différentes du reste de la Mongolie, puisque la faune et la flore locales s'apparentent à celles que l'on trouve en Mandchourie. Sa très forte irrigation a permis le développement de pins, de bouleaux blancs et de saules. La zone abrite des mammifères qui n'existent pas dans le reste du pays, comme des élans ou des loutres. Des oiseaux rares nichent dans cette zone protégée : diverses espèces d'outardes, des grues à crête blanche, des grandes pies grièches noires…

AIRE STRICTEMENT PROTÉGÉE DU DAGURIAN MONGOL

Créée en 1994, cette zone de 1 030 km² est essentiellement couverte de steppes, dont une partie est constituée par la steppe dagurienne, particulièrement rare et fragile. Elle se divise en deux parties. La plus grande se trouve au nord, le long de la frontière russe, et est constituée de steppes et de zones humides, bordées par le lac Tari Nuur. Une autre zone plus petite englobe le cours de la rivière Uldz, qui abrite une importante population de grues à crête blanche. Près de 70 % des représentants mondiaux de cette espèce en voie de disparition nichent dans la zone protégée.

La zone sert en outre de refuge à six des quinze espèces rares de grues, dont certaines sont en voie de disparition comme la grue encapuchonnée, la grue de Sibérie ou la grue demoiselle.

Ce sont en tout plus de 220 espèces d'oiseaux que l'on peut observer dans l'aire protégée. Les mammifères sont également bien représentés, puisqu'on y trouve 26 espèces différentes, parmi lesquelles figurent des loups, des chiens sauvages, des renards roux, des gazelles mongoles et des daims.

■ AIMAG DE SUKHBAATAR

Cet aimag de 82 000 km² est principalement recouvert de steppes, bien que sa partie occidentale rejoigne les débuts du désert de Gobi. L'aimag est peu peuplé, puisqu'il n'abrite que 56 000 habitants, et il attire bien moins de touristes que la plupart des autres aimag du pays.

La région administrative tient son nom du héros de la révolution de 1921. Des membres des ethnies des Dariganga et des Uzemchin vivent dans cet aimag.

BARUUN URT

Cette petite ville de 17 000 habitants subsiste grâce à l'industrie minière, orientée vers le zinc et le charbon.

Transports

Avion

La compagnie Eznis assure un vol par semaine.

Bus

Des bus relient Baruun Urt à Oulan-Bator trois fois par semaine. Le trajet est très long, et une escale à Ondörkhaan peut être la bienvenue pour couper un peu le voyage.

Hébergement – Restaurants

■ **SHARGA HOTEL**

À côté de la place centrale de la ville. Chambres de 3 000 à 6 000 T. La présence de salles de bains dans les chambres ne signifie pas toujours qu'il y aura de l'eau chaude.

■ **GANGA HOTEL**

Chambres de 2 800 à 5 000 T. Un peu excentré.

▶ **Restaurants.** Les deux hôtels disposent d'un petit restaurant. Les guanz se trouvent le long de la rue principale et à proximité du marché.

Points d'intérêt

■ MUSEE DE L'AIMAG

Ouvert de 8h à 17h. Entrée 1 000 T. Un musée qui n'est pas totalement inintéressant, puisqu'il permet de découvrir les costumes des minorités ethniques de la région, des objets d'orfèvrerie locale, ainsi qu'une collection d'animaux empaillés où figure une représentante des gazelles mongoles.

■ MONASTERE D'ERDENEMANDAL

Reconstruit au début des années 1990, il remplace un autre temple, bien plus vaste, qui était situé à une vingtaine de kilomètres de là, et qui avait accueilli jusqu'à 2 000 moines avant d'être rasé dans les années 1930.

DARIGANGA

Ce sum (ou département) est incontestablement le plus intéressant de l'aimag, notamment pour ses sites naturels et la présence d'une importante minorité dariganga. L'accès à cette zone située au sud de l'aimag, à proximité de la frontière chinoise (il faut se renseigner à Baruun Urt, un permis peut être nécessaire), est un peu difficile : la seule solution est de louer une Jeep. A moins que l'on ne soit en groupe organisé, auquel cas il est possible de gagner Dariganga avec un vol charter. Le sum est également connu sous le nom de « Ovoot ».

Hébergement – Restaurants

■ DASHIN HOTEL

Lits en dortoir à 2 500 T par personne. L'unique hôtel du sum, situé sur les berges du lac Dagshin Gulag.

■ SHILIIN BOGD

✆ (011) 328 428.
Il s'agit d'un camp de ger, situé entre la ville et la réserve naturelle de Ganga Nuur.

▶ **Restaurants.** L'hôtel et le camp ont des restaurants. Sinon, il vaut mieux être en autonomie totale, la région étant relativement sauvage et les guanz plutôt rares.

Points d'intérêt

▶ **Le lac Ganga** se trouve à une dizaine de kilomètres du centre du sum, à la lisière des dunes de sable de Moltsog, qui couvrent une superficie de 248 km².

Aimag de Sukhbaatar

L'EST

Le lac couvre une superficie de 4 km^2 et est inséré dans une zone protégée de 288 km^2, qui englobe également les dunes de sable de Moltsog, le lac Kholboo et quatre autres étendues d'eau plus petites. De nombreux oiseaux vivent sur les berges de ces lacs : grue à crête blanche et cygnes notamment.

▷ **A 60 km au sud-ouest de Dariganga, la montagne Shilin Bogd** est l'un des nombreux volcans éteints qui parsèment la région. Il est situé à 1 778 m d'altitude, et son cratère mesure près de 2 km de diamètre sur 200 m de profondeur. Pointant dans un paysage relativement plat, le volcan peut être aperçu à près de 60 km de distance.

La région est effectivement riche en volcans éteints, puisqu'on en compte près de 180 ! Le sol de la partie méridionale du sum est recouvert de basalte issu de la lave solidifiée, dont la couche atteint par endroits jusqu'à 30 m d'épaisseur.

On y trouve des grottes dont certaines sont très vastes. La plus connue est celle de Taliin Agui, qui s'étend sur une longueur de 200 m et dont le volume intérieur atteint 100 000 m^3. Cette grotte en basalte hérissée de stalactites et stalagmites est considérée comme la plus grande du pays.

L'Altan Ovoo est un autre volcan éteint situé dans le sum de Dariganga et considéré comme sacré par les populations locales. Il a été proclamé « lieu sacré » par le dernier Bogd Khan en 1913, au cours d'une cérémonie qui avait attiré des Mongols venus de tout le pays. Un stupa a été érigé en 1990 au sommet du volcan, en remplacement d'un autre stupa construit en 1820 mais détruit en 1937. Ce volcan est situé à 60 km du Shilin Bogd, que l'on peut voir depuis le sommet.

▷ **Trois pierres-hommes** se trouvent sur les pentes de l'Altan Ovöo. Baptisées « le khan, la reine et leur fils », ces trois statues sont sculptées dans du marbre, ce qui est extrêmement rare en Mongolie. La région compte une soixantaine de pierres-hommes (ou balbal).

Tsetserleg,
monastère,
yourte
© ICONOTEC

Pense futé

ARGENT

hôtels, camps de ger et magasins de souvenirs acceptent les dollars et les euros. Certains établissements n'affichent d'ailleurs leurs tarifs qu'en dollars, ce qui suppose que les deux moyens de paiement y sont acceptés. Il est néanmoins souvent moins coûteux de régler en tögrög qu'en dollars.

Change et taux de change

A Oulan-Bator, on trouve, dorénavant, facilement des bureaux de change. En revanche, il est plus difficile de changer de l'argent dès que l'on quitte la capitale. Il est donc conseillé de toujours changer de l'argent en grande quantité avant tout voyage dans l'intérieur du pays. Il n'y a pas de parité fixe avec le dollar ni avec l'euro. Le taux de change est approximativement de 1 150-2 000 T pour 1 $. Pour commander vos devises et/ou chèques de voyage avant de partir, contactez notre partenaire financier National Change au ℰ 0 1 42 66 65 64 en communiquant le code PF06, ou connectez-vous sur www. nationalchange.com. Ils vous seront livrés à domicile sous pli sécurisé.

Banques

Les banques ouvrent de 9h à 13h et de 14h à 16h30, certaines sont ouvertes le week-end. De nombreux distributeurs automatiques longent les rues de la capitale, ce qui permet de retirer de l'argent facilement.
Attention toutefois, ils ont vite épuisé leurs liquidités ! Par contre, dès que l'on quitte la capitale, il faut entrer dans les banques pour pouvoir retirer de l'argent avec une carte bancaire.
Les plus utilisées sont la Mastercard et la Visa.

Monnaie

La monnaie mongole s'appelle le tögrög (ou le tougrik) que l'on écrit en abrégé « T » ou, plus rarement, « Tg ». Auparavant le tögrög était subdivisé en möngo. Mais dorénavant, il n'existe plus de pièces. La monnaie en circulation se présente sous la forme de billets, où figurent Chinggis Khan ou Sükhbaatar d'un côté, et des paysages avec des ger (yourtes) et des chevaux de l'autre. Les billets sont ceux de 10, 20, 50, 100, 500, 1 000, 5 000, 10 000 et 20 000 T.

Usages

Officiellement, le tögrög est la seule monnaie autorisée dans le pays. En pratique, de nombreuses infrastructures touristiques,

intelligent, spirituel, esprité, brillant, doué, génial,
ingénieux, talentueux, dégourdi, délié, éveillé,
prompt, vif, astucieux, avisé, débrouillard, **futé**, finaud,
finet, ficelle, fine mouche, rusé comme un renard,
malin comme un voyageur **opodo**

Espèces

Le change peut être facilement effectué dans la plupart des banques d'Oulan-Bator, et même dans le magasin d'Etat et certains grands hôtels de la ville. Les monnaies les plus couramment acceptées sont, outre le dollar, l'euro et le yen. Hors de la capitale, le dollar est bien souvent la seule monnaie reconnue par les quelques banques qui sont habilitées à faire des opérations de change.

Chèques de voyage

La plupart des grandes banques et des hôtels de standing d'Oulan-Bator acceptent de changer les chèques de voyage libellés en euros ou en dollars américains, et émis par des compagnies internationalement reconnues. La commission se monte à 1 % du montant du chèque. Mais il est quasi impossible de changer les chèques de voyage en dehors de la capitale. En cas de perte, il faut contacter la Trade & Development Bank d'Oulan-Bator pour faire opposition.

Cartes de crédit

De plus en plus d'établissements de la capitale acceptent les paiements en cartes bancaires, notamment les grands hôtels, les restaurants occidentaux et les magasins de souvenirs. Les cartes de crédit sont en revanche le seul moyen d'obtenir des tögrög, une fois quitté la capitale. Les cartes les plus fréquemment acceptées sont la Visa et l'American Express.

Transferts internationaux

La Trade & Development Bank permet de recevoir des transferts d'argent nationaux ou internationaux. L'opération prend en général trois ou quatre jours et coûte 40 $ plus une commission sur les sommes transférées. La plupart des capitales d'aimag (ou province) ont un bureau de la Western Union, qui peut également opérer des transferts de fonds.

Sécurité

Les précautions d'usage doivent être respectées, en Mongolie comme partout ailleurs : ne pas garder toute sa fortune au même endroit, éviter les sacs « bananes » un peu trop voyants, ne pas sortir des liasses de billets dans les magasins ou les bureaux de change… La Mongolie a beau être un pays relativement sûr, certains endroits de la capitale, comme les abords de la poste centrale, le marché noir ou les stations de bus comptent malgré tout leur lot de pickpockets. Il est également déconseillé de laisser ses papiers dans les hôtels et guesthouses en dehors d'un coffre.

Pourboires

La pratique des pourboires n'est pas habituelle en Mongolie, sauf dans les activités directement liées au tourisme, chauffeurs et guides notamment. En général, on ne laisse pas de pourboire dans les restaurants ni les hôtels, sauf dans certains établissements haut de gamme, qui ont adopté la coutume de leurs clients occidentaux.

Marchandage

Le marchandage est exclu dans les magasins, mais se pratique sur les marchés ou pour certains services comme les locations de voitures. La plupart des prix sont néanmoins à peu près fixés, ce qui limite la marge de

Quelques prix en Mongolie

▸ **1 ticket de bus urbain :** 200 T.
▸ **1 thé :** 50 T à 150 T.
▸ **1 litre d'eau :** 400 T.
▸ **1 litre d'essence :** 1 000 T.
▸ **1 paquet de cigarettes :** 450 T (locales) et 1 000 (américaines).
▸ **1 litre de vodka :** de 3 000 T à 5 000 T.
▸ **1 repas dans une guanz :** 900 T.
▸ **1 repas au restaurant :** 10 000 T.
▸ **1 entrée dans un parc naturel :** 3 000 T.
▸ **1 entrée de musée :** de 1 000 T à 2 500 T.
▸ **1 entrée en discothèque :** de 3 000 T à 5 000 T.

manœuvre. La solution la plus efficace consiste à se renseigner d'abord sur les prix pratiqués (notamment pour les guides et les chauffeurs) et de s'y conformer.

Coût de la vie

En changeant des euros pour des tögrög, tout visiteur se voit très vite millionnaire : le plus gros billet de 10 000 T équivaut à 6,20 € ! La vie en Mongolie n'est pas chère lorsque l'on touche un salaire occidental. L'alimentation est peu onéreuse : on peut manger pour 900 T dans un guanz et faire un repas gastronomique pour 20 000 T. Seuls les fruits et légumes coûtent cher, car ils sont pour la plupart importés de Corée ou de Chine. Le coût des transports intérieurs en mini van varie en fonction du prix de l'essence. Traverser la Mongolie, d'Oulan-Bator à Olgyi, soit 1 600 km, pour 60 000 T et 4 jours de voyages (en version optimiste), n'est pas vraiment hors de prix. Par contre, louer les services d'un chauffeur pour 500 T du kilomètre coûte vite cher si l'on couvre de longues distances. L'avion pour le même trajet revient à environ 200 $ l'aller. Avec des tarifs de 30 $ en moyenne pour 3 repas et une nuit dans un ger camp, le logement est l'un des postes les plus coûteux dans la bourse du voyageur.

Idées de budget

▶ **Petit budget : 30 €/jour.** Ce budget est serré et suppose de quitter au plus vite la capitale et les autres villes principales, d'utiliser les quelques moyens de locomotions locaux, de ne pas passer par une agence, de manger dans les guanz et de camper le plus souvent. Il s'agit aussi de choisir une région et de ne pas trop circuler. A ce prix-là, le voyage est haut en couleur, peu simple, mais si riche en rencontre.

▶ **Budget moyen : 80 €/jour.** Ce budget permet de voyager en Mongolie, en groupe, via une agence de voyages qui fournit chauffeur, guide, logement et nourriture. Mais il permet également d'alterner débrouillardise avec logement en hôtel, en ger camp, quelques déplacements en avion et la location de services ponctuels d'un chauffeur et d'un guide.

▶ **Gros budget : 120 €/jour.** Avec cela, il est possible de dormir dans de très beaux hôtels ou ger camps, de prendre l'avion pour aller d'un bout à l'autre de la Mongolie ou de louer les services d'un guide et d'un chauffeur privés et de manger dans les meilleurs restaurants de la capitale.

ASSURANCE ET SÉCURITÉ

Assurance

Avant de partir, il est impératif de souscrire à une assurance qui assure le remboursement des frais de rapatriement, des frais médicaux et d'hospitalisation ainsi que d'un éventuel rapatriement sanitaire et qui dispose de correspondants locaux. Un conseil : inscrivez les coordonnées de votre assurance dans des endroits différents afin de les conserver, même en cas de vol. Lisez attentivement les conditions de prise en charge pour ne pas avoir de mauvaises surprises.

Sécurité

La Mongolie est, globalement, une destination très sûre. Un minimum de prudence est néanmoins nécessaire le soir à Oulan-Bator, mais rien de plus que ce que vous dicte le bon sens : éviter les endroits sombres et déserts de la périphérie de la ville, se tenir à l'écart des gens au taux d'alcoolémie un peu trop élevé à la sortie des bars et discothèques,

préférer les sorties nocturnes en groupe qu'en solitaire.

Chiens

Toutes les familles nomades ont au moins un chien qui garde les troupeaux ou la ger. Il faut s'en méfier, ces animaux ne sont pas très sociaux, et ont été dressés pour protéger leurs maîtres et leurs bêtes. La tradition veut donc qu'avant de descendre de voiture ou de cheval devant une ger, on demande aux habitants du lieu de retenir leurs chiens : « *Nokhoi khor !* », cette expression étant à la fois une forme de politesse et une mesure de précaution.

Les petites villes et les campagnes comptent également leur lot de chiens errants. Ils sont à moitié sauvages et dans un état de santé pas toujours très recommandable. Il vaut donc mieux les éviter.

Si les chiens vous font peur, il faut être méfiant, car ils surgissent de nulle part et sont le plus souvent très agressifs.

Voyager seule

Les Mongols sont très courtois, et voyager seule ne pose aucun problème en Mongolie. Le seul risque est de tomber au détour d'une rue ou d'une ger sur quelques Mongols ivres, qui peuvent alors oublier toutes leurs bonnes manières.

Voyageurs handicapés

Le pays n'est pas du tout équipé pour les voyageurs handicapés. Les transports en commun, les hôtels, les restaurants et les infrastructures sanitaires ne sont pas prévus pour permettre l'accès des fauteuils roulants, ce qui rend la vie quotidienne extrêmement difficile. La meilleure solution est de se renseigner auprès des agences touristiques locales ou auprès de quelques agences spécialisées dans les voyages pour personnes handicapées : elles peuvent éventuellement mettre en place des voyages sur mesure.

Voyager avec des enfants

Les enfants sont toujours les bienvenus dans les familles mongoles. La seule difficulté des voyages en Mongolie avec des enfants vient de la fatigue due aux longs trajets en voiture, sur des routes et pistes souvent très chaotiques.

▬ SANTÉ

Urgences

Les infrastructures sanitaires mongoles sont en totale décrépitude, même dans la capitale. Il est donc important, avant un voyage en Mongolie, de souscrire à une bonne assurance, qui peut procéder à des rapatriements rapides. Deux destinations sont privilégiées en cas de rapatriement : l'Europe directement ou la Chine, qui a le mérite de n'être qu'à deux heures d'avion d'Oulan-Bator et qui dispose d'infrastructures hospitalières très correctes.

▪ **POMPIERS**
✆ 101

▪ **POLICE**
✆ 102

▪ **AMBULANCE**
✆ 103

Médecin parlant français

Se renseigner auprès de l'Ambassade de France en cas de problème grave.

Hygiène

Les Mongols ont l'habitude de boire du thé : l'eau est donc bouillie, on peut en consommer en toute confiance. Dans les villes, il faut éviter de boire l'eau du robinet et se méfier des glaçons, qui sont rarement faits à l'eau minérale. Dans les campagnes, mieux vaut se munir de bouteilles d'eau minérale achetées dans les villes, ou boire du thé. On peut boire de l'eau de certaines sources, en suivant les conseils des guides qui connaissent bien la région, mais il est néanmoins plus sage de se munir de pastilles de purification que l'on dissoudra dans une bouteille. Cela permet d'éviter les diarrhées, voire des maladies plus sérieuses comme certaines hépatites virales, les amibes et les salmonelles.

▶ **Côté alimentation,** il est préférable d'éviter les légumes crus et d'éplucher les fruits.

▶ **Les moustiques** ne sont pas porteurs de maladie en Mongolie, mais un produit antimoustiques peut apporter un grand confort, notamment au bord des lacs. Le fléau de la Mongolie, aux abords des lacs et des rivières, est les nuées de mouches, ce qui devient vite pénible. Il faut également faire attention aux chiens et aux serpents : en cas de morsure, consulter un médecin le plus rapidement possible.

Toilettes

En dehors de la capitale, les toilettes mongoles sont l'équivalent d'un trou. Mais la plupart du temps, c'est la steppe. Si les hommes ont moins de problème d'intimité lors des arrêts, les femmes, elles, doivent y faire face. Une parade alors : un tee-shirt très long, une robe, une tunique ou encore un grand châle permet de ne pas être vue.
Si la steppe vous offre des toilettes dans des cadres sublimes, il ne faut pas perdre de vue que l'urine et les excréments sont fort polluants. Ne jamais s'accroupir près de cours d'eau. Il est conseillé de faire un trou qui sera rebouché ou de brûler tout papier.

Vaccins

Aucun vaccin n'est obligatoire pour se rendre en Mongolie. Il est néanmoins recommandé d'être à jour dans les vaccins contre le tétanos, la diphtérie et la poliomyélite et d'y ajouter un vaccin contre l'hépatite A et contre la rage. Pour un voyage long et très rural, il peut être prudent de prévoir des vaccins contre l'hépatite B et la fièvre typhoïde. Les vaccins devront être inoculés plusieurs mois à l'avance, car certains d'entre eux nécessitent plusieurs injections à des mois d'intervalle avant d'être actifs.

L'institut Pasteur à Paris dispose d'un centre de renseignements et de vaccins spécialement conçus pour les voyageurs. De nombreux renseignements peuvent également se trouver sur Internet :

■ **www.doctissimo.fr/html/sante/ voyageurs/sa_mongolie_sa.htm**

■ **www.smi-voyage-sante.com**

Pharmacie

Les pharmacies d'Oulan-Bator disposent de quelques médicaments de base, accessibles sans ordonnance. Mais il vaut mieux partir avec une trousse d'urgence, qui sera le seul recours dans les campagnes.

▌ **Penser notamment à emporter :** paracétamol, antihistaminique, antidiarrhéiques et comprimés réhydratants, antitussifs et décongestionnants pour le nez, antibiotiques à large spectre (délivrés en France sur ordonnance), pommade anti-inflammatoire, antiseptiques, pansements, désinfectants, sparadrap, purificateur d'eau, produits anti-moustiques et crème de protection solaire.

▬ AVANT DE PARTIR ▬▬▬▬

Quand partir en Mongolie ?

▌ **La meilleure saison pour visiter la Mongolie est l'été :** les températures ne sont jamais excessivement chaudes, et seule la pluie peut parfois être gênante dans le nord du pays. Le reste du temps, le climat est très froid, et la neige abondante limite, ou rend extrêmement difficiles, les déplacements.

▌ **Pour ceux qui aiment les rigueurs hivernales,** le mois de février permet de découvrir les traditions du Nouvel An mongol et de s'initier à la vie nomade qui change de rythme durant les longs mois d'hiver. Mais il est alors nécessaire d'être bien encadré, afin d'éviter des désagréments qui peuvent, par - 20° C ou - 40° C, devenir dangereux : pannes, égarements, etc.

▌ **Le printemps commence tard :** les lacs sont encore gelés fin mars, et il n'est pas rare que la neige tombe encore sporadiquement jusqu'au mois de mai, voire jusque début juin. Les vents peuvent être très violents durant cette saison, qui présente également l'inconvénient de la fonte des neiges : les routes et pistes se transforment alors en bourbiers impraticables et les rivières sont gonflées, ce qui peut rendre leur traversée difficile, même au niveau des gués. L'automne est très court, et les steppes sont balayées une fois encore par de violents vents froids.

▌ **La saison estivale** est relativement courte puisqu'elle ne dure que du mois de juillet à la fin du mois d'août, date à laquelle les zones de montagnes peuvent déjà connaître leurs premières neiges. L'été est également la saison des pluies, mais celles-ci sont rarement gênantes puisqu'il s'agit en général de gros orages ponctuels.

Qu'emporter dans ses bagages ?

La légèreté devrait être le maître mot d'un séjour en Mongolie ! A moins de faire l'intégralité du voyage dans une Jeep individuelle, il vaut mieux se limiter à un bagage entre 10 et 15 kg : il sera plus facile à porter et à ficeler sur le dos d'un cheval. Les lignes intérieures mongoles n'acceptent d'ailleurs que 20 kg de bagages, au-delà desquels il faut payer un supplément.

Sac ou valise ?

Le choix dépend évidemment du style de voyage que l'on envisage. L'idéal reste malgré tout le sac à dos, qui peut passer partout et se transporter facilement. On peut également prévoir de laisser des affaires en consigne à Oulan-Bator si nécessaire : la plupart des hôtels et guesthouses proposent ce service. De façon générale, il peut être astucieux de prévoir une housse pour protéger ses bagages durant les trajets en Jeep ou en bus, où la poussière recouvre instantanément toutes les affaires.

Vêtements

▌ **Même en été, il faut absolument prévoir des vêtements chauds.** Les températures peuvent chuter brusquement et les nuits sont généralement fraîches, surtout dans les zones montagneuses.

ORGANISER SON SÉJOUR

Il est également nécessaire d'être équipé de vêtements contre la pluie : les orages sont fréquents en été et il tombe alors de véritables trombes d'eau. Pour les voyages dans le désert de Gobi, dans les montagnes ou les randonnées à cheval, prévoir une casquette ou un chapeau, des lunettes de soleil et de la crème solaire.

▶ **Les voyageurs hivernaux** devront impérativement s'équiper dans les magasins spécialisés contre les grands froids. Bonnets, gants et surtout bonnes chaussures fourrées sont indispensables. On peut également acheter certains vêtements d'hiver sur place (vestes et manteaux fourrés), ils sont les mieux adaptés aux conditions locales.

Pour le camping

Tente et sac de couchage sont évidemment indispensables. Il est recommandé de s'équiper avant de partir : on peut trouver des accessoires à Oulan-Bator, mais la qualité n'est pas toujours au rendez-vous. Pour les tentes, les formes basses du style tente igloo sont les plus pratiques pour résister aux vents parfois violents du printemps et de l'automne. Un petit matelas en mousse ou gonflable permettra de passer une nuit confortable même sur les sols cailloux.

▶ **Dans la plupart des régions, il est impératif d'avoir un petit réchaud à gaz :** le bois est rare en Mongolie, on ne peut compter dessus que dans certaines zones montagneuses, type Khövsgöl ou Khentiy. Les réchauds et réserves de gaz peuvent être achetés à Oulan-Bator, ainsi que tout le matériel de cuisine (qui peut également être loué). L'achat de gourdes permettra d'éviter de multiplier les bouteilles en plastique vides, que les Mongols ont tendance à jeter à tout vent dans la steppe.

Matériel de voyage

▦ AU VIEUX CAMPEUR

A Paris, Quartier Latin : 23 boutiques autour du 48 rue des Ecoles, Paris Vᵉ
A Lyon, Préfecture-université : 7 boutiques autour du 43 cours de la Liberté, Lyon IIIᵉ
A Thonon-les-Bains :
48 avenue de Genève
A Sallanches : 925 route du Fayet
A Toulouse Labège :
23 rue de Sienne, Labège Innopole
A Strasbourg : 32 rue du 22-novembre
A Albertville : 10 rue Ambroise Croizat
✆ 03 90 23 58 58
www.auvieuxcampeur.fr

Qui ne connaît pas le fameux Vieux Campeur ? Vous qui partez en voyage, allez y faire un tour : vous y trouverez cartes, livres, sacs à dos, chaussures, vêtements, filtres à eau, produits anti-insectes, matériel de plongée… Et pour tout le reste, n'hésitez pas à leur demander conseil !

▦ BAGAGES DU MONDE

102 rue du Chemin Vert 75011 Paris
✆ 01 43 57 30 90 – Fax : 01 43 67 36 64
www.bagagesdumonde.com
Une véritable agence de voyage pour vos bagages : elle assure le transport aérien de vos effets personnels depuis Orly ou Roissy-Charles de Gaulle à destination de tout aéroport international douanier, et vous offre une gamme complète de services complémentaires : enlèvement, emballage, palettisation, stockage (à l'aéroport), assurance, garantie… Vous pouvez déposer vos effets au bureau de l'agence à Paris. Une idée futée pour voyager l'esprit serein et échapper aux mauvaises surprises que réservent les taxes sur les excédents de bagages.

▦ DECATHLON

Informations par téléphone
au ✆ 0 810 08 08 08
wwww.decathlon.com
Le grand spécialiste du matériel de sport (plongée, équitation, pêche, randonnée…) offre également une palette de livres, cartes et CD-rom pour tout connaître des différentes régions du monde.

▦ www.inuka.com

Ce site vous permet de commander en ligne tous les produits nécessaires à votre voyage : vous recevrez ensuite vos achats chez vous, en quelques jours. Matériel d'observation (jumelles, télémètre, lunettes terrestres…), instruments outdoor (alimentation lyophilisée, éclairage, gourde, montres…) ou matériel de survie (anti-démangeaison, hygiène). Tout ce qu'il vous faut pour préparer votre séjour que vous partiez dans les montagnes ou dans le désert.

▦ LOWE ALPINE

Inovallee, 285 rue Lavoisier 38330 Montbonnot Saint Martin ✆ 04 56 38 28 29 Fax : 04 56 38 28 39 – www.lowealpine.com
En plus de ses sacs à dos techniques de qualité, Lowe Alpine étoffe chaque année et innove avec ses collections de vêtements haut de gamme consacrés à la randonnée et au raid, mais aussi à l'alpinisme et à la détente.

■ **NATURE & DECOUVERTES**

Pour obtenir la liste des 45 magasins
✆ 01 39 56 70 12 – Fax : 01 39 56 91 66
www.natureetdecouvertes.com
Retrouvez dans ces magasins une ambiance
unique dédiée à l'ouverture sur le monde et à la
nature. Du matériel de voyage, mais aussi des
livres et de la musique raviront celles et ceux
qui hésitent encore à parcourir le monde…
Egalement vente par correspondance.

■ **TREKKING**

BP 41, 13410 Lambesc
✆ 04 42 57 05 90 – Fax : 04 42 92 77 54
www.trekking.fr
Partenaire incontournable, Trekking propose
dans son catalogue tout ce dont le voyageur
a besoin : trousse de voyage, ceinture
multipoche, sac à dos, sacoches, étuis…
Une mine d'objets de qualité pour voyager
futé et dans les meilleures conditions.

Eau

L'eau est précieuse, et les touristes doivent
absolument en être conscients et agir en
conséquence. Dans les parcs nationaux, il
est interdit de se laver à moins de plusieurs
dizaines de mètres des plans d'eau, mais
nombreux sont ceux qui, malheureusement,
ne respectent pas cette précaution vitale
pour les hommes et les bêtes. L'idéal est
de se munir de gels douche et shampooings
biodégradables (sans savon), que l'on trouve
en pharmacie ou parapharmacie. Pour les
régions où les points d'eau sont rares, on
peut se munir de lingettes antibactériennes
(très polluants, donc à conserver avec soi)
ou de gels nettoyants sans eau.

Douane

Il est interdit de sortir du pays des objets ayant
une valeur culturelle, artistique ou religieuse, à
moins d'être muni d'une autorisation spéciale.
Les fusils de chasse doivent impérativement
être déclarés avant le passage de la douane
pour être autorisés.

Décalage horaire

La Mongolie se partage en deux fuseaux
horaires. Il y a donc une heure de décalage
horaire entre les trois aimag de l'ouest et
l'ensemble du pays. Les trois aimag les plus
à l'ouest (Bayan-Olgiy, Khovd et Uvs) ont un
décalage avec la France de 6 heures
en hiver et 5 heures en été (GMT +7). Le reste
du pays a 7 heures de décalage avec Paris en
hiver et 6 heures en été (GMT +8). Quand il

est 13h à Paris, il est 18h à Khovd et 19h à
Oulan-Bator, en été, alors qu'en hiver il est
19h à Khovd et 20h à Oulan-Bator.

Visas
et formalités administratives

Un visa obtenu à l'avance est indispensable
pour entrer sur le territoire mongol. Le
passeport doit avoir une validité supérieure
à six mois. L'ambassade de Mongolie délivre
le visa en 4 jours environ, mais le délai peut
s'allonger en période estivale. Pour obtenir le
visa, il est en général nécessaire de montrer
un titre de transport, une lettre d'agence de
voyage ou de réservation d'hôtel. Le visa est
délivré pour une durée maximale de 30 jours,
mais il peut être prolongé d'autant, une seule
fois, sur place (il faut alors s'y prendre au
moins une semaine avant expiration du premier
visa). Pour ceux qui entrent en Mongolie
par l'un des pays limitrophes, il est possible
d'obtenir un visa à l'ambassade de Mongolie
en Chine ou en Russie, ainsi qu'aux villes
frontières sur la voie ferrée : Zamyn-Üüd au
sud, et Sükhbaatar au nord.
On peut également obtenir un visa de trois
mois, à condition d'avoir une invitation d'une
entreprise locale ou d'une administration. Le
dossier est alors beaucoup plus complexe,
mais des agences basées à Oulan-Bator
peuvent faciliter les démarches d'obtention
de ces visas de plus longue durée.
Le visa de 30 jours avec une seule entrée
pour la Mongolie coûte 60 €. Il est également
possible de l'obtenir en 24h, mais il faut alors
doubler la mise. Il existe des visas à entrées
multiples, valables six mois (mais on ne peut
pas rester plus d'un mois à chaque fois) :
ils coûtent environ 60 $. Les passagers du
Transsibérien qui se contentent de traverser
le pays devront néanmoins se munir d'un visa
de transit. Il faut pour cela être détenteur d'un
billet de Transsibérien et être déjà muni du
visa du pays d'arrivée.

■ **AMBASSADE DE MONGOLIE EN FRANCE**

5 avenue Robert-Schuman
92100 Boulogne-Billancourt
✆ 01 46 05 23 18 – Fax : 01 46 05 30 16
www.ambassademongolie.fr
ambassademongolie@yahoo.fr
*La section consulaire est ouverte du lundi au
jeudi de 9h30 à 12h30.* S'y présenter avec
un passeport en cours de validité, une photo
d'identité, un formulaire de demande de visa
et un document de voyage, type billet d'avion
ou lettre d'invitation.

VISAS EXPRESS
54 rue de l'Ouest BP 48
75661 Paris Cedex 14
✆ 0 825 08 10 20 (0,15 € la minute)
www.visas-express.fr

Vous êtes accaparé par votre travail, récalcitrant aux démarches administratives ou tout simplement vous n'avez pas envie de vous préoccuper de l'intendance de votre voyage; le recours aux services de Visas Express vous apporte une garantie supplémentaire dans la réussite de votre périple. Depuis 1985, Visas Express accompagne les hommes d'affaires, les voyagistes et le grand public dans leurs démarches auprès des ambassades et des consulats pour l'obtention de visa.

VSI SAS
19-21 avenue Joffre 93806 Epinay-sur-Seine
✆ 0 826 46 79 19 – Fax : 0 826 46 79 20
www.vsi.1er.fr

Vous pouvez confier l'obtention de vos visas à la société VSI. Renseignements et bon de commande sur le site Internet.

Bibliographie

On trouve davantage de titres en anglais qu'en français sur la Mongolie, ces derniers étant souvent consacrés à des livres de photos. Quelques livres sur l'histoire ou la culture sont néanmoins intéressants, ainsi que les récits de voyages, notamment les plus anciens. La librairie française Papillon à Oulan-Bator est bien fournie en ouvrages sur la Mongolie.

Généralités

▶ *Le Milieu des empires,* René Cagnat et Michel Jan, Robert Laffont.

▶ *L'Empire des steppes,* René Grousset, Payot.

▶ *Mongolie,* Sarah Dars, Le Seuil.

▶ *La Mongolie,* Jacqueline Thevenet, Karthala.

▶ *Le Baron Ungern, Khan des steppes,* Léonid Youzéfovitch, Editions des Syrtes.

Beaux livres

▶ *Mongolie, le vertige horizontal,* Patrick Bard, Autrement.

▶ *Promenade en Mongolie,* Stéphane Bouvier, Anne Mayer et Gaël Brasseur, Editions de la Boussole.

ORGANISER SON SÉJOUR

Association **I**nternationale pour le
Développement, le **T**ourisme et la **S**anté
(International Association for Development, Tourism and Health)

NOTRE VOCATION

Informer, communiquer, mobiliser
pour la lutte contre le tourisme sexuel impliquant
de plus en plus d'enfants dans le monde

Photo : Alistair Sinclair

" Laissez-nous notre innocence "

**Aidez-nous par vos dons et contrats de partenariats
à renforcer nos actions de prévention de la prostitution
des mineurs liée au tourisme sexuel**

www.aidetous.org

AIDéTouS - 141, rue de l'Université – 75007 Paris
Tél. 06 11 34 56 19 – aidetousfrance@orange.fr

◗ *Mongolie,* Etienne Dehaut, éd. Georges Naef.

◗ *Mongolie, le premier empire des steppes,* ouvrage collectif, Actes Sud.

◗ *Mongolie, nomades et libres,* ouvrage collectif, éd. Dakota.

◗ *La Mongolie,* ouvrage collectif, éd. Romain Pages.

Récits de voyage

◗ *Carnets mongols,* Gildas Flahaut, Glenat.

◗ *Le Réveil des Tartares,* Michel Jan, Payot.

◗ *Bêtes, hommes et dieux,* Ferdynand Ossendowski, Phébus.

◗ *Le Devisement du monde,* Marco Polo, La Découverte.

◗ *Voyage dans l'Empire mongol, 1253-1255,* Guillaume de Rubrouck, éd. des Imprimeries Nationales, traduit et commenté par Claude-Claire et René Kappler.

◗ *Carnet de steppes,* Priscilla Telmon et Sylvain Tesson, Glenat.

Chinggis Khan

◗ *Histoire secrète des Mongols,* traduit et commenté par M. D. Even et R. Pop, Gallimard.

◗ *Gengis Khan et le Loup bleu,* Jeanne Faivre d'Arcier, éd. Atalante.

◗ *De Gengis Khan à Qoubilaï Khan, la grande chevauchée mongole,* Dominique Farale, éd. Economica.

◗ *Gengis Khan, conquérant du monde,* René Grousset, Editions de Crémille.

◗ *Gengis Khan,* Michel Hoang, Fayard.

◗ *Le Khan,* Houot et Rocca, Soleil Production (bande dessinée en 5 volumes).

◗ *Gengis Khan,* Jean-Paul Roux, Gallimard.

Littérature

◗ *Le Fils de Gengis Khan,* Patrice Amarger, Robert Laffont.

◗ *Gengis Khan,* Tor Age Bringsvaerd, éd. Joseph K.

◗ *Scènes de la vie mongole, inspirations du Khangaï au Gobi,* Michel Choukroun, éd. Société des Ecrivains.

◗ *Le Loup bleu,* Yasushi Inoue, Philippe Picquier.

◗ *Vents d'herbe et de feutre, dits et écrits de Mongolie,* Jacques Legrand, éd. Findakly.

◗ *Barlas, cavalier de la garde Gengis Khan,* Pentii Niskanen, éd. l'Asiathèque.

◗ *Le Désert de Gobi,* Magali Schneider, Autrement.

◗ *Ciel bleu, une enfance dans le Haut Altaï,* Galsan Tschinag, Métailié.

◗ *Belek, une chasse dans le Haut Altaï,* Galsan Tschinag, L'Esprit des Péninsules.

◗ *Le Monde gris,* Galsan Tschinag, Métailié.

Livres pour enfants

◗ *Prisonnière des Mongols,* E. Brison-Pellen, Rageot (pour les 9-12 ans).

◗ *Khan, cheval des steppes,* Federica De Cesco, Flammarion (9-12 ans).

◗ *Contes et récits de Mongolie,* Alain Desjacques, Nathan Jeunesse.

Dictionnaires

Les seuls dictionnaires disponibles à Oulan-Bator sont ceux de mongol-anglais et inversement.

Quant aux dictionnaires en français, il faut les acheter avant le départ. On pourra notamment se référer à l'un ou l'autre des ouvrages suivants :

◗ *Parlons mongol,* Jacques Legrand, L'Harmattan, 1997.

◗ *Dictionnaire français-mongol,* Jacques Legrand, Dictionnaires des langues O, 2004.

◗ *Dictionnaire mongol-français,* Jacques Legrand et T. Sukhbaatar, L'Asiathèque, 2003.

Librairies

Les librairies du voyage proposent de nombreux guides, récits de voyages et autres manuels du parfait voyageur.

Bien se préparer au départ et affiner ses envies permet d'éviter les mauvaises surprises.

Le voyage commence souvent bien calé dans son fauteuil, un récit de voyage ou un guide touristique à la main.

Voilà pourquoi nous vous proposons une liste de librairies de voyage à Paris et en province.

Paris

■ ESPACE IGN

107 rue La Boétie (8e)

✆ 01 43 98 80 00 – 0820 20 73 74

www.ign.fr

M°Franklin D. Roosevelt. Ouvert du lundi au vendredi de 9h30 à 19h, et le samedi de 11h à 12h30 et de 14h à 18h30. Les bourlingueurs de tout poil seraient bien inspirés de venir faire un petit tour dans cette belle librairie sur deux niveaux avant d'entamer leur périple. Au rez-de-chaussée se trouvent les documents traitant des pays étrangers : cartes en veux-tu en voilà (on n'est pas à l'Institut Géographique National pour rien !), guides de toutes éditions, beaux livres, méthodes de langue en version Poche, ouvrages sur la météo, conseils pour les voyages. L'espace est divisé en plusieurs rayons consacrés chacun à un continent. Tous les pays du monde sont représentés, y compris les mers et les océans. Les enfants ont droit à un petit coin rien que pour eux avec des ouvrages sur la nature, les animaux, les civilisations, des atlas, des guides de randonnée… Ils ne manqueront pas d'être séduits, comme leurs parents sans doute, par l'impressionnante collection de mappemondes, aussi variées que nombreuses, disposées au centre du magasin. Les amateurs d'ancien, quant à eux, pourront se procurer des reproductions de cartes datant pour certaines du XVIIe siècle !

■ GITES DE FRANCE

59 rue Saint-Lazare (9e)

✆ 01 49 70 75 75 – Fax : 01 42 81 28 53

www.gites-de-france.fr

Ouvert du lundi au vendredi de 10h à 18h30 et le samedi de 10h à 13 h et de 14h à 18h30 (sauf en juillet-août). Pour vous aider à choisir parmi ses 55 000 adresses de vacances, Gîtes de France a conçu une palette de guides comportant des descriptifs précis des hébergements. Mais vous trouverez également dans les boutiques d'autres guides pratiques et touristiques, ainsi que des topo-guides de randonnée, des cartes routières et touristiques. Commande en ligne possible.

■ ITINERAIRES, LA LIBRAIRIE DU VOYAGE

60 rue Saint-Honoré (1er)

✆ 01 42 36 12 63 – Fax : 01 42 33 92 00

www.itineraires.com

M° Les Halles. Ouvert le lundi à 11h et du mardi au samedi de 10h à 19h. Cette charmante librairie vous réserve bien des surprises. Logée dans un bâtiment classé des Halles, elle dispose d'un ravissant patio et de caves dans lesquelles sont organisées de multiples rencontres. Le catalogue de 15 000 titres est disponible sur le site Internet. Dédié à « la connaissance des pays étrangers et des voyages », cette librairie offre un choix pluridisciplinaire d'ouvrages classés par pays. Si vous désirez connaître un pays, quelques titres essentiels de la littérature vous sont proposés, tous les guides de voyage existants, des livres de recettes, des précis de conversation, des études historiques… Dans la mesure du possible, les libraires mettent à votre disposition une sélection exhaustive, un panorama complet d'un pays, de sa culture et de son histoire. La librairie organise régulièrement des expositions de photos. On peut toujours passer commande, grâce à des délais de livraison très courts (1 à 3 jours pour des livres qui ont été édités aux quatre coins du globe, et 3 semaines pour ceux qui arrivent de chez nos amis britanniques…).

■ LA BOUTIQUE MICHELIN

32 avenue de l'Opéra (1er)

✆ 01 42 68 05 00 – www.michelin.com

M° Opéra. Ouvert le lundi de 13h à 19h, du

Publiez vos récits de voyage

Vous rentrez de voyage, la tête encore pleine d'images et le carnet de bord rempli de notes, d'impressions, d'anecdotes, de témoignages. Vous souhaiteriez prolonger le rêve, le fixer noir sur blanc ? Faire partager votre expérience, vos émotions, vos aventures, vos rencontres ? Publibook est la société leader en France dans le domaine de l'édition à la demande. Elle se propose de prendre en charge votre manuscrit, de vous accompagner, du conseil éditorial jusqu'à l'impression, dans toutes les étapes de la publication de votre ouvrage.

▌ **Pour plus d'informations, contacter Publibook :**

✆ 01 53 69 65 55 – www.publibook.com

mardi au samedi de 10h à 19h. Avis à tous les sillonneurs des routes de France, de Navarre et même d'ailleurs, puisque les guides et les cartes Michelin couvrent le monde entier. Dans cette boutique, ils trouveront de nombreux documents pour préparer leur voyage d'un point de vue touristique mais aussi logistique. Un espace Internet les invite à établir (gratuitement) leur itinéraire et à le calculer (en euros, en kilomètres, en temps…). A part cela, toute la production Michelin est en rayon, des guides verts (en français, en anglais, en allemand) aux guides rouges en passant par les collections Escapade, Néos et les cartes France et étranger. Et ce n'est pas tout, une bibliothèque propose aussi les ouvrages des éditeurs concurrents : Lonely Planet, Gallimard, Petit Futé… Notez que des beaux livres et des essais sur la saga Michelin sont en vente ainsi que de vieilles affiches publicitaires. En plus de tout cela, les amateurs du Bibendum pourront acheter un grand nombre de produits dérivés comme des serviettes, vêtements, jouets…

■ AU VIEUX CAMPEUR

2 rue de Latran (5e) ℰ 01 53 10 48 48
A Paris, Quartier Latin : 23 boutiques autour du 48 rue des Ecoles, Paris Ve
M° Maubert-Mutualité
ou Cardinal-Lemoine
A Lyon, Préfecture-université : 7 boutiques autour du 43 cours de la Liberté, Lyon IIIe
A Thonon-les-Bains :
48 avenue de Genève
A Sallanches : 925, route du Fayet
A Toulouse Labège :
23 rue de Sienne, Labège Innopole
A Strasbourg : 32 rue du 22-Novembre
www.au-vieux-campeur.fr
Ouvert du lundi au vendredi de 10h30 à 19h30, le mercredi jusqu'à 21h, le samedi de 9h30 à 19h30. Les magasins du Vieux Campeur disposent d'une librairie dédiée au tourisme sportif en France. Vous y trouverez de nombreux guides mais aussi des cartes, des beaux livres, des revues et un petit choix de vidéo. Quelques pays d'Europe et d'autres contrées plus lointaines (comme l'Himalaya) sont également évoqués, mais ce sont surtout les régions de France qui sont ici représentées. Le premier étage met à l'honneur le sport, les exploits, les découvertes. Vous pourrez vous y documenter sur l'escalade, le VTT, la plongée sous-marine, la randonnée, la voile, le ski… Commande possible par Internet.

■ LIBRAIRIE ULYSSE

26 rue Saint-Louis-en-l'île (4e)
ℰ 01 43 25 17 35 – www.ulysse.fr
M° Pont-Marie. Ouvert du mardi au samedi de 14h à 20h. Comme Ulysse, Catherine Domain a fait un beau voyage. Un jour de 1971, elle a posé ses valises sur l'île Saint-Louis où elle a ouvert une petite librairie. Depuis, c'est elle qui incite les autres au départ. Ne soyez pas rebutés par l'apparent fouillis des bibliothèques : les bouquins s'y entassent jusqu'au plafond, mais la maîtresse des lieux sait exactement où trouver ce qu'on lui demande. Car ici, il faut demander, le panneau accroché devant la porte de l'entrée vous y encourage franchement : « Vous êtes dans une librairie spécialisée à l'ancienne, au contraire du self-service, de la grande surface ou du bouquiniste. Ce n'est pas non plus une bibliothèque, vous ne trouverez pas tout seul. Vous pouvez avoir des rapports humains avec le libraire qui elle aussi a ses humeurs. » Vous voilà prévenus ! La boutique recèle plus de 20 000 ouvrages (romans, beaux livres, guides, récits de voyage, cartes, revues) neufs et anciens sur tous les pays. Un service de recherche de titres épuisés est à la disposition des clients. Laissez-vous donc conter fleurette par cette globe-trotteuse insatiable : l'écouter, c'est déjà partir un peu.

■ LA BOUTIQUE DU PETIT FUTÉ

44 rue des Boulangers (5e)
ℰ 01 45 35 46 45 – www.lepetitfute.com
librairie@petitfute.com
M° Cardinal-Lemoine. Ouvert du mardi au samedi inclus de 10h30 à 14h et de 14h45 à 19h. Le Petit Futé fait dans le guide de voyage, vous l'ignoriez ? Et saviez-vous qu'il possédait sa propre librairie ? S'il porte bien son nom, celui-là ! La Boutique du Petit Futé accueille une large clientèle de Parisiens en partance, ou rêvant de l'être. Outre tous les Petits Futés de France, de Navarre et d'ailleurs (Country Guides, City Guides, Guides Régions, Guides Départements, Guides thématiques, en tout près de 350 titres), vous trouverez ici des recueils de recettes exotiques, des récits de voyages ou romans ayant trait à cette saine activité (parus chez Actes Sud ou Payot), des ouvrages sur l'art de vivre en Papouasie, des beaux livres sur la Patagonie ou l'Alaska (éditions Transboréal), de nombreux ouvrages pratiques commis par les confrères (cartes routières IGN, éditions Assimil, beaux livres régionaux Déclics, guides Michelin, Lonely Planet en français et en anglais) ainsi qu'une collection de livres sur la découverte de Paris (de la série « Paris est à nous » au Paris secret et insolite…).

■ **LIBRAIRIE DE VOYAGEURS DU MONDE**
A Paris : 55 rue Sainte-Anne (2ᵉ)
✆ 01 42 86 17 37 – Fax : 01 42 86 17 89
www.vdm.com
Mᵒ Pyramides ou Quatre Septembre. Ouvert du lundi au samedi de 9h30 à 19h sans interruption. Située au sous-sol de l'agence de voyages Voyageurs du Monde, cette librairie est logiquement dédiée aux voyages et aux voyageurs. Vous y trouverez tous les guides en langue française existants actuellement sur le marché, y compris les collections relativement confidentielles. Un large choix de cartes routières, de plans de villes, de régions vous est également proposé ainsi que des méthodes de langue, des ouvrages truffés de conseils pratiques pour le camping, trekking et autres réjouissances estivales. Rayon littérature et témoignages, récits d'éminents voyageurs et quelques romans étrangers.

■ **LIBRAIRIE MARITIME OUTREMER**
55 avenue de la Grande-Armée (16ᵉ)
✆ 01 45 00 17 99 – Fax : 01 45 00 10 02
www.librairie-outremer.com
Mᵒ Argentine. Ouvert du lundi au samedi de 10h à 19h. La librairie de la rue Jacob dans le 6ᵉ a rallié les locaux de la boutique avenue de la Grande-Armée. Des ouvrages sur l'architecture navale, des manuels de navigation, des ouvrages de droit marin, les codes Vagnon, les cartes du service hydrographique et océanique de la marine, des précis de mécanique pour les bateaux, des récits et romans sur la mer, des livres d'histoire de la marine… tout est là. Cette librairie constitue la référence dans ce domaine. Son catalogue est disponible sur Internet et en format papier à la boutique.

■ **L'ASTROLABE**
46 rue de Provence (9ᵉ) ✆ 01 42 85 42 95
Mᵒ Chaussée-d'Antin. Ouvert du lundi au samedi de 9h30 à 19h. Une des plus importantes librairies de Paris consacrées exclusivement au voyage. On trouve ici sur deux niveaux un choix énorme d'ouvrages : 40 000 références ! A l'étage, les guides, les beaux livres et les cartes d'Europe, et au rez-de-chaussée le reste du monde avec guides touristiques, récits de voyage, les plans des grandes villes… Car la grande spécialité de l'Astrolabe, c'est la cartographie : 35 000 cartes toutes échelles et tous pays, mais aussi des cartes maritimes et aéronautiques, routières, administratives, de randonnées… On peut même les choisir pliées ou roulées ; ce n'est pas du luxe, ça ? En outre, on peut aussi y acheter des guides et des livres en langue étrangère (anglais et espagnol), des atlas et des globes, des cartes murales, des boussoles et plein d'objets concernant le sujet. Disposant de services de qualité (commandes à l'étranger, recherches bibliographiques…), L'Astrolabe est l'endroit rêvé pour organiser ses voyages.

Bordeaux

■ **LA ROSE DES VENTS**
40 rue Sainte-Colombe
✆/Fax : 05 56 79 73 27
rdvents@hotmail.com
Ouvert du lundi au samedi de 10h à 12h30 et de 14h à 19h. Dans cette librairie, le livre fait voyager au sens propre comme au figuré. Les cinq continents y sont représentés à travers des guides et des cartes qu'il sera possible de déplier sur une table prévue à cet effet, et décorée… d'une rose des vents. Des ouvrages littéraires ainsi que des guides de nature garnissent également les étagères. Le futur aventurier pourra consulter gratuitement des revues spécialisées. Lieu convivial, La Rose des vents propose tous les jeudis soir des rencontres et conférences autour du voyage. Cette librairie fait maintenant partie du groupe géothèque (également à Tours et Nantes).

Brest

■ **MERIDIENNE**
31 rue Traverse ✆ 02 98 46 59 15
Ouvert de 9h30 à 12h30 et de 14h à 19h du mardi et le samedi de 9h30 à 12h et de 14h à 19h. Spécialisée dans les domaines maritimes et naturalistes, cette librairie est aussi une boutique d'objets de marins, de décoration et de jeux où il fait bon faire escale. Les curieux y trouveront des ouvrages de navigation, d'astronomie, des récits, des témoignages, des livres sur les sports nautiques, les grands voyages, l'ethnologie marine, la plongée, l'océanographie, les régions maritimes…

Caen

■ **HEMISPHERES**
15 rue des Croisiers
✆ 02 31 86 67 26 – Fax : 02 31 38 72 70
www.aligastore.com
hemispherescaen@aol.com
Ouvert du mardi au samedi de 9h à 19h sans interruption. Dans cette librairie dédiée au voyage, les livres sont classés par pays : guides,

plans de villes, littérature étrangère, ethnologie, cartes et topo-guides pour la randonnée. Les rayons portent aussi un beau choix de livres illustrés et un rayon musique. Le premier étage allie littérature et nourriture, et des expositions photos y sont régulièrement proposées.

Lille

▪ LIBRAIRIE DE VOYAGEURS DU MONDE
147 bd de la Liberté
✆ 03 20 06 76 30 – Fax : 03 20 06 76 31
www.vdm.com
Ouvert du lundi au samedi de 10h à 19h. La librairie des voyageurs du monde lilloise est située dans le centre-ville. Elle compte pas moins de 14 000 références, livres et cartes, uniquement consacrées à la découverte de tous les pays du monde, de l'Albanie au Zimbabwe en passant par la Chine.

Lyon

▪ RACONTE-MOI LA TERRE
Angle des rues Thomassin et Grolée (2e)
✆ 04 78 92 60 20 – Fax : 04 78 92 60 21
www.raconte-moi.com
bienvenue@raconte-moi.com
Ouvert du lundi au samedi de 10h à 19h30. La librairie des explorateurs de notre siècle. Connexion Internet, restaurant « exotique », cette librairie s'ouvre sur le monde des voyages. Des guides aimables nous emmènent trouver l'ouvrage qu'il nous faut pour connaître tous les pays du globe. Ethnographes, juniors, baroudeurs, tous les genres gravitent autour de cette Terre-là.

▪ LIBRAIRIE DE VOYAGEURS DU MONDE
5 quai Jules Courmont (2e)
✆ 04 72 56 94 50 – Fax : 04 72 56 94 55
www.vdm.com
Ouvert du mardi au samedi de 10h à 12h et de 13h à 19h. Tout comme ses homologues de Paris, Marseille ou Toulouse, la librairie propose un vaste choix de guides en français et anglais, de cartes géographiques et atlas, de récits de voyage et d'ouvrages thématiques... Egalement pour les voyageurs en herbe : des atlas, des albums et des romans d'aventures.

Marseille

▪ LIBRAIRIE DE VOYAGEURS DU MONDE
25 rue Fort Notre Dame (1er)
✆ 04 96 17 89 26 – Fax : 04 96 17 89 18
www.vdm.com
Ouvert le lundi de 12h à 19h et du mardi au samedi de 10h à 19h sans interruption. Sur le même site sont regroupés les bureaux des conseillers Voyageurs du monde et ceux de Terre d'aventures. La librairie détient plus de 5 000 références : romans, ouvrages thématiques sur l'histoire, spiritualité, cuisine, reportages, cartes géographiques, atlas, guides (en français et en anglais). L'espace propose également une sélection d'accessoires incontournables : moustiquaires, bagages...

▪ LIBRAIRIE MARITIME OUTREMER
26 quai Rive Neuve (1er)
✆ 04 91 54 79 40 – Fax : 04 91 54 79 49
www.librairie-maritime.com
Ouvert du mardi au vendredi de 9h à 12h30 et de 14h à 18h30, le samedi de 10h à 12h30 et de 15h à 18h30. Que vous ayez le pied marin ou non, cette librairie vous ravira tant elle regorge d'ouvrages sur la mer. Ici, les histoires sont envoûtantes, les images incroyables... De quoi se mettre à rêver sans même avoir jeté l'encre !

Montpellier

▪ LES CINQ CONTINENTS
20 rue Jacques-Cœur
✆ 04 67 66 46 70 – Fax : 04 67 66 46 73
Ouvert de 13h à 19h15 le lundi et de 10h à 19h15 du mardi au samedi. Cette librairie fait voyager par les mots et les images, elle est le passage obligé avant chaque départ vers... l'ailleurs. Les libraires sont des voyageurs infatigables qui submergent leurs rayons de récits de voyages, de guides touristiques, de livres d'art, de cartes géographiques et même de livres de cuisine et de musique. Régions de France, pays du monde surtout, rien ne leur échappe et ils sont capables de fournir nombre de renseignements. A fréquenter avant de partir ou pour le plaisir du voyage immobile. Régulièrement, la librairie organise des rencontres et animations (programme trimestriel disponible sur place).

Nantes

▪ LA GEOTHEQUE
10 place du Pilori
✆ 02 40 47 40 68 – Fax : 02 40 47 66 70
geotheque-nantes@geotheque.com
Ouvert le lundi de 14h à 19h et du mardi au samedi de 10h à 19h. Vous trouverez des centaines de guides spécialisés et plus de 2 000 cartes IGN. Pour savoir où l'on va et, en voyageur averti, faire le point avant que de s'y rendre... une bonne adresse. Cartes, guides et magazines sur tous les pays du monde.

ORGANISER SON SÉJOUR

Nice

▪ MAGELLAN

3 rue d'Italie

✆ 04 93 82 31 81 – Fax : 04 93 82 07 46

Ouvert de 14h à 19h le lundi et de 9h30 à 13h et 14h à 19h du mardi au samedi. Avant de partir, pour vous procurer un guide ou une carte, pour organiser une expédition, aussi bien au Sri Lanka que tout simplement dans l'arrière-pays, mais aussi pour rêver, pour vous évader le temps d'un livre. Bienvenue dans la librairie du Sud-Est.

▪ LIBRAIRIE DE VOYAGEURS DU MONDE

4 rue du Maréchal Joffre

✆ 04 97 03 64 65 – Fax : 04 97 03 64 60

www.vdm.com

Ouvert de 10h à 19h du lundi au samedi. Elle propose tous les ouvrages utiles pour devenir un voyageur averti ! Il faut d'ailleurs savoir que les librairies des Voyageurs du monde travaillent en partenariat avec plusieurs instituts géographiques à travers le monde, et également quelques éditeurs privés.

Rennes

▪ ARIANE

20 rue du Capitaine-Alfred-Dreyfus

✆ 02 99 79 68 47 – Fax : 02 99 78 27 59

www.librairie-voyage.com

Le voyage commence dès le pas de la porte franchi. En France, en Europe, à l'autre bout du monde. Plutôt montagne ou résolument mer, forêts luxuriantes ou déserts arides… quelle que soit votre envie, vous trouverez de quoi vous documenter en attendant de partir. Cartes routières et marines, guides de voyages, plans… vous aideront à préparer votre voyage et vous accompagneront sur les chemins que vous aurez choisis. Articles de trekking, cartes et boussoles sont également vendus chez Ariane.

▪ LIBRAIRIE DE VOYAGEURS DU MONDE

31 rue de la Parcheminerie

✆ 02 99 79 30 72 – Fax : 02 99 79 10 00

www.vdm.com

Ouvert de 10h à 19h du lundi au samedi. Comme toutes les librairies des voyageurs du monde, celle de Rennes possède tout ce qu'il faut pour faire de vous un professionnel du voyage ! Guides en français et en anglais, cartes géographiques, atlas, récits de voyage, littérature étrangère, ouvrages thématiques, livres d'art et de photos, et pour les voyageurs en herbe : atlas, albums

et romans d'aventures… Les librairies de Voyageurs du monde vendent également des photos anciennes, retirées à partir des négatifs originaux.

Strasbourg

▪ GEORAMA

20 rue du Fossé-des-Tanneurs

✆ 03 88 75 01 95 – Fax : 03 88 75 01 26

Ouvert le lundi de 14h à 19h et du mardi au samedi de 9h30 à 19h. Le lieu est dédié au voyage et les guides touristiques voisinent avec les cartes routières et les plans de ville. Vous voulez partir en Chine ? Pas de problème : voici les *Petit Futé* Chine et Pékin, le plan des principales infrastructures routières du pays ainsi qu'un plan de Pékin en bilingue anglais/mandarin. Des accessoires indispensables au voyage (sac à dos, boussole) peuplent aussi les rayons de cette singulière boutique. Notez également la présence (et la vente) de fascinants globes lumineux et de cartes en relief.

Toulouse

▪ LIBRAIRIE PRESSE DE BAYARD – LA LIBRAIRIE DU VOYAGE

60 rue Bayard

✆ 05 61 62 82 10 – Fax : 05 61 62 85 54

Ouvert du lundi au samedi de 7h30 à 19h. Pour passer de bons moments en voyage sans tourner trente-six heures dans une région inconnue, cette librairie offre toutes sortes de cartes IGN (disponibles aussi en CD ROM), Topos Guides, Guides touristiques, cartes du monde entier et plans de villes (notamment de villes étrangères)… Cette surface de vente – la plus importante de Toulouse consacrée au voyage – possède également un rayon consacré à l'aéronautique (navigation aérienne), à la navigation maritime et aux cartes marines. Pour ne pas se perdre dans cette promenade littéraire, suivez les bons conseils de l'équipe de Toulouse presse. Dès qu'on pousse les portes de cette indispensable librairie, le voyage commence… Pour les futés qui n'ont pas envie de se paumer, une des librairies où vous trouverez le plus grand choix de *Petit Futé*.

▪ OMBRES BLANCHES

50 rue Gambetta

✆ 05 34 45 53 33 – Fax : 05 61 23 03 08

www.ombres-blanches.com

Ouvert du lundi au samedi de 10h à 19h. On entre et on tombe sur une tente de camping.

Pas de panique, ceci est bien une librairie, la petite sœur de la grande Ombres Blanches d'à côté. Mais une librairie spécialisée dans les voyages et le tourisme, donc dans le camping également ! Beaux livres, récits de voyage, cartes de rando et de montagnes, livres photos… La marchandise est dépaysante et merveilleuse tandis que l'accueil est aussi agréable que dans la librairie jumelle. Comment ne pas y aller, ne serait-ce que pour voyager virtuellement ?

■ **LIBRAIRIE DE VOYAGEURS DU MONDE**
26 rue des Marchands
✆ 05 34 31 72 72/55
Fax : 05 35 31 72 73 – www.vdm.com
Ouvert le lundi de 13h à 19h et du mardi au samedi de 10h à 19h sans interruption.
Cette librairie propose l'ensemble des guides touristiques en français et en anglais, un choix exceptionnel de cartes géographiques et d'atlas, des manuels de langue et des guides de conversation. Mais on trouve également des récits de voyage, de la littérature étrangère, des ouvrages thématiques sur l'histoire, la spiritualité, la société, la cuisine, des reportages, des livres d'art et de photos… Pour les voyageurs en herbe, des atlas, des albums et des romans d'aventures.

Tours

■ **LA GEOTHEQUE, LE MASQUE ET LA PLUME**
14 rue Néricault-Destouches
✆ 02 47 05 23 56 – Fax : 02 47 20 01 31
geotheque-tours@geotheque.com
Totalement destinée aux globe-trotters, cette librairie possède une très large gamme de guides et de cartes pour parcourir le monde. Et que les navigateurs des airs ou des mers sautent sur l'occasion : la librairie leur propose aussi des cartes, manuels, CD-Roms et GPS…

SUR PLACE

Téléphone

Oulan-Bator et les capitales d'aimag commencent à être dotées d'infrastructures téléphoniques très correctes. Pour appeler à l'étranger, le plus simple est évidemment de le faire d'Oulan-Bator, mais les postes de certaines capitales d'aimag permettent aussi de faire des appels de longue distance. Les chambres d'hôtel d'Oulan-Bator sont presque toujours équipées de téléphones qui autorisent les appels nationaux et internationaux.
La solution la plus économique pour appeler à l'étranger consiste à acheter des cartes spéciales à la poste centrale d'Oulan-Bator.

Appels domestiques

La plupart des numéros de la capitale sont à six chiffres ; dans les autres villes et aimag, on descend souvent à quatre, voire trois chiffres. Les numéros commençant par « 99 » sont des numéros de portables, qui ne nécessitent évidemment pas de composer un code régional.

Appels internationaux

Il suffit de composer un double zéro suivi du code du pays pour obtenir un appel international depuis les téléphones classiques.
Le code de la France est le « 33 » ; on compose ensuite le numéro du correspondant en enlevant le zéro du code régional.
Sur les autres téléphones, il est nécessaire de passer par un opérateur international. Il faut alors composer le « 106 » et donner à l'opérateur anglophone les détails de l'appel à venir.
On peut également téléphoner depuis les bureaux de poste. Une caution est alors nécessaire, et les tarifs pour l'Europe tournent autour de 2 000 T par minute.

Portable

Le réseau se développe, mais il ne couvre pour l'instant pratiquement que les capitales d'aimag ou, en tout cas, les « grandes » villes. Il est impossible d'avoir du réseau à la campagne. Les téléphones portables sont néanmoins très répandus aujourd'hui à Oulan-Bator, et il est possible d'acheter des puces rechargeables avec des cartes à la poste centrale de la capitale. Les numéros des téléphones portables commencent tous par le « 9 » en Mongolie.

▶ **Pour appeler un portable depuis la Mongolie :** composer les 8 chiffres du numéro (ex : 99 11 22 33).

▶ **Pour appeler un portable depuis la France :** 00 + 976 + numéro du portable à 8 chiffres (ex : 00 + 976 + 99 11 22 33).

Codes téléphoniques des aimag (ou régions)

▶ **Lors d'appels depuis la Mongolie,** ajouter un « 0 » devant le code.

▶ **Pour appeler dans les capitales d'aimag,** composer le code de l'aimag suivi d'un « 2 ».

▶ **Code international pour la Mongolie :** 976

Poste et télécommunications

Le courrier envoyé de Mongolie arrive officiellement à destination (en Europe) au bout d'une semaine à 10 jours, à condition que la lettre ait été postée à Oulan-Bator. Officieusement, il faut compter plus d'un mois. Il faut porter le courrier directement à la poste, puisqu'il n'existe pas de boîtes aux lettres dans les rues des villes.

La poste centrale d'Oulan-Bator est dotée d'un service de poste restante. La seule pièce à fournir est un passeport.

▶ **L'affranchissement est relativement bon marché :** 470 T pour les cartes postales, 600 T pour les lettres et 13 460 T pour un colis de 1 kg.

Fax

Les hôtels sont en général équipés de fax, et tarifient à 5 000 T environ l'envoi d'une page, 800 T pour la réception. Le service de Fax : de la poste centrale d'Oulan-Bator est un peu moins cher : 3 000 T pour une page envoyée.

Internet

Les connexions se sont banalisées dans la capitale, où l'on trouve désormais des cafés Internet à presque tous les coins de rue. La plupart des bureaux de poste des capitales d'aimag sont également équipés, ce qui est très pratique à condition d'y arriver pendant leurs rares heures d'ouverture. Les tarifs peuvent varier légèrement selon la ville ou la connexion du café Internet, mais ils tournent autour de 400 à 600 T de l'heure.

Électricité

Les pannes sont fréquentes, tant dans la capitale que dans le reste du pays. A Oulan-Bator, l'électricité est fournie par l'énorme centrale qui est souvent l'un des premiers bâtiments que l'on voit en arrivant en ville. Dans le reste du pays, l'électricité est fournie par de petites centrales pour les villes, souvent par panneaux solaires pour les campagnes. Les régions de l'Ouest et du Nord sont parfois approvisionnées directement depuis la Russie, ce qui entraîne de nombreuses coupures, dues à la fois aux difficultés de production russes et à celles de paiement côté mongol.

Le courant électrique est de 220 V et 50 Hz, et les prises sont similaires à celles que l'on utilise en France.

Poids et mesure

La Mongolie utilise, comme nous, le système métrique.

Langues parlées

La plupart des Mongols parlent le mongol et le russe. Les personnes impliquées dans les activités touristiques parlent généralement anglais, notamment les guides. On trouve également quelques guides francophones, mais leur nombre ne suffit plus à répondre à la demande en été. Si vous voyagez seul, vous serez confronté à d'énormes difficultés de communication. Il est fortement conseillé de se munir d'un dictionnaire franco-mongol ou anglo-mongol. Il sera très utile car la population est alphabétisée à près de 98 %.

■ **www.voyagemongolie.com**
Introduction à la langue mongole (Livre + 2 C-D) seconde édition : un indispensable à votre aventure en Mongolie. 360 pages, 12 leçons graduelles, de nombreux exemples et exercices, un dictionnaire avec plus de 2 000 entrées. Cette méthode de langue mongole est idéale pour les voyageurs en quête d'autonomie et d'un contact réel avec les mongols.

Eau chaude

La présence de salles de bains dans les hôtels n'est pas toujours synonyme d'eau chaude, loin de là ! Pour des raisons d'économie d'énergie ou de difficultés d'approvisionnement, l'eau chaude est très souvent capricieuse en Mongolie, mais le service s'améliore doucement. Quoi qu'il en soit, dans toutes les villes, vous trouverez des bains où l'eau chaude coule à flot, pour 1 000 T la douche.

Horaires d'ouverture

▶ **Les administrations** sont ouvertes cinq jours sur sept, généralement de 9h à 17h.

▶ **Les compagnies privées** ouvrent souvent à 10h mais ferment plus tard, entre 18h et 20h.

▶ **Les boutiques, bureaux et musées** ferment parfois en milieu de journée, mais ils le font moins durant la saison touristique. Les restaurants ferment souvent vers 22h, voire 21h pour certains, car les Mongols aiment aller dîner tôt, et les salles se vident rapidement après le repas.

▶ **Attention,** lors de la fête du Naadam, tout est fermé pendant 5 jours.

Jours fériés

Plusieurs fêtes ponctuent le calendrier mongol, mais très peu d'entre elles donnent droit à des jours de congés.

▶ **Tsagaan Sar :** les dates sont variables, mais le Nouvel An mongol se situe en général entre la fin du mois de janvier et le début du mois de février. Plusieurs jours fériés marquent cette fête, qui peut durer plusieurs semaines dans les campagnes.

▶ **Naadam :** la fête nationale a lieu du 11 au 13 juillet.

▶ **Jour de l'Indépendance :** 26 novembre.

Médias

Journaux anglophones en Mongolie

Deux hebdomadaires locaux ont une édition en anglais :

▶ *The UB Post.* Cet hebdomadaire paraît le jeudi et propose les dernières nouvelles locales ainsi que quelques rares informations internationales. Un site Internet permet d'y accéder – http ://ubpost.mongolnews.mn

▶ *The Mongol Messenger.* Cet hebdomadaire, qui se targue d'être le premier journal en langue anglaise de Mongolie, paraît le mercredi. Il est presque exclusivement consacré aux informations nationales.

Cartes géographiques et plans

On peut facilement trouver des cartes fiables à Oulan-Bator. La plus courante est une carte en anglais à l'échelle 1 : 2 500 000e. Elle n'est donc pas d'une précision extrême, mais elle permet de se faire une bonne idée des distances et des orientations générales. Certains chauffeurs utilisent des GPS classiques pour se repérer dans le pays, mais le système le plus courant et le plus fiable est, selon les Mongols eux-mêmes, le GPS local, c'est-à-dire le Ger Positionning System : l'arrêt chez les nomades qui connaissent en général très bien leur région !

THE MAP SHOP

Ikh Toiru,

à côté du magasin Elba Electronics

On y trouve des cartes au 1/1 500ᵉ, par région, extrêmement justes, idéales pour les marcheurs et explorateurs d'un endroit bien précis.

Étages

En Mongolie, le rez-de-chaussée est toujours désigné comme le 1ᵉʳ étage. Dans les ascenseurs, il n'y a donc jamais de niveau zéro. Le rez-de-chaussée est donc le 1, le 1ᵉʳ étage le 2, et ainsi de suite.

Photographie – Vidéo

La Mongolie est un vrai bonheur pour les photographes : les paysages y sont somptueux et le ciel souvent d'un bleu magnifique. Les nomades, et leur mode de vie, sont également très photogéniques : il faut donc prévoir suffisamment de pellicules photo avant de partir. On en trouve à Oulan-Bator, mais la qualité n'est pas toujours très sûre. Une bonne précaution avant d'acheter des films à Oulan-Bator : vérifier leur date de péremption. Et mieux vaut développer les images en Europe, les couleurs seront plus vives et plus contrastées.

Photographier les gens

Comme partout ailleurs, la politesse veut que l'on demande aux gens leur autorisation avant de les photographier. De façon générale, les Mongols seront très contents d'être pris en photo, et encore plus si on peut leur laisser une image (le Polaroïd est toujours très apprécié en Mongolie, où les nomades ne manquent pas d'aller se faire prendre en photo lors des grandes occasions). Chez les nomades, les photos sont toujours exposées au fond de la ger, ce qui montre leur importance dans l'histoire familiale.

Si les personnes photographiées vous demandent de leur envoyer des photos, faites-leur écrire leur adresse sur un papier ou une enveloppe, afin d'être sûr que les images leur parviendront. Ils les attendront avec impatience !

Photographier les temples

Il est en revanche souvent interdit de prendre des photos à l'intérieur des temples, les bouddhistes ne voulant pas que l'on reproduise à outrance l'image de Bouddha. Cependant il est toujours possible de prendre des photos à l'extérieur des monastères et dans les cours moyennant une donation.

Photographier les musées

La plupart des musées du pays imposent un paiement en échange de la possibilité de photographier les collections ou même les bâtiments (comme le palais du Bogd Khan à Oulan-Bator). Le tarif est encore plus élevé pour les vidéos.

CARNET D'ADRESSES

En Mongolie

Représentation française

AMBASSADE DE FRANCE

Peace Avenue 3, district de Chingeltei

✆ (011) 324 519/329 633/319 175

Fax : (011) 330 743/330 651/319 176

www.ambafrance-mn.org

ambafrance@magicnet.mn

AGENCE DE L'IMMIGRATION, DE LA NATURALISATION ET DES ETRANGERS

Ministère de la Justice et de l'Intérieur

Bâtiment 5A, Baga Toiru

Arrondissement Chingueltei

✆ (011) 313 616 – Fax : (011) 313 259

www.mngimmigration.mn

gihaea@mongolnet.mn

A côté du centre d'information touristique et

derrière l'hôtel Bayangol, avant le pont de la Paix, à droite. Ouvert de 9h à 18h du lundi au vendredi. Si vous souhaitez rester 30 jours et plus en Mongolie, vous devrez vous faire enregistrer dans les sept jours suivant votre arrivée. Pour cela, il vous faudra une photo d'identité, votre passeport et un formulaire d'enregistrement (1 200 T). Pour faire proroger votre visa pour 30 jours au maximum (ce qui fait un total de 60 jours au maximum dans le pays), c'est la même procédure que l'enregistrement (que l'on peut faire en même temps). Vous devez toutefois faire une copie de votre visa et de votre passeport (100 T) et écrire une lettre de demande d'extension de visa, avec votre itinéraire. Ensuite, il faut payer 15 $ pour les 7 premiers jours et 2 $ par jour supplémentaire. Il est possible de payer en tögrög. Vous récupérez votre passeport 2 à 3 jours plus tard.

ORGANISER SON SÉJOUR

■ **LIBRAIRIE PAPILLON**
Sukhbaatar District, 6th Microdistrict,
Baga Toiruu, building n° 4
✆ (011) 317 041 − Fax : (011) 331 859
librairie_papillon@yahoo.com
A côté du bistrot français, cette nouvelle
librairie française propose un large choix
d'ouvrages sur la Mongolie et des pièces
rares épuisées en France.

■ **ALLIANCE FRANCAISE**
Cité universitaire des étudiants
Rue de Sodnom, sous-district 8,
district de Sukhbataar
✆/Fax : (011) 351 914
www.afm.mn − afm@magicnet.mn
Ouverte du lundi au vendredi de 10h30 à13h et
de 14h30 à 20h30, le samedi de 11h à 13h et
de 14h30 à 17h en hiver et du lundi au vendredi
de 10h30 à 13h et de 14h30 à 19h en été.
L'Alliance française d'Oulan-Bator a ouvert ses
portes en janvier 2005. En plus de dispenser
des cours de français aux Mongols, l'Alliance
propose un ciné-club gratuit et ouvert à tous
le jeudi à 18h30. Renseignez-vous sur le cycle
en court lors de votre passage.

Représentations étrangères

■ **SECTION CONSULAIRE DE LA SUISSE**
Chingeltei District, 4ᵗʰ Khoroo
Diplomatic Complex 95, entrée 4, porte 36
✆ (011) 331 422 − Fax : (011) 331 420
laanbaatar@sdc.net

■ **AMBASSADE DE CHINE**
5 Zaluuchuudyn Orgon Choloo

✆ (011) 320 955/323 940
Fax : (011) 311 943

■ **AMBASSADE DE RUSSIE**
Enkh Taivany Orgon Choloo, A-6
✆ (011) 326 037

La Mongolie à l'étranger

■ **CONSULAT DE MONGOLIE EN SUISSE**
4 chemin de Mollies 1293 Bellevue Genève
✆ (0041) 227 741 974
Fax : (0041) 227 743 201
mission.mongolia@itu.chor

■ **AMBASSADE DE MONGOLIE
EN BELGIQUE**
18 avenue Besme 1190 Forsets Bruxelles
✆ (0032) 234 469 74
Fax : (0032) 234 432 15
embassy.mongolia@skynet.be

■ **CONSULAT GENERAL DE MONGOLIE**
1 Bedford Rd, Suite 1, Toronto
Ontario M5J 2J7
✆ (0056) 416 921 7250
Fax : (0056) 416 960 1498
moncon@attcanada.ca

En France

■ **AMBASSADE DE MONGOLIE
EN FRANCE**
5 avenue Robert-Schuman
92100 Boulogne-Billancourt
✆ 01 46 05 23 18 − Fax : 01 46 05 30 16
www.ambassademongolie.fr
ambassademongolie@yahoo.fr

ORGANISER SON SÉJOUR

Partir en voyage organisé

Il existe toutes sortes d'offres pour la Mongolie : trekkings, voyages culturels, nature, séjours à l'occasion de la fête du Naadam, randonnées équestres... Sans oublier les nombreuses prestations à la carte, des vols aux excursions, pour un voyage entièrement cousu main.

Les spécialistes

ALLIBERT

37, bd Beaumarchais 75003 Paris
☎ 0 825 090 190 – Fax : 01 44 59 35 36
www.allibert-trekking.com
Créateur de voyages depuis 25 ans, Allibert propose plus de 600 voyages à travers 90 pays. Du désert à la haute montagne, le tour opérateur propose de nombreux circuits de différents niveaux de marche pour satisfaire chacun avec possibilité d'extension. Quatre trekkings et un séjour Marche et Découverte sont programmés. Parmi les trekkings, une randonnée à cheval : « Au pays de Gengis Khan » pour débutants sportifs ou cavaliers confirmés.

ATALANTE

5, rue Du–Sommerard 75005 Paris
☎ 01 55 42 81 00 – Fax : 01 55 42 81 01
www.atalante.fr
Les voyageurs d'Atalante s'aventurent en petits groupes, loin du tumulte quotidien, dans les moindres recoins du monde. Ce tour opérateur vous propose aussi bien des raids, des expéditions, des trekkings, des randonnées, que des voyages d'observation. Séjours à la carte. Egalement des circuits de 16 à 23 jours très complets vous sont proposés, comme « Hövsgöl, le lac gelé », « Les Fils de la Steppe », « Les Terres du Grand Ciel » ou encore « Randonnée dans le désert de Gobi ».

AURIGE

Groupe Meltour, 103 avenue du Bac
94210 La Varenne
☎ 01 40 26 69 41 – www.aurige.fr
Aurige vous propose une découverte de la Mongolie en 3 semaines à l'occasion de la fête du Nadaam (juillet) ainsi qu'en août. Des circuits en petits groupes à partir de 6 personnes, accessibles à tous ceux qui sont à la recherche de l'authenticité des personnes et des lieux. Grâce à des hébergements en yourtes et campements, nécessitant une adaptation à la vie collective, et à des transports privatifs avec chauffeur et cuisinier, ces circuits encadrés par des accompagnateurs passionnés sont à des prix « budget ». Prestations à la carte à partir de 2 personnes. Attention, il est nécessaire de s'inscrire très à l'avance pour les vols.

CGTT VOYAGES

82, rue d'Hauteville 75010 Paris
☎ 0 825 16 24 88 – Fax : 01 40 22 88 54
www.cgtt-voyages.fr
Spécialiste de la CEI et des pays de l'Est, CGTT Voyages propose diverses prestations pour la Mongolie : billets d'avion avec différentes compagnies, sélection d'hébergements de diverses catégories, forfaits... mais aussi location de voitures avec chauffeur, service de guides interprètes, excursions, etc.

CHEVAL D'AVENTURE

5, rue Du–Sommerard 75005 Paris
☎ 01 55 42 81 04 – Fax : 01 1 55 42 81 01
www.cheval-daventure.com
Spécialiste du voyage à cheval, Cheval d'aventure s'adresse à tous les passionnés d'équitation et d'aventure qui aiment les grands espaces (savanes, déserts, steppes, montagnes et vallées). Plusieurs circuits programmés en Mongolie, dont 2 à l'occasion de la fête du Naadam, mais également un séjour « premiers galops en Mongolie » qui permet aux débutants et aux familles de découvrir le pays à cheval grâce à une mise en selle progressive.

CLUB FAUNE

14, rue de Siam 75016 Paris
☎ 01 42 88 31 32 – Fax : 01 45 24 31 29
www.club-faune.com
Passionnés des voyages nature, les membres de l'équipe de Club Faune élaborent avec le voyageur son séjour en Mongolie, en le conseillant sur le moyen de transport, l'hébergement, les activités et le rythme du voyage les plus adaptés, en s'attachant à donner une tonalité personnelle à chaque séjour. Un voyage Nature Insolite est notamment programmé en Mongolie.

Nature t**ours**
Mongolie

WWW.NATURETOURS.MN

▪ **CLUB AVENTURE**
18, rue Séguier 75006 Paris
℡ 0 826 88 20 80 – www.clubaventure.fr
Club Aventure s'engage dans une logique de tourisme responsable, attache donc une grande importance à la préservation de l'environnement, et souhaite respecter l'héritage culturel des populations rencontrées lors de voyage. Spécialiste des voyages randonnées trekkings et aventures, Club Aventure propose plusieurs en Mongolie, dont une randonnée en raquettes « Balade glacée et yourtes chauffées » qui permet de découvrir le parc national d'Hustai et la réserve naturelle du Khan Khenti en hiver, mais aussi d'observer la faune et une flore hivernales, de partir à la rencontre des nomades et de passer des nuits en yourte.

▪ **DESERTS**
75, rue Richelieu 75002 Paris
℡ 0 892 236 636 – Fax : 01 55 42 78 40
www.deserts.fr
Comptoir des Voyages a comme concept de vendre une destination animée par de vrais spécialistes originaires ou ayant vécu dans le pays. Au nombre de douze, les Comptoirs ont chacun leur spécificité, mais sont tous spécialisés sur le voyage en individuel à la carte. En Mongolie, des circuits individuels et accompagnés dont un voyage exceptionnel en août 2008, à l'occasion d'une éclipse et une randonnée à cheval au pays du Grand Khan.

▪ **ESPACE EST-OUEST**
7, place de la Gare B.P. 345 1110 Morges (Suisse) ℡ (0041) 21 803 04 78
Fax : (0041) 21 803 04 79
www.espace-est-ouest.com
www.espace-mongolie.com/fr
Espaces Est-Ouest, l'artisan du voyage en Russie et Mongolie propose de nombreux produits à destination de la Mongolie : voyage individuel ou en mini-groupe accompagné par un guide francophone, voyages à la carte ou sur mesure, nombreux circuits en jeep, à cheval, ou à pied (trekking)...

▪ **EXPLORATOR**
16, rue de la Banque 75002 Paris
℡ 01 53 45 85 85 – Fax : 01 42 60 80 00
www.explorator.fr
Explorator propose des voyages en petits groupes (jusqu'à 12 personnes), organisé par des accompagnateurs français ou francophones. Les voyages proposés sont classés par thème. Au programme en

Mongolie, deux périples : « Trésors bleus de la steppe » et « Montagnes et steppes du nord ».

▪ **INEXCO VOYAGES**
29, rue Tronchet 75008 Paris
℡ 01 47 42 25 95 – Fax : 01 47 42 26 95
www.inexco.fr
Circuits, escapades hivernales, séjours balnéaires, croisières... Inexco – réceptif incontournable sur les Pays Baltes, la Russie et l'Ukraine, ainsi que sur les Pays de la CEI, la Bulgarie et l'Asie centrale – crée des voyages « sur mesure » pour les groupes et les individuels. Sur la Mongolie c'est la formule à la carte qui est proposée, à chacun de composer son voyage avec l'aide et les conseils de l'équipe.

▪ **LA MAISON DE LA CHINE**
76, rue Bonaparte 75006 Paris
℡ 01 40 51 95 00 – Fax : 01 46 33 73 03
www.maisondelachine.fr
Avec des vols secs, des réservations d'hôtel, mais aussi des circuits organisés, la maison de la Chine est idéale pour organiser son départ en Mongolie. L'agence a 2 programmes dans le pays : le séjour « Aventure nomade en Mongolie », 14 jours au cœur de l'Arkhangay, et « L'empire des steppes », un programme de 15 jours permet de découvrir la surface verte de l'iceberg mongol.

▪ **NOMADE AVENTURE – ARGANE**
40, rue de la Montagne-Sainte-Geneviève 75005 Paris
℡ 0 825 701 702 – Fax : 01 43 54 76 12
www.nomade-aventure.com
Pour les inconditionnels des voyages à pied, à dos de chameau ou en 4X4, Nomade Aventure offre un grand choix de circuits hors sentiers battus en Afrique, Asie, Europe et Amérique du Sud accessibles aux groupes et aux familles. En Mongolie, 2 circuits « dynamique » et 3 « tranquille ». Parmi ces itinéraires, l'un est combiné avec la Chine : au programme, 3 jours à pied et randonnée en train à bord du Transmongolien. L'originalité de Nomade Aventure réside dans le fait que quasiment tous les voyages sont accompagnés d'un guide local francophone, à même de faire partager à un groupe de voyageurs la culture et les valeurs du pays visité.

▪ **NOSTALASIE**
19, rue Damesme 75013 Paris
℡ 01 43 13 29 29 – Fax : 01 43 13 30 60
www.ann.fr

Sur rendez-vous. L'Asie dans tous ses Etats : de la Mongolie à Irian Jaya, des Maldives aux Mindanao, du Mont Kailash à Borobudur, de la baie d'Halong au temple d'Angkor, de Kyoto à Rangoon, la route de la soie et la route maritime des épices... tout y est dans la brochure et sur le site internet. Ce voyagiste, travaillant uniquement en direct, fait du vrai cousu main pour les voyageurs avertis, curieux et qui se passionnent déjà dans la préparation du voyage. Afin de conserver sa taille humaine, l'équipe reste volontairement petite pour bien occuper de ses clients, dont beaucoup de fidèles.

■ OBJECTIF NATURE
63, rue de Lyon 75012 Paris
✆ 01 53 44 74 30
Fax : 01 53 44 74 35
www.objectif-nature.com
Objectif Nature est LE spécialiste du voyage d'observation de photographie de la nature et de la faune sauvage. En effet, chez Objectif Nature ce sont des femmes et des hommes de terrain (photographes animaliers, naturalistes, ornithologues…) qui conçoivent, organisent, accompagnent les safaris dans une trentaine de pays sur tous les continents. En Mongolie, l'offre est axée sur le safari à la carte.

■ ORIENTS
SUR LES ROUTES DE LA SOIE
27, rue des Boulangers 75005 Paris
✆ 01 40 51 10 40 – Fax : 01 40 51 10 41
www.orients.com
Orients propose des voyages culturels accompagnés par des spécialistes (conférenciers) sur des itinéraires suivis jadis par les caravanes qui transportaient trésors et soieries de Chine en Occident, d'Istanbul jusqu'en Chine et au Japon en passant par le Moyen Orient, l'Asie Centrale et l'Asie du Sud-Est.

■ POUCHKINE TOURS
38, rue de Quimper 29590 Pont-de-Buis
✆ 02 98 73 19 90
www.pouchkine-tours.com
Pouchkine Tours propose un circuit de 12 jours en pension complète : de la capitale, l'itinéraire invite ensuite le voyageur à découvrir la Mongolie des steppes, celle des éleveurs de chevaux, puis le site de Karakorum et l'ancienne capitale de Gengis Khan...

ORGANISER SON SÉJOUR

▪ SLAV'TOURS

29-31, bd Rocheplatte 45000 Orléans
℃ 02 38 77 07 00 – Fax : 02 38 77 18 37
www.slavtours.com
Cette agence, spécialiste de l'Europe centrale et Orientale, est dirigée par un tchécoslovaque et des ressortissants de différents pays de l'Est. Slav'Tours propose d'embarquer à bord du Transsibérien pour découvrir le cœur de l'Asie avec la Mongolie et sa capitale, ainsi que le désert de Gobi.

▪ TAIGA TOUNDRA

18, rue Jean-Baptiste-Pigalle 75009 Paris
℃ 0148 78 04 78 – Fax : 01 48 78 04 24
www.taiga-toundra.com
Taïga Toundra propose un voyage très complet comprenant des visites de marchés, de musées et de monuments, la découverte de la capitale, une soirée folklorique... Au programme également une randonnée à cheval qui s'adresse aux cavaliers confirmés.

▪ TAMERA

26, rue du Bœuf 69005 Lyon
℃ 04 78 37 88 88 – Fax : 04 78 92 99 70
www.tamera.fr
Cette agence propose des voyages de randonnée : 65 destinations à travers le monde, trois niveaux de difficulté, guide accompagnateur, en groupe de 4 à 10 personnes. Plusieurs circuits en Mongolie, l'un permettant de découvrir l'essentiel de la destination en une quinzaine de jours, un autre, de près de 30 jours pour parcourir la « Haute Route dans l'Altaï et les Monts Turgen » et enfin une randonnée à cheval de 17 jours.

▪ TERRE MONGOLIE

28, boulevard de la Bastille 75012 Paris
℃ 01 44 32 12 83 – Fax : 01 44 32 12 89
www.terre-mongolie.com

Terre Mongolie propose toutes sortes de séjours, chacun choisit son thème : dans la gamme Découvrir, des itinéraires bâtis sur l'essentiel et services avec souplesse, économie et liberté ; dans la gamme Explorer des voyages aux contraintes physiques et aux hébergements rustiques, pour des voyages exceptionnels ; dans la gamme Savourer, des séjours plus culturels, avec encadrement et confort garanti ; enfin les propositions de la gamme Fureter permettent à chacun d'aménager son périple.

▪ TERRE NOMADE

Domaine de Gauchoux – Peyrat-de-Bellac
℃ 06 80 53 18 92 – www.terre-nomade.fr
Spécialisée dans les séjours équestres, Terre Nomade organise des randonnées à cheval, en été comme en hiver, dans toutes les régions de Mongolie.

▪ TERRES D'AVENTURE

6, rue Saint-Victor 75005 Paris
℃ 0 825 700 825 – Fax : 01 43 25 69 37
www.terdav.com
Terres d'aventure propose des voyages en petits groupes de 10 à 15 personnes accompagnés d'un professionnel du tourisme. Au choix, séjour raquettes, voyages à pied, séjours haute-montagne, randonnées liberté, voyages découvertes, en famille... Le panel est très large et le spécialiste de la randonnée propose de quoi satisfaire tous les voyageurs, y compris ceux que la marche ne passionne pas, grâce à des balades plus tranquilles alliées aux visites culturelles. Plusieurs circuits sont proposés pour explorer la Mongolie. Parmi ceux-ci, 2 trekkings, l'un dans l'Arkhangaï et le second dans le Khangaï et un itinéraire de la région d'Olgii à l'extrême ouest, la visite des sites historiques complétant cette exploration du pays.

■ **YOKETAI – ATELIERS DU VOYAGE**
54-56, av Bosquet 75007 Paris
✆ 01 45 56 58 20
Fax : 01 45 56 14 05
www.yoketai.fr
Ce tour-opérateur spécialiste propose depuis 20 ans des voyages en individuel et sur mesure dans tous les pays d'Asie du sud-est. Sa brochure de 210 pages présente une offre exhaustive de circuits, séjours, excursions et hôtels. Aucune formule n'est imposée, toutes les propositions sont sur mesure : devis réalisés en fonction de vos envies, contraintes et budget. L'équipe, composée uniquement de spécialistes des destinations, s'adapte à la demande du voyageur, l'oriente et le conseille au mieux.

Les généralistes

■ **EXPEDIA FRANCE**
✆ 0 892 301 303
www.expedia.fr
Expedia est le site français du n° 1 mondial du voyage en ligne. Un large choix de 500 compagnies aériennes, 14 000 hôtels, plus de 3 000 stations de prise en charge pour la location de voitures et la possibilité de réserver toute une série d'activités sur votre lieu de vacances. Cette approche sur mesure du voyage est enrichie par une offre très complète comprenant prix réduits, séjours tout compris, départs à la dernière minute...

■ **GO VOYAGES**
14, rue de Cléry 75002 Paris
www.govoyages.com
✆ 0 899 651 951 (billets)
851 (hôtels, week-ends et location de voitures) – 650 242 (séjours/forfaits)
650 246 (séjours Best Go)
650 243 (locations/ski)
650 244 (croisières) – 650 245 (Thalasso)
Go Voyages propose le plus grand choix de vols secs, charters et réguliers, au meilleur prix, au départ et à destination des plus grandes villes. Possibilité également d'acheter des packages sur mesure « vol + hôtel » permettant de réserver simultanément et en temps réel un billet d'avion et une chambre d'hôtel. Grand choix de promotions sur tous les produits sans oublier la location de voitures. La réservation est simple et rapide, le choix multiple et les prix très compétitifs.

ORGANISER SON SÉJOUR

■ **OPODO**

✆ 0 892 23 06 82 – www.opodo.fr

Pour préparer votre voyage, Opodo vous permet de réserver au meilleur prix des vols de plus de 500 compagnies aériennes, des chambres d'hôtels parmi plus de 45 000 établissements et des locations de voitures partout dans le monde. Vous pouvez également y trouver des locations saisonnières ou des milliers de séjours tout prêts ou sur mesure ! Opodo a été classé meilleur site de voyages par le banc d'essai Challenge Qualité – l'Echo touristique 2004. Des conseillers voyages à votre écoute 7 jours/7 au 0892 23 06 82 (0,34 €/min).

■ **PROMOVACANCES**

✆ 0 892 232 626

0892 230 430 (thalasso, plongée, ou lune de miel) – www.promovacances.com

Promovacances propose de nombreux séjours touristiques, des week-ends, ainsi qu'un très large choix de billets d'avion à tarifs négociés sur vols charters et réguliers, des locations, des hôtels à prix réduits. Egalement, des promotions de dernière minute, les bons plans du jour. Informations pratiques pour préparer son voyage : pays, santé, formalités, aéroports, voyagistes, compagnies aériennes.

■ **THOMAS COOK**

✆ 0 826 826 777 (0,15 €/min)

www.thomascook.fr

Tout un éventail de produits pour composer son voyage en Mongolie : billets d'avion, location de voitures, des séjours en hôtel, etc. Et toujours une mine de conseils utiles sur toutes les prestations des voyagistes.

■ **VIVACANCES**

✆ 0 892 239 239 (vols)

0 892 236 436 (séjours et circuits)

0 892 234 236 (locations, week-ends, croisières...) – www.vivacances.fr

Vivacances est une agence de voyages en ligne créée en 2002. Depuis elle est devenue une référence incontournable sur le web grâce à ses prix négociés sur des milliers de destinations et des centaines de compagnies aériennes. Vous trouverez un catalogue de destinations soleil, farniente, sport ou aventure extrêmement riche : vols secs, séjours, week-ends, circuits, locations... Enfin, vous pourrez effectuer vos réservations d'hôtels et vos locations de voitures aux meilleurs tarifs. Vivacances propose des offres exclusives sans cesse renouvelées, à visiter régulièrement. Vous pouvez également compter sur l'expérience de ses conseillers voyage pour répondre à toutes vos questions et trouver avec vous le séjour de vos rêves. Et, pour vous, « petits futés »munis de cartes de fidélité, vous pourrez en plus échanger en ligne les points S'Miles distribués par près de 80 enseignes en France !

Les réceptifs

■ **BIRGA TOURS**

Macro Center, Erkhuu street – Ulaanbaatar

✆ (11) 35 40 28 – Fax : (11) 35 40 28

Mobile : (99) 77 21 21, (99) 24 25 63

www.birgatour.com

Birga est une compagnie jeune, fondée en 2002. Cependant, elle peut déjà s'enorgueillir de proposer de nombreux tours, des tours variés, tant historiques que géographiques, tant pleins de beauté que riches en curiosités. Birga propose des tours en français, coréen, japonais ou en anglais.

■ **CIEL MONGOL**

13rd district Bâtiment 22B Entrée 5

Appartement 148 ✆ (011) 453 586

ou 99 77 29 60 (portable)

www.cielmongol.com

emeline_cecile_travel@yahoo.fr

Emeline, passionnée par la Mongolie et toujours accueillante, vous offre des possibilités de découverte assez variées, à cheval, à pied ou en Jeep, à travers tout le pays. Circuits et séjours à la carte. Elle tient également une guesthouse du même nom.

HAPPY CAMEL

✆ 99 11 26 86 (portable)
www.happycamel.com
info@happycamel.com
Une agence ouverte et gérée par Bernard, un Belge dont le quartier général est le café du même nom, Chez Bernard sur Peace Avenue. Il vous propose des voyages en Jeep, à cheval, à moto, en quad, mais également du parapente et de la pêche. Il tient également une guesthouse, près de la gare.

HORSEBACK ADVENTURE

Room #2 of the 12 extension Building of Engineer Geodezi Co. Ltd, 1st Khoroo Chingeltei District ✆ 99 68 90 57 (portable)
Fax : (011) 684 432
www.horseback-mongolia.com
info@horseback-mongolia.com
Derrière le magasin d'Etat, Sylvain et Amuka vous proposent de découvrir la Mongolie à cheval avec des selles anglaises, en Jeep ou à pied, en circuit ou à la carte.

ORGANISER SON SÉJOUR

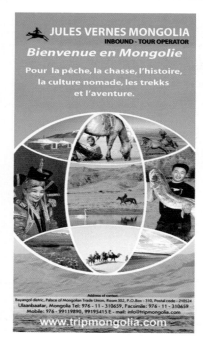

JULES VERNE

Mongolian Trade Union Palace, Room 302
Bayangol District
Ulan-Bator 24, P.O.B - 310
☏ (11) 31 06 59 – Fax : (11) 31 06 59
☏ mobile : (99) 11 98 90/19 54 15/17 62
10 – info@tripmongolia.com
julesvernesmgl@mongol.net
www.tripmongolia.com
Avec un nom comme celui-là, les Francophones
peuvent s'attendre à un accueil chaleureux
de Boldbaatar, le gérant de cette agence de
voyage mongole spécialisée dans la découverte
sportive de la Mongolie ! Ils pourront découvrir
les étendues sauvages mongoles, l'histoire
du pays ou pratiquer la chasse, la pêche et
même le ski.

MONGOLIE VOYAGES

PO Box 554 – Ulanbaatar – 210644
☏ (99) 19 88 11 – Fax : (99) 11 91 63
40, rue de la Montagne-Sainte-Geneviève
75005 Paris ☏ 01 46 33 71 71
www.mongolievoyages.mn
www.mongolievoyages.com
mongolievoyages@yahoo.fr
mongolievoyages@magicnet.mn
La directrice de l'agence de voyages
« Mongolie Voyage », Tuya, se caractérise
par son dynamisme et son désir de proposer
aux voyageurs un service de qualité. Avec son
équipe mongole, elle vous fera découvrir le
Gobi en 4X4, l'Altaï à dos de chameau, le Henti
à cheval. Son parcours « roi » est la Mongolie
d'est en ouest, un parcours inoubliable, idéal
pour ceux qui ont beaucoup de temps, mais
sublime et inoubliable. Dans tous les cas, Tuya
est prêt à écouter vos suggestions et aime
s'adapter aux projets qu'on lui soumet.

NOMADS TOURS

PO BOX 1008
☏ (11) 32 81 46 – Fax : (11) 32 81 46
www.nomadstours.com
Helge est Allemand ; Jeff est du Pays de Galles.
Ensemble, alliant leurs forces européennes
et leur amour d'un pays qu'ils ont appris
à connaître et à maîtriser, ils vous feront
découvrir les beautés de la Mongolie mais
aussi les richesses d'une culture plusieurs fois
millénaire : les cultures de l'Altaï, l'histoire des
mongols depuis Ginghis Khan. Particulièrement
intéressant : la chasse à l'aigle d'or. Nous
conseillons tout particulièrement leur site
Internet qui est très bien fait.

ORSO'S VOYAGES

P.O.Box 60 – Ulan-bator 22
☏ 976 99 88 77 70
www.orsosvoyages.com
orsosagency@yahoo.fr
☏ en France 06 62 41 08 75
ORSO'S Voyage, agence de voyage mongole
francophone propose des voyages à pieds et à
cheval sur mesure. L'agence ORSO, également

réceptrice de plusieurs agences françaises est fondatrice d'une coopérative d'artisans et possède un village de yourtes écologique à 13 km du centre ville d'Oulan-Bator) à partir de 5 € la nuit. De jeunes artistes viennent y jouer régulièrement de la musique traditionnelle mongole. Ce joli village de yourtes loin de la pollution et du bruit du centre ville pouvant accueillir jusqu'à 30 personnes est idéal pour se reposer dans une ambiance conviviale et chaleureuse.

▪ TERRE NOMADE

Palais de la Jeunesse et de l'Enfance
Sukh Baatar – District Oulan-Bator
℡ portable Alan en Mongolie :
97 6 99 88 34 12
℡ portable Bayanaa en Mongolie, english spoken : 97 6 99 11 61 43
www.terre-nomade.fr
Domaine de Gauchoux – Peyrat-de-Bellac
France ℡ 06 80 53 18 92
Depuis quelques années (2001), Alan Le Gall, guide international de tourisme équestre, a décidé de créer une agence sur place en Mongolie dans le but de pouvoir renforcer l'activité des familles nomades avec lesquelles il travaille. Interrogé par notre rédacteur, ce précurseur de l'écotourisme explique : « *Au contact des nomades, nous nous sommes rendu compte qu'il était urgent et juste qu'ils participent et bénéficient, eux aussi, du tourisme dont ils ne sont que des témoins. C'est pour cette raison que dès 2003 nous avons mis en place un réseau de familles qui accueille les voyageurs dans des yourtes*

d'hôtes. » Spécialisée dans le cheval et la rando à pied partout en Mongolie, Terre Nomade organise aussi des séjours 4X4, V. T. T., et pêche. En 2007, outre les randos équestres et pédestres, ils ont organisé le 1er raid international en blokart (char à voile) dans le désert de Gobi ! Et même la logistique pour quatre films dont l'émission spéciale Mongolie de *Faut Pas Rêver* (France 3). Enfin sachez que cette agence est la seule à avoir une antenne en France, au Domaine de Gauchoux, où vous pouvez vous initier à la « Mongolie attitude » avec un accueil en ger (yourte) sur place.

▪ WIND OF MONGOLIA

Sukhbaatar District
5th micro district Building 17 Apt 15
℡/Fax : (011) 328 754
www.windofmongolia.mn
info@windofmongolia.mn
Noémie et son équipe vous proposent la Mongolie à cheval, en chameau, à pied ou en Jeep, mais également avec des chiens de traîneau en hiver.

▪ XANA-DOO

℡ (011) 710 180 ou 99 87 29 12 (portable)
www.mongolienomade.mn
xana-doagicnet.mn
mongolienomade@gmail.com
Un couple franco-mongol basé à Gachuurt, qui organise des séjours à la carte dans tout le pays. Côme est surtout spécialisé dans les séjours un peu sportifs, puisqu'il peut organiser des parcours en V. T. T., en canoë ou à cheval dans tout le pays.

Partir seul

Il n'existe pas de vol direct entre la France et la Mongolie. Plusieurs transits sont possibles : les plus populaires au départ de Paris sont Berlin, Pékin ou Moscou. Compagnie aérienne nationale de Mongolie, MIAT connaît visiblement des difficultés financières, mais parvient à maintenir un grand nombre de lignes, notamment à l'intérieur du pays. Grâce aux moteurs de recherche, il est possible de trouver un aller-retour pour environ 700 €.

Avion

Compagnies aériennes

▨ **AEROFLOT**
33, avenue des Champs-Elysées
75008 Paris ✆ 01 42 25 31 92/43 81
Fax : 01 42 56 04 80 – www.aeroflot.ru
Au départ de Paris Roissy Charles-de-Gaulle, la compagnie aérienne russe dessert deux fois par semaine Oulan-Bator via Moscou. Aeroflot fait partie de l'alliance Skyteam et reste la compagnie la moins chère pour rejoindre la Mongolie depuis l'Europe.

▨ **KOREAN AIR**
9, boulevard de la Madeleine 75001 Paris
✆ 01 42 97 30 80/81 – www.koreanair.com
Vols réguliers au départ de Paris via Séoul. Korean Air fait également partie de l'alliance Skyteam.

▨ **MIAT**
2, rue Saint-Victor 75005 Paris
✆ 01 53 73 77 57 – Fax : 01 40 46 95 22
www.miat.com
La compagnie aérienne nationale de Mongolie est la MIAT, dont les avions ne décollent pas encore de France mais de Berlin. Liaisons en Airbus ou Boeing 738-800. Deux vols par semaine (jeudi et dimanche) en hiver et trois entre le 1er juin et le 1er septembre (mardi, jeudi, dimanche). Par contre, les avions sont pleins, archipleins, surtout pendant la période du Naadam, la grande fête nationale en juillet. Il faut impérativement réserver ses places longtemps à l'avance.

Conditions générales

Les vols sont en général pleins en été, et notamment dans la période de Naadam. Il est donc nécessaire de réserver les vols longtemps à l'avance. La MIAT a la fâcheuse habitude de pratiquer le surbooking, sur les vols nationaux comme internationaux. Il vaut donc mieux arriver à l'avance à l'enregistrement.

Douanes

Les procédures douanières à l'arrivée et au départ de Mongolie sont relativement classiques. Le pays insiste sur le transport d'antiquités, qui est extrêmement limité. Tout objet d'art doit donc être accompagné d'un certificat d'exportation, qui comprend la photo de la pièce tamponnée par le ministère. Ce certificat doit être présenté à la douane au moment de quitter le pays : il faut donc l'exiger lors de l'achat, afin d'éviter tout risque de complication à la frontière. Les chasseurs doivent déclarer leur fusil et se munir de leur permis. Les animaux doivent être dûment vaccinés et pourvus d'un certificat de bonne santé.

Du départ à l'arrivée, le monde est ma destination

L'excellence à votre portée Korean Air possède l'un des plus grands réseaux dans le monde. Avec 728 vols quotidiens offrant des correspondances vers 114 villes dans plus de 37 pays, nous vous offrons, à tout moment, l'excellence du voyage.

Excellence in Flight

Bagages

Sur ses lignes internationales, la MIAT se conforme aux pratiques internationales en accordant une vingtaine de kilos de bagages par personne. En revanche, sur les lignes nationales, le poids est souvent limité à 15 kg, voire 10 kg sur les plus petits avions.

Train

Le train permet d'entrer ou sortir de la Mongolie par la Chine ou la Russie. Les trajets sont longs, il faut donc avoir du temps pour emprunter le chemin de fer. Le voyage est d'autant plus long que tous les trains sont obligés de marquer un arrêt de 2 ou 3h à la frontière entre la Mongolie et la Chine : l'écartement des voies n'étant pas le même dans ces deux pays, il faut changer les vérins.

Les horaires varient en fonction des années et des saisons. En général, il y a quatre trains par semaine entre Pékin et Oulan-Bator et autant dans le sens inverse, un train quotidien entre Huoh Hot (Mongolie-Intérieure) et Oulan-Bator, et la même fréquence en sens inverse. Les liaisons avec la Russie sont assurées par trois trains hebdomadaires dans le sens Pékin-Moscou, et dans l'autre sens. Il existe également des lignes quotidiennes entre Oulan-Bator et Irkutsk.

Tous les trains internationaux ont plusieurs classes. La 2e classe (indiquée 1/4 sur les billets) est celle choisie par la plupart des voyageurs : ce sont des compartiments de 4 personnes, avec des lits dépliables. La 1re classe (indiquée 2/4 sur les billets) a des lits confortables dans des compartiments qui sont à peu près aussi grands que ceux de la 2e classe. La classe de luxe (1/2) propose des compartiments en bois pour 2 personnes, avec un canapé et une cabine de douche partagée avec le compartiment voisin. La différence de prix est très importante entre la 1re classe et la classe de luxe. Les trains sont généralement équipés d'un service de restauration, mais celui-ci n'est pas toujours ouvert sur la partie mongole du trajet. Il faut donc prévoir quelques provisions ou descendre sur le quai lors des arrêts pour acheter de la nourriture aux petits marchands ambulants des gares.

Les toilettes sont fermées à l'approche des gares et des frontières (parfois longtemps avant et longtemps après, selon le dynamisme du responsable local !). Les classes de luxe ont une douche, les autres doivent se contenter d'un lavabo collectif.

Douane ferroviaire

Les passages de frontière se font souvent de nuit. Les contrôleurs viennent vérifier les visas et fouillent parfois les bagages. Le passage de la frontière peut être long, voire très long notamment avec la Russie. Il faut alors s'armer de patience.

Billets

La ligne du Transmongolien étant très demandée, il est recommandé de réserver les billets longtemps à l'avance. On peut réserver les places jusqu'à un mois à l'avance, sauf si l'on souhaite prendre en cours de route la ligne Pékin-Moscou : dans ce cas-là, le bureau d'Oulan-Bator ne connaît les places disponibles qu'après le départ du train de Moscou ou Pékin (la veille de l'arrivée à Oulan-Bator). Des agences à Oulan-Bator peuvent se charger des réservations, ce qui évite d'aller faire la queue et parfois de se perdre parmi les guichets de la gare. Pour les billets internationaux, le bureau de vente de la gare, situé dans un petit bâtiment au nord-ouest de la gare, a un guichet en principe réservé aux étrangers, où

Accompagnez-nous un bout de chemin, pour venir en aide aux populations nomades en grande difficulté, dans la périphérie d'Oulan Bator

www.solidaritepaysoublies.org

le personnel parle anglais (au 1er étage). Le bureau est ouvert en semaine de 9h à 13h et de 14h à 17, le week-end de 9h à 14h.

Fréquences

▶ **Oulan-Bator – Pékin :** jeudi, samedi, vendredi et dimanche, à 8h05.

▶ **Oulan-Bator – Moscou :** mardi, jeudi et vendredi, à 13h50.

▶ **Oulan-Bator – Irkutsk :** tous les jours, à 19h35.

▶ **Oulan-Bator – Huoh Hot (Chine, province de Mongolie-Intérieure) :** tous les jours, à 20h30.

Voiture

Ce n'est pas le moyen de locomotion le plus aisé, pour des raisons pratiques et administratives. La Mongolie n'a que très peu de routes, il est donc indispensable de très bien connaître le pays ou d'être rodé à l'utilisation du GPS, pour ne pas tourner en rond dans les steppes. D'autre part, la Chine est très tatillonne en ce qui concerne l'entrée sur le territoire de voitures qui ne sont pas immatriculées dans le pays, et les étrangers doivent être munis d'un permis de conduire chinois pour pouvoir tenir le volant.

Location de voitures

Il n'existe pas encore en Mongolie de location de voitures. Par contre, louer une voiture sous-entend ici de la louer avec son chauffeur. Il faut compter 500 T par kilomètre, en négociant. Mais ce prix peut augmenter en fonction du prix de l'essence. Il est rentable de louer une voiture à plusieurs.

ORGANISER SON SÉJOUR

Sites Internet futés

www.easyvoyage.com

Le concept de Easyvoyage.com peut se résumer en trois mots : s'informer, comparer et réserver. Gros plan sur cette triple fonction. Des infos pratiques sur quelque 255 destinations en ligne (saisonnalité, visa, agenda...) vous permettent de penser plus efficacement votre voyage. Après avoir choisi votre destination de départ selon votre profil (famille, budget...), easyvoyage.com vous offre la possibilité d'interroger plusieurs sites à la fois concernant les vols, les séjours ou les circuits. Enfin grâce à ce méta-moteur performant, vous pouvez réserver directement sur plusieurs bases de réservation (Lastminute, Go Voyages, Directours, Anyway... et bien d'autres).

www.bourse-des-voyages.com

La Bourse des Vacances propose plus de 1 000 voyages à tarifs dégriffés et promotions de dernière minute. Si le vol que vous vouliez est complet, l'agence s'engage à vous faire une contre-proposition.

www.diplomatie.fr

Un site pratique et sûr pour tout connaître de votre destination avant de partir : informations de dernière minute, sécurité, formalités de séjour, transports et infos santé.

www.douane.gouv.fr

Le site de la douane propose une rubrique spécialement dédiée aux voyageurs, permettant de collecter tous les renseignements nécessaires à la préparation d'un séjour : infos sur les contrôles douaniers, achats à distance, estimations des droits et taxes sur les achats effectués à l'étranger, conditions de détaxe au départ de France, formulaires douaniers pour les déclarations, etc.

www.guidemondialdevoyage.com

Tous les pays du monde sont répertoriés grâce à une fiche donnant des informations générales. Un guide des aéroports est aussi en ligne, avec toutes les coordonnées et infos pratiques utiles (services, accès, parcs de stationnement...). Deux autres rubriques complètent le site : météo et horloge universelle.

www.kelkoo.com

Ce site vous offre la possibilité de comparer les tarifs des vols ou des voyagistes. Pratique et indispensable. Vous aurez du mal à vous en passer une fois que vous l'aurez découvert !

www.meteo-consult.com

Pratique, ce site Internet vous donne des prévisions météorologiques pour le monde entier.

www.nationalchange.com

Le premier site français de vente de devises en ligne avec un paiement sécurisé par carte bancaire et le plus qui caractérise cette offre est la livraison à domicile. Les taux proposés sont meilleurs que ceux des banques et le choix des devises est important (27 devises et 7 travellers chèques). Vous aimerez la convivialité du site ainsi que la rapidité pour commander la devise de son choix. Après validation de votre commande, vous la recevrez très rapidement à votre domicile ou sur votre lieu de travail (24h à 72h). Un site à utiliser sans modération !!!

www.prixdesvoyages.com

Ce site est un comparateur de prix de voyages, permettant aux internautes d'avoir une vue d'ensemble sur les diverses offres de séjours proposées par des partenaires selon plusieurs critères (nombre de nuits, catégories d'hôtel, prix, etc.) Les internautes souhaitant avoir plus d'informations ou réserver un produit sont ensuite mis en relation avec le site du partenaire commercialisant la prestation. Sur Prix des Voyages, vous trouverez des billets d'avions, des hôtels et des séjours.

www.travelsante.com

Un site intelligent qui vous donne des conseils santé selon votre destination : vaccinations, trousse de secours, précautions à prendre sur place.

www.uniterre.com

« Le voyage par les voyageurs » : le premier annuaire des carnets de voyage présente des dizaines de récits sur toutes les destinations, des liens vers des sites consacrés au voyage et un forum pour partager ses expériences et impressions.

www.voyagermoinscher.com

Ce site référence les offres de près de 100 agences de voyages et tours-opérateurs parmi les plus réputés du marché, et donne ainsi accès à un large choix de voyages, de vols, de forfaits vols + hôtel, de locations etc. Il est également possible d'affiner sa recherche grâce au classement par thèmes : thalasso, randonnée, plongée, All Inclusive, voyages en famille, voyages de rêve, golf ou encore départs de province.

Le seul site de voyages qui a tout compris !

Temps de recherche cumulé 49 minutes	Temps de recherche 3 minutes
www.billets-avion-pas-cher.fr	
www.voyage-topdiscount.fr	
www.promo-du-voyage.com	www.easyvoyage.com
www.forum-du-voyage.com	
www.chambres-hotels.fr	
www.info-pays.com	

EASY VOYAGE.com

Tout savoir pour mieux voyager

- Plus de 250 fiches pays mises à jour par nos journalistes.
- Billets d'avion, séjours, circuits : comparez les voyagistes.
- 10 000 offres accessibles par notre moteur de recherche.
- 1800 hôtels de séjours visités et testés par nos équipes.
- Le grand forum de discussions des voyageurs.

Easyvoyage - RCS B432 123 446

Séjourner

◼ SE LOGER ◼

Hôtels

Se loger n'est jamais un problème en Mongolie, que l'on soit dans des petites villes ou à la campagne. La plupart des capitales d'aimag (de région) sont équipées d'hôtels plus ou moins nombreux et d'un confort parfois très basique. Les toilettes seront parfois situées à l'extérieur du bâtiment, et les douches seront plus souvent froides que chaudes, mais de plus en plus d'hôtels d'aimag ont des horaires déterminés pour l'eau chaude : il suffit alors de se renseigner à la réception.

En hiver se pose la question du chauffage. Deux systèmes sont utilisés dans le pays : des chauffages électriques ou des poêles à bois installés dans les chambres. Dans le deuxième cas, l'hôtel fournit évidemment une réserve de bois, mais on peut demander l'aide du personnel de l'hôtel pour le mettre en route. Et il est conseillé de bien remplir le poêle avant de dormir, car la température chute rapidement une fois le bois consumé.

Camps touristiques

C'est le mode d'hébergement le plus classique en Mongolie, et souvent la seule option dans les zones rurales. Le confort de ces camps de ger (ou yourtes) varie très fortement, et l'on peut trouver des camps de grand luxe comme des ger les plus basiques. La plupart des camps sont désormais équipés d'un générateur, souvent alimenté par des panneaux solaires. Ceux-ci permettent d'avoir de l'électricité et parfois même des douches chaudes. Dans de nombreux camps, les toilettes sont limitées à une cabane avec un trou dans le sol, mais on trouve de plus en plus de toilettes en dur et à l'occidentale dans les campements moyens et grands.

En hiver, la plupart de ces camps sont fermés. Ceux qui restent ouverts sont équipés de poêles dans chacune des ger, et ceux-ci sont alimentés soit avec du bois, soit avec des excréments d'animaux séchés (le combustible traditionnel mongol), dans les zones où le bois manque. Le personnel des camps se charge généralement d'allumer les poêles, qui font ensuite régner, dans les ger bien isolées, une douce chaleur.

Chez l'habitant

L'hospitalité n'est pas un vain mot en Mongolie, qui est l'un des rares pays au monde où le logement chez l'habitant est aussi répandu. Il est toujours possible de demander le gîte dans une famille de nomades, et il est extrêmement rare, voire impossible, que l'on refuse. Les invités seront alors conviés à partager le dîner familial avant la nuit.

Si l'on arrive dans la ger à une ou deux personnes, les parents demanderont probablement à leurs enfants de se tasser dans un lit pour en libérer un pour les invités. Des matelas peuvent également être installés côté nord de la ger, à même le sol, si la ger ne dispose pas de suffisamment de lits. Si les invités sont plus nombreux, il est probable que la famille au grand complet déménagera vers une ger voisine pour céder son domicile aux invités.

Quelle que soit la solution adoptée par la famille pour loger les invités, il est plus pratique d'avoir son propre sac de couchage, voire un petit matelas de mousse, qui permet de dormir à côté du poêle sans contraindre les habitants des lieux à un jeu de lits musicaux. Les nomades n'attendent aucune rémunération pour leur hospitalité, mais même le plus pauvre des Mongols ainsi reçu dans une famille laisserait un cadeau en signe de reconnaissance. Il faut donc prévoir une réserve de petits objets à offrir aux familles d'accueil : éviter l'argent (peu utilisé dans les campagnes) et l'alcool (les hommes boivent bien assez sans y être incités) et privilégier les objets utiles (bougies, lampes de poche, crayons, cahiers ou jouets pour les enfants) ou de la nourriture (pâtes, riz, biscuits et surtout des fruits, qui sont très appréciés).

Camping

C'est la solution d'hébergement la plus simple, et la mieux adaptée au pays. Le camping est possible partout, puisque la terre n'est pas une propriété privée. La seule consigne est d'éviter de camper trop près des lieux sacrés (temples, övöo…) et des hébergements touristiques (hôtels et camps de ger ou yourtes). Il faut impérativement respecter l'environnement, en ne laissant aucun détritus derrière soi et surtout en faisant très attention à l'eau : les campements devront se situer à plusieurs dizaines de mètres des cours d'eau, et aucun détergent (shampooing, savon ou liquide pour vaisselle) ne doit être jeté dans les lacs et rivières. L'idéal est d'utiliser une bassine pour se laver, et de disperser l'eau sur le sol suffisamment loin du cours d'eau pour que la terre ait le temps de filtrer l'eau usée avant que celle-ci ne rejoigne la nappe phréatique. Pour les mêmes raisons, les toilettes sauvages devront se situer le plus loin possible des cours d'eau, à plus de 100 m, de préférence. Il est conseillé de faire un trou et de brûler le papier.

Il faut également faire très attention aux feux de camp, dans les zones où ceux-ci sont possibles. Il faut privilégier les cercles d'anciens feux, afin de ne pas multiplier les zones brûlées, et bien délimiter le foyer avec des pierres. Au moment du départ, vérifiez que le feu est bien éteint (avec de l'eau ou en le recouvrant de terre) : on doit pouvoir mettre la main sur le foyer sans se brûler.

Les campeurs devront prévoir d'être totalement autosuffisants. Les meilleurs sites de camping sont évidemment éloignés des villes et des campements touristiques et situés dans des endroits très sauvages, il faut donc prévoir suffisamment de nourriture, de gaz ou de pétrole pour le réchaud et d'essence pour le véhicule.

Il est recommandé de camper suffisamment loin des villes et autres campements pour éviter que des Mongols viennent vous rendre visite à l'issue d'une soirée un peu arrosée. Aucune hostilité dans ces cas-là, mais une curiosité qui peut facilement devenir envahissante. Pour éviter ce genre de désagrément, il est possible de demander aux Mongols de placer votre tente non loin de leur ger.

SE DÉPLACER

Passage des frontières

Bien qu'enclavée entre la Chine et la Russie, la Mongolie n'ouvre pas ses frontières à tous les étrangers.
Seules 3 sont ouvertes :

❭ **Zamyn Uud,** aimag de Dornogov, frontière avec la Chine, le long de la ligne du Transmongolien.

❭ **Sükhbaatar,** dans l'aimag de Selenge, frontière avec la Russie, le long du Transmongolien.

❭ **Tsagaanuur,** dans l'aimag de Bayan-Olgii, à l'ouest de la Mongolie, ouverte de 9h à 13h et de 14h à 18h. Il faut être en possession d'un visa pour la Russie avant de traverser. Se renseigner sur cette frontière, car il semble qu'elle ne soit pas tout le temps ouverte aux étrangers.

Vols intérieurs

Compte tenu des distances, l'avion est une solution pratique pour découvrir différentes régions dans un laps de temps limité. Pratiquement toutes les capitales d'aimag sont équipées d'aéroports, bien que huit d'entre eux seulement aient des pistes en dur. Les avions des lignes intérieures, opérées par MIAT, sont en général des Antonov 24, des petits avions à hélices de moins de 50 places. Il est donc plus prudent de réserver les billets à l'avance, surtout en saison touristique.

MIAT connaissant actuellement quelques difficultés financières, le nombre de vols a diminué ces dernières années, et la tendance pourrait se poursuivre. Il est donc impératif de se renseigner auprès des bureaux de la compagnie à Oulan-Bator pour connaître les vols assurés au moment du séjour.

Il existe trois compagnies intérieures : Aéromongolia, MIAT et Eznis. Il est déconseillé de voler avec Aéromongolia, car cette compagnie est loin d'être ponctuelle : l'annulation de vols est une constante et le dédommagement rare.
Les deux autres compagnies sont plus sûres et plus proches des standards internationaux.

▪ AERO MONGOLIA
www.aeromongolia.mn
Aero Mongolia dessert Khovd, Mörön, Choibalsan et Olgiy. Nous déconseillons vivement cette compagnie, peu ponctuelle : l'annulation de vols est une constante et le dédommagement rare.

▪ MIAT
Baga Toiruu
✆ (011) 1881/322 686/325 633
Fax : (011) 313 385
reservation@miat.com – www.miat.com
Vols à destination de Mörön, Khovd, Bulgan Khovd, Altaï, Arvaikheer et Dalanzadgad.

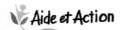

Photographe : Anne-Emmanuelle THION - Espace offert par votre support.

ELLE EST PUISSANTE.

Grâce au parrainage, dans son école, Fatou apprend des choses vitales sur la santé, l'hygiène, la nutrition, qu'elle transmet à son tour à tout son village. Par exemple, c'est grâce à elle que les femmes de son village savent pourquoi il faut faire bouillir l'eau du puits avant de la boire. Parce que là-bas, les règles d'hygiène de base sont tout simplement une question de survie, et les ignorer est une des premières causes de mortalité.

Son parrain, Frédéric, un informaticien, cherchait à faire quelque chose de vraiment efficace. Après avoir donné ponctuellement à plusieurs associations, il a été convaincu par le parrainage qui permet de travailler sur le long terme avec une communauté. Aujourd'hui, avec Fatou, ils peuvent mesurer le chemin parcouru.

www.aide-et-action.org
L'éducation change le monde

✂ --- ✂

AIDEZ-LES À AGIR, DEVENEZ PARRAIN.

Vous voulez que votre aide soit vraiment efficace ? Pour 20€ par mois (6,8€ en tenant compte de la déduction fiscale), parrainez avec Aide et Action. Vous recevrez votre dossier de parrainage, avec la photo de votre filleul ou du projet que vous soutenez. Un parrainage d'enfant ou de projet permet d'agir directement et durablement sur le niveau de vie, la santé et la paix.

□ Oui je veux parrainer le développement par une éducation de qualité, je choisis de suivre particulièrement :
    □ la scolarité d'un enfant et de ses camarades
    □ un projet de développement scolaire collectif au bénéfice de plusieurs enfants
    □ une action au choix d'Aide et Action

Je joins un chèque de 20€ correspondant à mon premier mois de parrainage. Je recevrai par la suite mon formulaire d'autorisation de prélèvement. J'ai bien noté que je pourrai interrompre à tout moment mes versements et les reprendre par la suite. Le montant de mon parrainage est déductible de mon impôt sur le revenu à hauteur de 66% du montant total annuel, dans la limite de 20% de mes revenus (tous dons ouvrant droit à réduction d'impôt confondus), je recevrai un reçu fiscal chaque année en début d'année.

□ Je ne peux pas parrainer pour l'instant, je fais un don de : □25€ □40€ □80€ □autre (merci d'indiquer la somme) : _____ €
□ Je souhaite d'abord recevoir une documentation complète sur Aide et Action.

□Mme □Mlle □Mr Prénom : .... Nom : ....

Adresse : ....

Code Postal : |__|__|__|__|__| Ville : ....

Tél. : |__|__|__|__|__|__|__|__|__|__| E-mail : ....

Aide et Action, 1ère association française pour le parrainage.
60 000 parrains et donateurs - 1 800 000 enfants concernés par nos programmes
dans 18 pays en Afrique, en Asie et dans les Caraïbes.
Association Reconnue d'Utilité Publique - 2 fois récompensée par le Prix Cristal de la Transparence
Financière (1990, 1995).

Aide et Action, 53 bd de Charonne - 75545 Paris Cedex 11. www.aide-et-action.org
0811 001 003 (coût d'un appel local)

Conformément à la loi N°78-17 du 6 janvier 1978, vous disposez d'un droit d'accès et de rectification pour toute information vous concernant, figurant sur notre fichier. Il suffit pour cela de nous écrire.

✿ Aide et Action
L'éducation change le monde

■ **EZNIS AIRWAYS**

4F, 8 Zovkhis Building, Seoul Street
✆ (011) 313 689 – Fax : (011) 314 258
feedback@eznis.com – www.eznis.com
Toute nouvelle compagnie arrivée sur le marché en 2006, elle propose des vols à destination de Altaï, Khovd, Bayan-Olgiy, Ulaangom, Mörön, Bayankhongor, Baruun Uurt, Dalanzadgad, Donoi, Choibalsan et Tosontsengel.

Train

Le réseau ferré mongol totalise moins de 2 000 kilomètres de lignes qui sont globalement limitées à un seul axe nord-sud. Le train n'est donc pas le moyen de transport idéal en Mongolie, sauf pour se rendre dans les rares villes disposant d'une gare : Oulan-Bator, Darkhan, Erdenet et les villes frontalières de Sükhbaatar et Zamyn-Uüd.

Voiture

La Jeep est le moyen de transport motorisé le plus commode pour parcourir la Mongolie. Les routes sont en effet rares et souvent en mauvais état, et les pistes sont plus souvent ensablées ou embourbées que propices aux pointes de vitesse. Mais les chauffeurs mongols sont à la fois très habiles et parfaitement habitués à ces conditions problématiques et ils connaissent en général très bien leur pays : une Jeep avec un chauffeur local est donc le moyen idéal d'atteindre des endroits reculés et de découvrir toutes les richesses naturelles du pays.

Cheval

A condition d'avoir du temps, les randonnées équestres sont le moyen de locomotion le mieux adapté au pays. Découvrir des régions à cheval permet de vivre au même rythme que les nomades et donne accès à des zones qu'aucun véhicule motorisé ne peut atteindre. Les chevaux mongols sont petits et parfois un peu nerveux, mais on s'y habitue très rapidement. Le plus douloureux est l'expérience des selles locales, qui sont souvent limitées à du bois avec un crochet en fer en guise de pommeau. Une fois encore, la présence d'un guide est indispensable.

Auto-stop

L'auto-stop est un moyen économique pour découvrir le pays, mais au vue du trafic et des distances, mieux vaut avoir du temps pour s'adonner à ce genre d'expérience. Il est d'usage de participer aux frais d'essence, sachant que le carburant augmente, également en Mongolie, à vue d'œil.

Deux roues

Quelques férus du deux-roues poussent jusqu'en Mongolie pour découvrir le pays librement. Si les pistes sont difficiles et si le climat est pénible, au vue des difficultés de transport dans l'intérieur du pays, les cyclistes comme les motards sont bien les seuls à ne pas avoir de problème de circulation. Il faut se doter de très bonnes cartes, avoir des réserves en eau importantes et être autonome en nourriture, car les zones désertiques sont vastes et donc très longues à traverser. Il vous faudra également tout votre équipement et du surplus en cas de pépin, car la Mongolie ne loue ni ne vend encore le matériel spécifique aux deux-roues.

ORGANISER SON SÉJOUR

RESTER

Formalités

Pour travailler en Mongolie, il faut être en possession d'un visa de résident temporaire. A l'arrivée en Mongolie, il faut s'adresser à l'Agence de coordination de l'emploi pour obtenir un permis de travail. Ensuite, il faut obtenir un permis de résidence à l'Agence de l'immigration, de la naturalisation et des étrangers.

Pour cela, il faut fournir une lettre de motivation, un certificat de santé (y compris un test sida et un test MST), un extrait du casier judiciaire, une preuve de la nationalité et une justification écrite de ressources financières suffisantes pour la durée du séjour.

Pour les investisseurs, il faut obtenir une autorisation auprès de l'Agence pour les investissements et le commerce étrangers (FIFTA).

Adresses utiles

■ CHAMBRE DU COMMERCE ET DE L'INDUSTRIE

J.Sambuu street-11 Oulan-Bator
✆ (011) 327 176/312 501/323 974
Fax : (011) 324 620
www.mongolchamber.mn
chamber@mongolchamber.mn

info@mongolchamber.mn
Pour tout savoir sur l'investissement et la création d'entreprise.

■ L'AGENCE DE COORDINATION DE L'EMPLOI

14 Khuvisglachid avenue Oulan-Bator
✆ (011) 260 363 – Fax : (011) 327 906
ceo@mol.mn – ceo@pmis.gov.mn
A consulter lors d'une recherche d'emploi.

■ AGENCE POUR LES INVESTISSEMENTS ET LE COMMERCE ETRANGERS (FIFTA)

Suites 209, 801-805, 1202, Government Bld
Sambuu Str. 11, Oulan-Bator
✆ (011) 326 040 / 320 871
Fax : (011) 324 076
www.investmongolia.com
fifta@investmongolia.com

■ ECOLE INTERNATIONALE D'OULAN-BATOR

✆ (011) 452 839 – Fax : (011) 450 340
inschool@magicnet.mn
Cette école privée est fréquentée par les étrangers dont les enfants sont en âge de scolarisation, car il n'existe pas d'école française. Les frais de scolarité y sont donc élevés.

Index

ORGANISER SON SÉJOUR

■ E - F - G ■

■ H - I - J ■

■ K ■

■ L ■

■ M ■

N - O

P

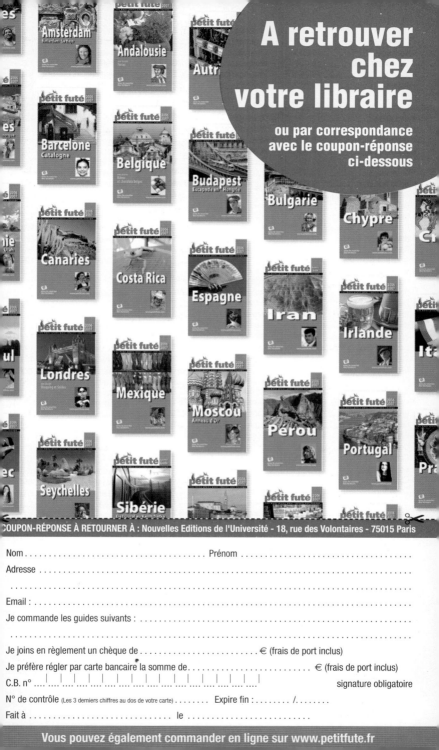

BULLETIN D'ABONNEMENT

A retourner à :
Petit Futé mag – service abonnements
18-24, quai de la Marne - 75164 Paris Cedex 19

❐ **Oui,** je souhaite m'abonner au Petit Futé mag
pour 1 an (soit 6 n^{os}) au prix de 20 € au lieu de ~~23,40~~ € et je recevrai
en cadeau le guide Petit Futé Week-ends en Europe.

❐ **J'offre** un abonnement d' 1 an (soit 6 n^{os}) au prix de 20 € au lieu de ~~23,40~~ €
et je recevrai en cadeau le guide Petit Futé Week-ends en Europe.

❐ Je joins mon règlement par chèque bancaire ou postal à l'ordre de Petit Futé mag

❐ Je préfère régler par carte bancaire :

CB n° ⃞⃞⃞⃞ ⃞⃞⃞⃞ ⃞⃞⃞⃞ ⃞⃞⃞⃞

Expire fin : ⃞⃞ / ⃞⃞

Clé : (3 derniers chiffres figurant au dos de la carte) ⃞⃞⃞

Date et Signature

Mes coordonnées :
❐ Mme ❐ Mlle ❐ M.

Nom .... Prénom ....

Adresse ....

Code Postal .... Ville ....

Tél. ....

Email ....

J'offre cet abonnement à :
❐ Mme ❐ Mlle ❐ M.

Nom .... Prénom ....

Adresse ....

Code Postal .... Ville ....

Tél. ....

Email ....

PC04